JN028709

改訂新版

中小企業診断士2次試験

**30**日完成！

**事例 IV**

**合格点突破**

**計算問題集**

杉山淳・宗像令夫・石田美帆［著］

同友館

# は じ め に

　中小企業診断士２次筆記試験では、事例Ⅰ（組織・人事）、事例Ⅱ（マーケティング・流通）、事例Ⅲ（生産・技術）、事例Ⅳ（財務・会計）の４つの事例が出題されます。そのなかでも特に、財務・会計に関する計算力と応用力が問われる事例Ⅳは、得意、不得意がはっきりと分かれるのではないでしょうか。

　『30日完成！　事例Ⅳ合格点突破　計算問題集』は、事例Ⅳがニガテな人が、30日間という短期間で効率的に、計算問題を中心とした事例Ⅳの問題への対応力を強化し、60点という合格点を突破できるようになるための問題集です。

## １．「事例Ⅳがニガテ」、「２次筆記試験が初めて」な人のための計算問題集

　本書では、事例Ⅳで合格点を突破するために必要な基本的な知識を復習する STEP１・基礎チェック問題 と、事例Ⅳの合格点突破に直結する２次筆記試験レベルの問題を解く STEP２・合格点突破問題 の２部構成となっています。ステップを踏んで学習することで、短期間で着実に実力を養成することができます。また、事例Ⅳがニガテな人でも１人で理解できるよう、計算過程を省略しない丁寧な解説を行っています。問題を解いたあと、解答・解説をしっかり読めば、難しい論点でも理解できるようになっています。

## ２．「30日間で」事例Ⅳの合格点を突破する実力を養成する計算問題集

　本書は、事例Ⅳの対策を30日間という短期間で行えるように頻出論点を厳選し、難易度順またはパターン別に構成しています。１次試験が終了してから２次筆記試験までは約２か月半。この短い期間で２次筆記試験の事例Ⅳを突破する実力をつけるために、本書を活用して効率的な学習をすることができます。また、２次筆記試験に再チャレンジされる人にとっても、頻出論点を短期間で復習するために、本書の活用がオススメです。

## ３．頻出論点だけを一気に攻略する力を養える「計算問題」を中心とした問題集

　事例Ⅳを解くためには、計算問題対策が不可欠です。本書では、頻出論点の計算問題を中心に出題していますので、本書を使って実際に計算練習をすることで、合格点を突破するためのスキルを30日間という短期間で効率的に身につけることができます。特にニガテな論点については、繰り返し解くことで、計算力を定着させることができます。また、巻末には「試験直前パパッとチェック！　５点アップの事例Ⅳコレだけ公式集」を掲載しました。頻出の公式をまとめていますので、試験直前の最終チェックなどに活用して、最後まで得点アップを目指してください。

## 4．「合格点」獲得を短期間で目指せるオリジナル計算問題集

2次筆記試験では、「満点」を取る必要はありません。60点という「合格点」を取ればよいのです。本書は、現在の試験制度が開始された平成13年度から、最新の令和5年度までの事例Ⅳの過去問を分析し、出題頻度や出題可能性の高い論点に特化して、効率的な試験準備ができるように編集しました。事例Ⅳの過去問は解き慣れている受験生も活用できるよう、オリジナルの計算問題を30問ご用意しました。これらの頻出論点をマスターすることで、30日間という短期間で合格点を突破する力が身につきます。

事例Ⅳにニガテ意識のある受験生、2次筆記試験を初めて受験される受験生が、本書を活用してニガテを克服し、見事、中小企業診断士2次試験合格を勝ち取っていただければ幸いです。

## 5．Extra問題で対策のバリエーションを増やせる計算問題集

STEP 2 までで、事例Ⅳの合格点突破に向けた応用力が身につきます。ただし、本番の事例Ⅳの問題は頻出論点からだけでなく、新しい論点が出題されることもあります。Extra問題は今後出題が予想される問題を扱っています。

STEP 2 で身につけた合格点突破の応用力をさらに高めるために、Extra問題に取り組んで本番での対応力を増やしておけます。

### 【2023年改訂新版発刊に際して】

『30日完成！ 事例Ⅳ合格点突破 計算問題集』をご購入いただいた受験生のみなさまより、好評の声をいただき著者一同大変うれしく思っております。

『30日完成！ 事例Ⅳ合格点突破 計算問題集』は、事例Ⅳがニガテな人が30日間という短期間で効率的に、計算問題を中心とした事例Ⅳの対応力を強化し、合格点を突破できるようになるための問題集です。2次筆記試験の事例Ⅳでは、あいまいな設定やひっかけが散見されるため、この問題集でも同様の設定をしている部分があります。ぜひ、この問題集で対応力を磨いていただけたらと思います。

改訂新版は、直近5年間の出題傾向も加味し、新たに今後出題が予想される問題を扱うパートを入れることにしました。STEP 2 で身につけた合格点突破の応用力をさらに高めるために、Extra問題に取り組んで本番での対応力を増やしておきましょう。大幅にパワーアップしていますので、事例Ⅳの合格点突破にご活用いただけたら幸いです。

事例Ⅳ 最短攻略メソッド研究プロジェクト

企画・執筆　杉山　淳（中小企業診断士）

執筆　　　　宗像 令夫（中小企業診断士）

執筆　　　　石田 美帆（中小企業診断士）

問題校閲　　熊谷 謙志（公認会計士／中小企業診断士）

# 目　次

## 第3部　解答・解説編

## 第4部　予想論点攻略！　Extra問題と解答・解説

## 第5部　試験直前パパッとチェック！　5点アップの事例Ⅳコレだけ公式集

### 事例Ⅳ　得点上乗せコラム

# STEP に沿って合格力を一気に高めよう！

『30日完成！ 事例Ⅳ合格点突破 計算問題集』を使って、効率的に30日間で合格点を突破する攻略方法を確認しましょう。

## ①事例Ⅳの過去問分析で頻出論点を確認！

最初に事例Ⅳの過去問分析（平成15年度から令和5年度）を確認して、事例Ⅳで頻出の論点を確認しましょう。頻出論点を確認しておくことで優先的に攻略すべき論点がわかるので、一気に事例Ⅳでの合格点突破が近づきます。ニガテな箇所が頻出論点となっていないかなど、最初に確認しておきましょう。

論点別に分析していますので、頻出論点を最初に確認しましょう！

### 事例Ⅳ過去問分析（平成15〜令和5年度の21年間）

**1．分野別分析（平成15〜令和5年度）**

## ② STEP 1 で事例Ⅳ頻出論点の基礎知識をチェック！

この『30日完成！ 事例Ⅳ合格点突破 計算問題集』は、事例Ⅳの過去問分析に基づいて抽出した頻出論点の攻略を30日間で完成できるように2つのステップ形式で構成しています。事例Ⅳはニガテという受験生や初めて事例Ⅳ対策を行う受験生が、2次筆記試験レベルの問題を解けるようになるための基礎事項を習得できるように、STEP 1 では基礎チェック問題を厳選しました。最初にこの基礎チェック問題を解くことで、2次筆記試験レベルの問題を解く基礎力を身につけられます。ニガテな人は、まずはココから取り組んでください。

頻出論点を厳選して、基礎チェック問題を出題。
2次筆記試験レベルの問題を解くための基礎力を身につけましょう！

### STEP 1 基礎チェック問題　損益分岐点分析

☞解答・解説は p.80へ

【第1問】
X1年度の売上と費用は以下のとおりである。損益分岐点売上高［単位：百万円］、損益分岐点比率［単位：％］、安全余裕率［単位：％］、営業レバレッジ［単位：倍］を求めよ。

［単位：百万円］

| | |
|---|---|
| 売上高 | 1,000 |
| 変動費 | 500 |
| 限界利益 | 500 |
| 固定費 | 300 |
| 営業利益 | 200 |

③ STEP 2 で事例Ⅳ合格点突破の応用力を身につける！

　STEP 1 で身につけた基礎力をベースに、2次筆記試験レベルの問題を解く練習ができます。頻出論点の問題はパターン別に構成し、難易度順に掲載しており、特に難しい問題は〈チャレンジ問題〉としています。各論点の最初の問題から解くことで、自然とパターン対応力と同時に2次筆記試験レベルの問題を解く力が身につけられます。また、STEP 2 では、論述式の問題も出題しているので、論述対策も併せて行うことができます。

　間違えた問題はできるようになるまで取り組んで、合格力を確かなものにしましょう。

> 頻出論点を厳選して出題。各論点はパターン別に構成し、難易度順に並べてあるので、論点の最初の問題から確認しましょう！

> 事例Ⅳがニガテな受験生や初めて事例Ⅳ対策をする受験生が迷わないように、計算過程を省略せずに掲載。迷わず解けるようになります！　また、重要公式には〈覚える！〉マークがついているので覚えるようにしましょう！

DAY **7** ｜ STEP 2 合格点突破問題 ｜ **損益分岐点分析④** （予想損益計算書の作成と損益分岐点分析） ｜ 目標解答時間 **20分**

解答・解説は p.124へ

　製造業Ｄ社は製品開発に力を入れており、顧客のニーズを捉えたさまざまな製品の開発を行っている。先日、新たに開発した製品Ｙを取引先Ｐ社に紹介したところ、Ｐ社から高評価を得ることができ、来年度から新規取引を開始することになった。この取引により、Ｄ社の来年度の売上高は、本年度より5％増加すると見込まれている。

　製品Ｙの量産化に向けて、来年度期首に20百万円の新たな設備投資を行う予定である。減価償却費は定額法で耐用年数10年、残存価額10％とする。設備投資の資金は全額借入で賄う予定であり、借入金利は4％、10年間（うち据え置き2年）で均等償還を行う。また、新製品の製造を担当する従業員を新規に雇用するため、労務費が16百万円増加するこ

　これを損益分岐点売上高を求める公式に当てはめると、損益分岐点売上高は次のように計算できる。

$$損益分岐点売上高 = \frac{固定費}{1 - 変動費率}$$ 〈覚える！〉

$$= \frac{1,083}{1 - \dfrac{830}{1,970}}$$

$$= \frac{1,083}{\dfrac{1,970 - 830}{1,970}}$$

---

Extra で対策のバリエーションを増やす！

　Extra 問題は今後出題が予想される問題を扱っています。STEP 2 で身につけた合格点突破の応用力をさらに高めるために、Extra 問題に取り組んで本番での対応力を増やしておきましょう。

---

## さらに「事例Ⅳ　得点上乗せコラム」をチェック！

　この『30日完成！　事例Ⅳ合格点突破　計算問題集』には、「事例Ⅳ　得点上乗せコラム」が掲載されています。事例Ⅳの得点を上乗せする内容を厳選して14のコラムにまとめています。受験勉強の合間に読んで、事例Ⅳの得点上乗せをしましょう。

## 本番は「試験直前パパッとチェック！　5点アップの事例Ⅳコレだけ公式集」をチェック！

　試験会場に本書を持って行き、「試験直前パパッとチェック！　5点アップの事例Ⅳコレだけ公式集」をチェック！　試験直前まで得点力アップを図りましょう！

## Column 1

### 合格するための80分間の対応戦略とは!?

　中小企業診断士2次筆記試験では、80分間で1つの事例を解くことになります。事例Ⅳが得意な人であれば、時間内にすべての問題を正しく解答することができるかもしれませんが、ニガテな人にはなかなか難しいのではないでしょうか。合格するためには、80分間という限られた時間をどのように使うのかという、戦略が重要になります。

　「合格する」ための戦略ですので、ここで改めて、2次筆記試験の合格基準を確認しておきましょう。(一社)中小企業診断協会のホームページには、2次筆記試験の合格基準について、「筆記試験における総点数の60％以上であって、かつ、1科目でも満点の40％未満がない」と書かれています。事例ⅠからⅣの合計で60％以上、すなわち事例Ⅰ〜Ⅲで高得点を取ることができれば、事例Ⅳでは最低でも40点を取れば、合格することができます。つまり、**合格するために満点を取る必要はないのです。**

　これを踏まえて、合格するためにはどのような戦略が採れるか考えてみましょう。今回は2つのポイントをお伝えします。

#### ①　試験開始直後に全問題を見渡し、解きやすい問題から解く！

　試験が始まったらいきなり第1問から解くのではなく、まず、どのような問題が出題されているのかをサッと確認してください。そのうえで、解きやすい問題から解いていきましょう。難しい問題に先に着手して時間がかかってしまうと、あとから出てくる簡単な問題を解く時間がなくなる可能性があります。あまりにも難しい問題は最初は解かずにあきらめ、まずは簡単な問題や、少し頑張れば解ける問題に着手して点数を確保しましょう。そのあとでもう一度、難しい問題にチャレンジすることも一案です（ただし、あきらめる問題が多すぎると合格点にも満たなくなるので、各問題の配点なども確認してください）。

　また、(設問1)(設問2)に分かれている問題の場合、(設問1)は解きやすい問題となっていることが多いため、各問題の(設問1)に先に取り組んでみることもオススメです。

#### ②　見直しの時間を必ず確保しておく！

　計算ミスは必ず起こるものと考えておき、見直しの時間は必ず取るようにしましょう。解き方はわかっていたのに、単純なミスで正答できないと、とても悔しい思いをしますし、それだけで他の受験生に差をつけられてしまいます。また、(設問1)で損益計算書を作り、(設問2)ではその損益計算書を使って計算をするような連動する問題の場合、(設問1)でミスをすると(設問2)も共倒れとなり、大きく失点してしまう可能性もあります。このような問題の場合、(設問1)を解いた段階で一度計算ミスがないか確認してから、(設問2)にチャレンジするという方法もあります。

　なお、事例Ⅳの第1問で出題されることの多い経営分析への対応戦略については、p.37の「事例Ⅳ　得点上乗せコラム」〈経営分析のニガテな人はどう解く？〉もチェックしてみてくださいね。

# 第1部

# 頻出論点最短攻略！
# 事例Ⅳ過去問分析
## （平成13〜令和5年度）

今回、最短攻略をねらう事例Ⅳ。まずは相手の手の内を知る必要があります。

事例Ⅳ過去問分析では、平成13年度から令和5年度の23年間の過去問を分析し、頻出論点を抽出してあります（p.12の分野別分析表は、平成15年度から令和5年度を掲載）。この頻出論点を攻略することが事例Ⅳの合格点突破の最短ルートです。

まずは、過去問分析を読んでいただき、傾向と対策方法を理解しましょう。

# 事例Ⅳ過去問分析（平成15～令和５年度の21年間）

## １．分野別分析（平成15～令和５年度）

| | 令和5年度 | 令和4年度 | 令和3年度 | 令和2年度 | 令和元年度 | 平成30年度 | 平成29年度 |
|---|---|---|---|---|---|---|---|
| 経営分析 | 【第1問】・悪化した指標×2 ・改善した指標×1 ・悪化した原因(80字) | 【第1問】・優れている指標×2 ・課題と考えられる指標×1 ・劣っている要因(80字) | 【第1問】・優れている指標×2 ・課題と考えられる指標×2 ・財務的特徴・課題(80字) | 【第1問】・悪化している指標×2 ・劣っている指標×2 ・財務・経営比較(60字) | 【第1問】・悪化している指標×2 ・改善している指標×1 ・財務状態、経営成績の特徴(50字) | 【第1問】・優れている指標×1 ・課題を示す指標×2 ・財務・経営比較(50字) | 【第1問】・課題を示す指標×2 ・優れている指標×1 ・財務・経営比較(40字)【第2問】(設問1・2)予想P／L計算 |
| | 貸借対照表 損益計算書(期間比較) | 貸借対照表 損益計算書(同業他社比較) | 貸借対照表 損益計算書(同業他社比較) | 貸借対照表 損益計算書(同業他社比較) | 貸借対照表 損益計算書(連結)(期間比較) | 貸借対照表 損益計算書(同業他社比較) | 貸借対照表 損益計算書(同業他社比較) |
| CVP分析 | 【第2問】(設問1)・変動費率、固定費 ・損益分岐点売上高 ・損益分岐点比率の変化 | 【第3問】(設問1)業務委託すべき買取価格計算と計算過程 | 【第3問】(設問1)目標利益を達成する販売量【第3問】(設問2)目標利益を達成する販売量・価格と計算過程 | 【第2問】(設問1)損益分岐点売上高 | 【第2問】(設問1)変動費率計算【第2問】(設問2)損益分岐点売上高 利用上の問題点(30字) | 【第1問】(設問1)変動費率、営業利益計算 (設問2、3)営業レバレッジ(各60字) | 【第3問】(設問1)損益分岐点計算による予想営業利益、売電売価 |
| CF計算書 または CF計算 | | 【第3問】(設問2)投資案の年間CF計算と計算過程、回収期間 | 【第2問】(設問1)・CF計算・計算過程 | | 【第3問】(設問1)投資計画における各期のCF計算 | | 【第3問】(設問1)差額CF計算 |
| 投資の経済性分析 | 【第3問】(設問1・2)・現在価値法での投資判定と計算過程・正味現在価値の期待値と計算過程、投資判断(50字) | 【第3問】投資案の正味現在価値と計算過程 | 【第2問】(設問2)現在価値法での投資判定【第2問】(設問3)採算上有利な条件計算 | 【第2問】正味現在価値計算 最適な意思決定案の選定 | 【第2問】(設問2・3)回収期間、正味現在価値 増分投資の収益性計算 | | 【第3問】(設問2)投資のNPV分析 |
| 期待値(リアルオプション含む) | | | | | | | |
| デリバティブ | | | | | | | |
| セグメント別損益計算 プロダクトミックス | 【第2問】(設問2)・製品別損益より、赤字製品の対応と理由(20字)・必要売上高と計算過程・配賦基準の妥当性(80字) | 【第2問】(設問1・2)利益を最大にするセールスミックス・利益額と計算過程 | | 【第4問】(設問1)当期セグメント別ROI計算【第4問】(設問2)次期のセグメントROI計算 | 【第2問】(設問3)目標全社利益を達成可能とする事業部変動費率 | | |
| その他 | 【第4問】(設問1)OEM生産の財務的利点(50字) | 【第4問】中古車販売事業を実行において考えられるリスク2点、そのマネジメント(100字) | 【第4問】(設問1)移動販売事業をネット通販事業に一本化する短期メリット(40字) | 【第4問】取締役の業績評価に関する現状課題と改善案(各20字) | | 【第2問】(設問1)企業価値(ゼロ成長モデル)【第2問】(設問2)増分CFと企業価値評価(70字)【第2問】(設問3)企業価値(一定成長モデル) | |
| | 【第4問】(設問2)男性向けアンチエイジング製品を新規開発・販売することの財務的利点(50字) | | 【第4問】(設問2)移動販売事業継続が必ずしも企業価値を低下させないと考える理由(40字) | 【第3問】資産評価と時価評価差異の会計処理(40字)買収時のリスクに関する助言(60字) | 【第4問】連結子会社化のメリット・デメリット(各30字)EDI導入の財務的効果(60字) | 【第4問】業務委託における留意点(70字) | 【第4問】連結決算時の経営分析(1)親会社損益(30字)子会社化の影響分析(2)財務影響(30字)(3)経営影響(60字) |

| | 平成28年度 | 平成27年度 | 平成26年度 | 平成25年度 | 平成24年度 | 平成23年度 | 平成22年度 |
|---|---|---|---|---|---|---|---|
| 経営分析 | 【第1問】・課題を示す指標3つ・原因説明(70字) | 【第1問】・優れている指標1つ・課題となる指標2つ・特徴説明(60字) | 【第1問】・優れている指標1つ・課題となる指標2つ 財務状態、経営成績の説明(各30字) | 【第1問】・財務状況を表す指標3つ・出資による影響(80字) | 【第1問】(設問1・2)・予想P／L計算・収益改善の指標3つ | 【第1問】(設問1)・問題点特徴指標3つ・原因改善策(各60字) | 【第1問】・長所・短所から3つ・長所・短所の説明(各60字) |
| | 貸借対照表 損益計算書(期間比較) | 貸借対照表 損益計算書(同業他社比較) | 貸借対照表 損益計算書(同業他社比較) | 貸借対照表 | 貸借対照表 損益計算書 | 貸借対照表 損益計算書(同業他社比較) | 貸借対照表 損益計算書(同業他社比較) |
| CVP分析 | 【第3問】(設問2)損益分岐点計算 | 【第1問】予想P／L作成 損益分岐点計算等 | | | 損益分岐点比率 目標固定費削減額 | | 【第2問】グラフによる分析 損益分岐点売上高 受入案と理由(60字)【第3問】(設問1)損益分岐点売上高 |
| CF計算書 または CF計算 | 【第2問】(設問1)CF計算書作成(穴埋め) | | 【第2問】(設問1)予想税引後CF | 【第2問】減価償却費:①定額法、②定率法 営業CF累計額 不一致理由(40字) | | 【第1問】(設問2)CF計算書作成(記述) | |
| 投資の経済性分析 | 【第2問】(設問2)投資のNPV分析 | 【第3問】プロジェクト比較 | 【第2問】(設問2)NPV法による投資判断 | | 【第1問】(設問3)投資のNPV分析 | | 【第3問】(設問1・2)投資のNPV分析 採用すべき生産方法とその理由(60字) |
| 期待値(リアルオプション含む) | | | | | | 【第4問】CF期待値 デシジョンツリー分析 | |
| デリバティブ | | | 【第4問】輸入企業の為替差損回避手段 | | | | |
| セグメント別損益計算 プロダクトミックス | 【第3問】店舗貢献利益による閉店判断 | | 【第3問】プロダクトミックス | | | 【第3問】商品貢献利益による廃止可否分析 | |
| その他 | | | | 【第1問】(設問3)資金調達(少人数私募債・銀行借入) | 【第1問】(設問1)企業価値(DCF法) | 【第2問】差額原価収益分析 | |
| | 【第4問】(設問1)ネット予約システム導入の影響(60字) | 【第4問】大口取引先のデメリット 環境関連製造・販売の意義(各30字) | | 【第2問】生産から納品までのリスクのコスト評価(90字) | 【第1問】(設問2)事業承継先選定と留意点(200字) | | 【第4問】金利の債券影響 影響軽減策(20字、30字) |

| | 平成21年度 | 平成20年度 | 平成19年度 | 平成18年度 | 平成17年度 | 平成16年度 | 平成15年度 |
|---|---|---|---|---|---|---|---|
| 経営分析 | 【第1問】<br>・長所・短所から3つ<br>・長所・短所が生じた原因（各60字） | 【第1問】<br>・問題点の指標3つ<br>・問題点の内容説明（各60字） | 【第1問】<br>・問題点の指標3つ<br>・問題点の原因説明（各60字） | 【第1問】<br>・問題点の指標3つ<br>・問題点の原因説明（各60字） | 【第1問】<br>・問題点の指標3つ<br>・問題点の説明（各60字）<br>【第2問】<br>予想P／L作成 | 【第1問】<br>・問題点の指標3つ<br>・問題点の内容説明<br>・総合的な改善策2つ（各60字） | 【第1問】<br>・問題点の指標2つ<br>・問題点（各30字）<br>・解決策（各40字） |
| | 貸借対照表<br>損益計算書<br>（同業他社比較） | 貸借対照表<br>損益計算書<br>製造原価報告書<br>（同業他社比較） | 貸借対照表<br>損益計算書<br>（期間比較） | 貸借対照表<br>損益計算書<br>（期間比較） | 貸借対照表<br>損益計算書<br>製造原価報告書 | 貸借対照表<br>損益計算書<br>製造原価報告書<br>（期間比較） | 貸借対照表<br>損益計算書<br>製造原価報告書<br>（期間比較） |
| CVP分析 | 【第3問】<br>損益分岐点売上高と経常利益<br>営業レバレッジの変化と影響 | | 【第2問】<br>変動率、固定費<br>CVP分析 | 【第4問】<br>投資の経済性分析 | 【第3問】<br>CVP分析 | | 【第2問】<br>変動率、固定費<br>CVP分析 |
| CF計算書またはCF計算 | | 【第2問】<br>営業CF計算 | | 【第2問】<br>営業CF計算<br>投資CF計算<br>財務CF計算 | | 【第3問】<br>見込み営業CF<br>フリーCF | 【第4問】（設問1）<br>CF計算 |
| 投資の経済性分析 | | 【第3問】<br>現在価値の計算<br>投資のNPV分析 | 【第3問】<br>投資のNPV分析 | | | | 【第4問】（設問2）<br>投資のNPV分析 |
| 期待値（リアルオプション含む） | | | | | 【第4問】<br>期待値計算 | 【第4問】<br>デシジョンツリー分析<br>投資方法の選択 | |
| デリバティブ | 【第4問】<br>輸出企業の為替差損回避手段<br>オプションの長所短所 | | | | | | |
| セグメント別損益計算プロダクトミックス | | | | 【第3問】<br>店舗別限界利益率と貢献利益率分析 | | | |
| その他 | 【第2問】<br>財務レバレッジ | | | | | 【第3問】<br>企業価値 | |
| | | 【第4問】<br>負債による資金調達<br>出資受入れ方法<br>（60字、40字） | 【第4問】<br>インターネット通販のセキュリティー<br>費用構造差の変化<br>（60字、40字） | 【第5問】<br>POSシステム有効活用方法<br>（各60字） | | 【第2問】<br>LAN、セキュリティ<br>（各60字） | 【第3問】<br>受注の採算性<br>原価計算<br>情報システム<br>（各50字） |

| | |
|---|---|
| 出題分野 | 　第1問には毎年「経営分析」が出題されている。与件文と財務諸表を財務・会計の観点から分析するものであり、年度により差があるものの配点も高く、ここで大きく失点すると合格ラインへの到達は難しい、最も重要な最頻出分野である。経営分析を踏まえたうえで戦略策定に導く出題分野として、「損益分岐点（CVP）分析」、「キャッシュフロー（CF）計算」、「投資の経済性分析」が重要であり、これら3つの分野から毎年1～2問が必ず出題されている。平成28、29、令和元、3、4年度は3分野すべてから出題された。<br>　次に過去繰り返し出題されている頻出分野として、「セグメント別損益計算、プロダクトミックス」、「期待値」、「デリバティブ」があり、試験対策として確実に押さえておく必要がある。令和元、2、4、5年度は「セグメント別損益計算」が出題された。<br>　また、繰り返し出題されているとはいえない「その他」に分類される出題分野のなかで、今後出題の可能性が高い分野として、本書のなかでは「企業価値」、「差額原価収益」を取り上げている。<br>　平成29、30、令和2、3、5年度には複数の記述問題が、平成24、25年度には配点の高い長文の記述問題が出題されており、対応力も養っておく必要がある。 |

## 2. 頻出分野の分析と対策

| 問題ページ | 出題分野 | 分析と対策 |
|---|---|---|
| p.30〜36 | 経営分析 | 【分析】<br>● 毎年出題されている最も重要な最頻出分野である。<br>● 与件文と財務諸表から題意に沿った経営指標の選定と計算、選定に至る原因や特徴を記述させるパターンが固定的であり、配点も大きい。<br>【対策】<br>✎ 事例Ⅰ〜Ⅲと同様に与件文から事例企業の環境分析と課題抽出をしっかり行うことが必要である。<br>✎ 経営指標は、財務諸表の分析結果と収益性、効率性、安全性のバランスの観点から候補を抽出するが、最終的な選択は与件文の定性情報と一致するものを選ぶべきである。<br>✎ 記述問題においては結論となるフレーズには定形的なものがあるため、繰り返し使われるフレーズをストックしておくとよい。<br>✎ 記述問題の解答の結論に対する根拠には、必ず与件文の言葉をそのまま使い、与件文のどの部分の事実を踏まえたものであるかが明確にわかるように因果を構成したい。 |
| p.54〜61 | キャッシュフロー（CF）計算書またはCF計算 | 【分析】<br>● 記述・穴埋めを用いるなど、キャッシュフロー（CF）を計算させる問題が高頻度で出題されている（直近は令和4年度）。<br>● 営業CFや税引後CFを求める問題も含めると、CF計算もしくはCVP分析が毎年必ず出題されており、出題頻度は高い。<br>【対策】<br>✎ CFは企業の投資をはじめ、さまざまな意思決定の基準となる数値である。貸借対照表（B／S）や損益計算書（P／L）から間接法を用いて算出する方法、税引後営業利益に減価償却費を加える公式による方法など、複数の算出方法を確実に身につけておく必要がある。<br>✎ 特に間接法によるCF計算書の作成は、B／Sの現預金の変動に相対するものとして検算までを確実に行い、短時間で正確に計算できるように繰り返し訓練しておくことが必要である。 |
| p.38〜43 | 損益分岐点（CVP）分析 | 【分析】<br>● CVP分析は頻出問題であり、直近9年間連続で出題されている。また、毎年CVP分析とCF計算のどちらかが出題されている。<br>● 損益分岐点売上高や目標利益を達成するための売上高を計算させる基本的な問題が多く出題されている。平成30年度は、予想損益の計算や営業レバレッジとの複合問題が出題された。<br>【対策】<br>✎ 基本的な問題は、公式を身につけておけば確実に得点につなげられる。反面、他の受験生も得点を確保できるので、差をつけられないよう得点しなければならない。本書を用いて繰り返し問題を解き、頻出のパターンをつかんで対応力を高める必要がある。<br>✎ 複合問題も個別論点は基本的である。部分的でも得点すること。<br>✎ 営業レバレッジの計算や意味を、本書を通じて習得すること。<br>✎ 図表やグラフについての考え方も理解しておく必要がある。 |

| p.62〜64 | 投資の経済性分析 | 【分析】<br>● 投資の経済性分析（NPV 分析）の問題は平成30年度を除く平成26年度から令和５年度までの10年中９回出題されており、経営分析に次ぐ頻出分野である。<br>● 平成28年度は売却価値の現在価値、平成26年度は除却などの残存価値の推移や複数の割戻し時点への対応が必要な問題などが出題されており、題意や条件を正確に読み取る必要がある。<br>● 令和元年度は、予想損益計算書から追加投資の経済性計算が出題され、増分計算の理解が必要である。<br>【対策】<br>✎解答するために扱う情報が複雑なため、問題文や与件文の情報をしっかり整理し、道筋を立ててから解く必要がある。<br>✎本分野は試験時間内で正解にたどり着ける受験生は多くない。計算過程を書かせる問題においては部分点の確保で得点の積み上げをねらっていきたい。 |
|---|---|---|
| p.66〜73 | 期待値（リアルオプション含む） | 【分析】<br>● 平成16年度、平成23年度にデシジョンツリーの問題が出題されたほか、平成17年度に期待値が出題されているが、最近12年間での出題はない。<br>【対策】<br>✎デシジョンツリーを描かせるリアルオプションの問題は単問にすると正答率が落ちるが、難易度が低い期待値や簡単な CF 計算も出題されているので、ここを必ず押さえたい。<br>✎デシジョンツリーの描き方は、「事例Ⅳ　得点上乗せコラム」の〈絶対迷わない！デシジョンツリーの描き方〉p.179に記載している。本書の問題を繰り返し解いて頻出パターンへの対応力を高めておくことで、合格ラインの確保は十分可能である。 |
| p.74〜75 | デリバティブ | 【分析】<br>● 平成26年度に輸入企業、平成21年度に輸出企業の為替差損回避手段が記述問題として問われている。<br>【対策】<br>✎基本的には、為替予約、オプション取引の対応、そのメリット・デメリットを記載させる問題であるので、頻出の論点を押さえ定型的な解答をすることで十分点数が確保できる。<br>✎多くの受験生が得点可能な問題であるものの、差をつけられないために、輸出と輸入を取り違えるなどのケアレスミスをなくす注意が必要である。 |
| p.44〜45 | セグメント別損益計算 | 【分析】<br>● 令和５年度にセグメント別損益計算と共通費の配賦、令和４年度に利益を最大にするセールスミックスと利益額、令和２年度にセグメント別の ROI の算出、令和元年度に全社の目標利益を達成するためのセグメント変動費率の算出と、近年出題率が高まっている。<br>● 計算過程を記載させ、判断理由を記述させる出題が多い。<br>【対策】 |
| p.48〜50 | プロダクトミックス | ✎意思決定のための損益として貢献利益の求め方、制約のある資源に対する優先的な生産割り当て方法など、定型的な解法があるため、本書の頻出パターンの問題や過去問を繰り返し解くことで解答のプロセスを身につけておきたい。 |

## 3．事例Ⅳ合格点突破のポイント　～本書を使ってできること～

### 重要頻出論点をしっかり押さえることがカギ！

●本書は、平成13年度から令和5年度までの事例Ⅳの論点分析に基づき、重要頻出論点の問題を基礎チェック問題（STEP1）、2次筆記試験レベルの合格点突破問題（STEP2）の2つのSTEPに沿って解くことで、事例Ⅳの合格力を30日間という短期間で効率的に身につけることができる問題集である。

　本書は、特に中小企業診断士1次試験に合格した受験生のなかで、事例Ⅳがニガテと感じ、2次筆記試験までの2か月半にどのような試験準備が必要かに悩んでいる受験生のための「事例Ⅳ攻略のバイブル」である。本書の問題を繰り返し解くことで、必要以上の時間を費やすことなく合格レベルの実力を効率的に確保できるような構成と内容にこだわっている。

　また、事例Ⅳを得意とする受験生が受験前に試験合格に必要十分な重要論点の再確認を行う問題集としても最適なものとなっている。

### 得点に直結する知識をしっかり押さえることが重要！

●本書のSTEP1の基礎チェック問題は、1次試験に合格した受験生が2次筆記試験の問題に対応する橋渡しとなるような問題となっている。問題を解き解説を読むことで、STEP2における2次筆記試験レベルの問題に取り組むことができる実力を養うことができる。

　STEP2の合格点突破問題は最初に解くときは難しいと感じるかもしれないが、時間がかかっても構わないので、まずは解いてみてほしい。問題を解き、解説をしっかり読むことで徐々に必要な公式や解答手順への理解が進み、重要頻出論点への問題対応力が知らずに身についてくるはずである。

### 計算問題は公式・解法の理解と計算練習を繰り返すことが重要！

●本書の解説では、重要公式に◀覚える！マークをつけている。また、STEP2の解説にある右帯欄の確認！においても公式をまとめており、すぐに確認できる構成になっているため公式を身につけることができる。さらに、p.223以降に「試験直前パパッとチェック！　5点アップの事例Ⅳコレだけ公式集」を設けているため、必要な公式を試験直前に確認できる。

　さらに、STEP2の解説にある右帯欄の解き方のポイントでは、解説の内容に加えて解法の理解を深めるうえでポイントとなる論点を記載しており、必要な知識を漏れなく身につけることができる。

　2次筆記試験においては、正確な計算力がないと正解にたどり着けない問題の比率が多いため、単に参考書を読みこむ勉強法では安定して合格点を確保することは難しい。本書を用いて、2次筆記試験レベルの質・量ともに厳選された頻出論点の問題を繰り返し解くことで、最も効率的に合格点答案を作成する計算力を身につけることができる。

### 最後に対策のバリエーションを増やす！

　時間に余裕がある受験生や事例Ⅳが得意という受験生は、STEP2で身につけた合格点突破の応用力をさらに高めるために、Extra問題に取り組んで本番での対応力を増やしておきたい。

# 第2部　問題編

## STEP 1

# 頻出論点攻略！
# 基礎チェック問題

　STEP 1では、事例Ⅳ対策が初めての受験生や事例Ⅳがニガテという受験生のために、2次筆記試験の事例Ⅳの問題を解けるレベルに引き上げるための頻出論点を基礎チェック問題として厳選しています。基礎チェック問題ではありますが、解いてみると意外と論点についての理解が浅かったなど、普段認識していなかったことに気づくはずです。

**【時間のない受験生】**

　ニガテな単元のみ STEP 1 から取り組んでみましょう。または、 STEP 2 から取り組み、解けなかった論点だけ STEP 1 に取り組んでみましょう。

**【じっくり取り組める受験生】**

　最初にここから取り組むことで事例Ⅳの2次筆記試験問題を解くための基礎体力を養えます。この問題を日々の基礎体力づくりにいかしてください！

## STEP 1
基礎チェック問題　**損益分岐点分析**

☞解答・解説は p.80へ

【第1問】

　X1年度の売上と費用は以下のとおりである。損益分岐点売上高［単位：百万円］、損益分岐点比率［単位：％］、安全余裕率［単位：％］、営業レバレッジ［単位：倍］を求めよ。

［単位：百万円］

| | |
|---|---:|
| 売上高 | 1,000 |
| 変動費 | 500 |
| 限界利益 | 500 |
| 固定費 | 300 |
| 営業利益 | 200 |

（解答欄）

| | |
|---|---|
| 損益分岐点売上高 | |
| 損益分岐点比率 | |
| 安全余裕率 | |
| 営業レバレッジ | |

【第2問】

　以下の損益計算書をもとに、営業利益ベースの損益分岐点売上高と、経常利益ベースの損益分岐点売上高を求めよ［単位：百万円］。なお、売上原価のうち100百万円は固定費である。また、販売費・一般管理費と営業外費用はすべて固定費である。

［単位：百万円］

| | |
|---|---:|
| 売上高 | 2,000 |
| 売上原価 | 900 |
| 売上総利益 | 1,100 |
| 販売費・一般管理費 | 500 |
| 営業利益 | 600 |
| 営業外収益 | 100 |
| 営業外費用 | 400 |
| 経常利益 | 300 |
| （以下は省略） | |

（解答欄）

| 営業利益ベース | |
|---|---|
| 経常利益ベース | |

## 【第3問】

　以下は X1年度の損益計算書であり、翌 X2年度は営業利益200,000千円を目標としている。目標営業利益を達成するためには、X2年度の目標売上高をいくらにする必要があるか［単位：千円］。また、製品の販売単価が70千円であった場合、目標営業利益を達成するためには、X2年度の目標販売数量をいくつとする必要があるか［単位：個］。なお、変動費と固定費の構造は X1年度と変わらないものとする。

[単位：千円]

| | |
|---|---|
| 売上高 | 500,000 |
| 売上原価 | 150,000 |
| 売上総利益 | 350,000 |
| 販売費・一般管理費 | 220,000 |
| 営業利益 | 130,000 |
| （以下は省略） ||

（注）売上原価のうち50,000千円、販売費・一般管理費のうち170,000千円は固定費である。

（解答欄）

| 目標売上高 | |
|---|---|
| 目標販売数量 | |

## STEP 1
### 基礎チェック問題 　キャッシュフロー計算書

☞解答・解説は p.86へ

【第1問】

「現金及び現金同等物」（以下「現金」と呼ぶ。）の一定期間における増減は、その期間の資産、負債および資本の増減によって説明することができる。次の説明のうち、適切な記述の文章をすべて選べ。

　　a　売掛金の増加は、現金の増加をもたらす。
　　b　買掛金の減少は、現金の減少をもたらす。
　　c　棚卸資産の減少は、現金の増加をもたらす。

（解答欄）

【第2問】

　以下に掲げる当期のキャッシュフロー計算書［単位：千円］に基づいて、下記の設問に答えよ。

```
                キャッシュフロー計算書

 Ⅰ　営業活動によるキャッシュフロー
         税 引 前 当 期 純 利 益          25,000
         減 価 償 却 費                   8,000
         貸 倒 引 当 金 の 増 加 額      [ A ]
         受取利息及び受取配当金           －4,300
         支 払 利 息                     7,200
         有 形 固 定 資 産 売 却 益       －2,000
         売 上 債 権 の 増 加 額      [①] 10,000
         棚 卸 資 産 の 減 少 額      [②]  6,000
         仕 入 債 務 の 減 少 額      [③] 17,000
                小     計              （    ）
         利息及び配当金の受取額           4,700
         利 息 の 支 払 額             －6,200
         法 人 税 等 の 支 払 額       －9,000
         営業活動によるキャッシュフロー     3,000
                （以下省略）
```

（設問1）

空欄①〜③に入る正負の符号を記入せよ。

（解答欄）

| ① | |
|---|---|
| ② | |
| ③ | |

（設問2）

空欄 A に入る数値として、最も適切なものはどれか選べ。

ア　－600

イ　600

（解答欄）

## 【第 3 問】

　X1年度の資産と損益に関する次の資料 ［単位：千円］ に基づいて、キャッシュフロー計算書の空欄 A に入る数値として最も適切なものを下記の解答群から選べ。

|  | 資 | 産 |  | 損 | 益 |  |
|---|---|---|---|---|---|---|
|  | 期首 | 期末 | 減価償却費 |  |  | 2,040 |
| 有形固定資産 | 49,200 | 47,500 | 固定資産売却益 |  |  | 150 |
| 減価償却累計額 | 12,500 | 13,700 |  |  |  |  |
|  | 36,700 | 33,800 |  |  |  |  |

```
┌──────────────────────────────────────────┐
│            キャッシュフロー計算書             │
│  投資活動によるキャッシュフロー                │
│    有価証券の売却による収入            1,850  │
│    有形固定資産の売却による収入          A    │
│    投資活動によるキャッシュフロー      ┌───┐  │
│           （以下省略）                         │
└──────────────────────────────────────────┘
```

　ア　150　　イ　1,010　　ウ　1,850　　エ　2,040

（解答欄）

## 【第4問】

　X1年度の資産と損益に関する次の資料［単位：千円］に基づいて、キャッシュフロー計算書の空欄Aに入る数値として最も適切なものを下記の解答群から選べ。

|  | 資 産 | | 損 益 | |
|---|---|---|---|---|
|  | 期首 | 期末 | 減価償却費 | 2,040 |
| 有形固定資産 | 48,200 | 46,500 | 固定資産売却損 | 150 |
| 減価償却累計額 | 11,500 | 12,700 | | |
|  | 36,700 | 33,800 | | |

| キャッシュフロー計算書 | |
|---|---|
| 投資活動によるキャッシュフロー | |
| 　有価証券の売却による収入 | 1,850 |
| 　有形固定資産の売却による収入 | A |
| 　投資活動によるキャッシュフロー | |
| （以下省略） | |

　　ア　710　　イ　860　　ウ　1,010　　エ　1,200

（解答欄）

## STEP 1
### 基礎チェック問題　投資の経済性分析

☞解答・解説は p.90へ

### 【第 1 問】

　D 社は新製品投入のために、1,000万円の新規設備投資を実施する。設備の耐用年数は 5 年、残存価額はゼロとする。この新製品の販売活動により、初年度末に売上高600万円と減価償却費以外の営業費用300万円の発生が見込まれる。初年度末に見込まれる営業キャッシュフロー［単位：万円］を算出せよ。

　なお、減価償却方法は定額法、税率は40％とする。

（解答欄）

### 【第 2 問】

　D 社は新製品投入のために、2,000万円の新規設備投資を実施する。設備の稼働年数は 5 年とみなし、残存価額は購入時の10％であり、 5 年度に120万円での売却が見込まれる。D 社の運転資本は下表において、稼働開始の初年度に60万円増加した後は一定で、運転を終了する 5 年度に60万円減少するものと予想される。新設備による売上高は下表において初年度より 5 年度まで毎年900万円、減価償却費以外の営業費用は同様に毎年500万円と予想される。

　設備投資が行われる初年度期初を「投資時点」、n 年後の期末時点を「n 年度」とし、投資時点から 5 年度までの各年度のキャッシュフロー［単位：万円］を算出せよ。

　なお、減価償却方法は定額法、税率は40％とする。

| （解答欄） | 投資時点 | 初年度 | 2 年度 | 3 年度 | 4 年度 | 5 年度 |
|---|---|---|---|---|---|---|
| | | | | | | |

## 【第3問】

　D社は、6,500万円の投資を伴う2つの投資案X、Yを計画している。2つの投資は相互排他的に3年間実施されるものであり、どちらか有利な投資案を実施する。また、D社の資本コストは6％であり、各年度末に得られるキャッシュフローの予測額は以下のとおりである。

[単位：万円]

| 投資案 | 1年度末 | 2年度末 | 3年度末 |
|---|---|---|---|
| X | 2,500 | 2,500 | 2,500 |
| Y | 3,000 | 2,500 | 2,000 |

複利現価係数と年金現価係数は以下のとおりである。

複利現価係数

| 年 | 6％ | 7％ | 8％ | 9％ |
|---|---|---|---|---|
| 1 | 0.943 | 0.935 | 0.926 | 0.917 |
| 2 | 0.890 | 0.873 | 0.857 | 0.842 |
| 3 | 0.840 | 0.816 | 0.794 | 0.772 |

年金現価係数

| 年 | 6％ | 7％ | 8％ | 9％ |
|---|---|---|---|---|
| 1 | 0.943 | 0.935 | 0.926 | 0.917 |
| 2 | 1.833 | 1.808 | 1.783 | 1.759 |
| 3 | 2.673 | 2.624 | 2.577 | 2.531 |

　2つの投資案X、Yをそれぞれ、①回収期間法［年］、②正味現在価値法［万円］、③内部収益率法［％］で計算し、①②については選択すべき投資案を決定せよ。

　なお、端数の計算は小数点以下第3位を四捨五入すること。

（解答欄）

| | ①回収期間法 | ②正味現在価値法 | ③内部収益率法 |
|---|---|---|---|
| 投資案X | | | |
| 投資案Y | | | |
| 選択案 | | | |

## STEP 1
基礎チェック問題 : **期待値**

☞解答・解説は p.99へ

### 【第1問】

　D社株式に1年間投資をすることを検討しており、投資利益率とその発生確率を以下のように見積もった。このときの分散を求めよ。なお、端数が出た場合は小数点第3位を四捨五入して求めよ。

投資利益率の確率分布

| 投資利益率 | － 3 ％ | 7 ％ | 12% |
|---|---|---|---|
| 発生確率 | 0.3 | 0.6 | 0.1 |

（解答欄）

### 【第2問】

　資金を2つの証券に分散して投資を行う場合、投資収益率のリスクが最も低くなるのはどれか、次の選択肢より選べ。

　　ア　2つの証券の投資収益率の相関係数が1の場合
　　イ　2つの証券の投資収益率の相関係数が－1の場合
　　ウ　2つの証券の投資収益率の相関係数が0の場合
　　エ　2つの証券の投資収益率の相関係数が0.5の場合
　　オ　2つの証券の投資収益率の相関係数が－0.5の場合

（解答欄）

## 【第3問】

　D社株式とF社株式の相関係数を求めよ。なお、端数が出た場合は小数点第3位を四捨五入して求めよ。

| | |
|---|---|
| D社株式の標準偏差 | 2.12 |
| F社株式の標準偏差 | 1.05 |
| 共分散 | −2.15 |

（解答欄）

## 【第4問】

　以下の表は、ポートフォリオA〜Iのそれぞれのリスクとリターンを示したものである。ある投資家がリスク回避的であるとき、選択されるべきポートフォリオとして最も適切なものを下記の選択肢から選べ。ただし、リスクはリターンの標準偏差で測られたものとする。

[単位：%]

| | A | B | C | D | E | F | G | H | I |
|---|---|---|---|---|---|---|---|---|---|
| リスク | 2 | 2 | 2 | 3 | 3 | 3 | 4 | 4 | 4 |
| リターン | 3 | 4 | 5 | 3 | 4 | 5 | 3 | 4 | 5 |

　ア　A
　イ　C
　ウ　G
　エ　H

（解答欄）

## Column 2

### ２次筆記試験の必須項目、「割戻し計算」の考え方

**【「割戻し」とは】**

　財務会計において、時間の概念は大変重要です。このことは、私たちの身の回りで発生していることがらを考えると理解がしやすくなります。

　時間の概念とは、「どの時点で考えるか？」ということです。みなさんは、「今１万円をあげます」「１年後に１万円あげます」と言われたらどちらを取りますか？　言うまでもなく「今ください」と言いますね。なぜなら、今受け取った１万円をすぐに銀行に持って行き預金をすることで、元金１万円に加えて利息を受け取ることができるからです。すなわち、

　　・貨幣の価値は時間とともに変化（成長）するものである
　　・変化（成長）するものを比較するには比較する時点をそろえる必要がある

といえます。

　「投資の意思決定」を行う際には、現時点で行う投資額と、その投資によってその後得られるキャッシュフロー（CF）収入の総和とを比べてどちらが大きいかを比較することになります。このような比較を可能にするには、

　　・将来得られる CF を現時点の値に修正すること

が必要であり、このことを「現在価値に割り戻す」といいます。

**【貨幣の成長のしかた＝複利計算】**

　「お金の価値が時間とともに成長する」ことは複利計算によって説明されます。利率 $r$ で銀行に預けられた元金 $C_0$ とその利息 $r \times C_0$ は次の年の元金に繰り入れられ、新たな元金となるのが複利計算です。すなわち利率 $r$、現時点の元金 $C_0$ として、

　　１年後に得られる $CF_1$：元金＋利息＝$C_0 + r \times C_0 = C_0 \times (1+r)$ （＝２年後の新たな元金）
　　２年後に得られる $CF_2$：元金＋利息＝$C_0 \times (1+r)^2$
　　　　⋮
　　n 年後に得られる $CF_n$：元金＋利息＝$C_0 \times (1+r)^n$

　したがって、利息 $r$ のもと n 年後に得られる $CF_n$ を現在に割り戻した値 $C_0$ は、

$$C_0 = \frac{CF_n}{(1+r)^n}$$

となります。

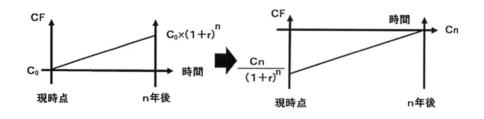

# STEP 2

# 頻出論点攻略！
# 合格点突破問題

STEP 2 では、事例Ⅳ対策が初めての受験生や事例Ⅳがニガテという受験生が、30日間で2次筆記試験の事例Ⅳで合格点を突破できるレベルになるための頻出論点攻略問題を厳選して出題しています。

2次筆記試験レベルの問題を解く力が自然と身につくように「パターン別×難易度順」に並んでいます。繰り返し解くことで合格点突破の力を身につけてください。

## 【30日間で完成させたい受験生】

STEP 2 の問題に1日1問取り組むことで、事例Ⅳで合格点を突破する力を30日間で短時間かつ効率的に養いましょう。

間違えた問題には繰り返し取り組んで、頻出分野すべてで合格力を身につけてください！

## 【合格力をじっくり高めたい受験生】

STEP 2 の問題に1日1問取り組んで、事例Ⅳの頻出論点への対応力を効率的に養いましょう。

間違った論点やニガテな論点は STEP 1 にも取り組んで、理解を深めましょう。

## 【2次筆記試験直前に力だめししたい受験生】

事例Ⅳの過去問を分析し作成した2次筆記試験と同難易度のオリジナル問題にチャレンジして、本番に向けた実力チェックとして使ってみましょう。

解答・解説は p.102へ

## STEP 2 合格点突破問題　経営分析①（期間分析）

**DAY 1**

目標解答時間 **20分**

　D社は、地方都市に４店舗を構え地域特産品を用いた食材や衣類の品揃えを中心にした老舗総合スーパーである。地域の材料を用いた商品に愛着を持つ古くからの固定客を持つものの、施設の老朽化が目立っている。

　最近、大手総合スーパーが地方進出し、D社の各店舗の商圏内に出店するようになり競争が激化し、売上低下が目立ってきた。現社長は、これに対抗するため仕入先を変更し、より低価格販売を前面に打ち出すこととしたが、かえって固定客の離反を招き、売上低下が加速してしまった。

　D社の財務諸表（貸借対照表、損益計算書）を以下に示す。

［単位：千円］

|  | X1年度 | X2年度 |  | X1年度 | X2年度 |
|---|---|---|---|---|---|
| 資産の部 |  |  | 負債の部 |  |  |
| 流動資産 | 49,725 | 53,861 | 流動負債 | 18,756 | 26,879 |
| 現金・預金 | 13,472 | 14,929 | 支払手形・買掛金 | 13,600 | 10,680 |
| 受取手形・売掛金 | 13,648 | 11,732 | 短期借入金 | 4,000 | 15,000 |
| 有価証券 | 340 | 256 | 未払利息 | 1,048 | 1,101 |
| 棚卸資産 | 22,135 | 26,818 | その他流動負債 | 108 | 98 |
| 未収利息 | 42 | 40 | 固定負債 | 42,604 | 42,836 |
| その他流動資産 | 88 | 86 | 長期借入金 | 42,604 | 42,836 |
| 固定資産 | 11,807 | 14,085 | 負債合計 | 61,360 | 69,715 |
| 土地・建物 | 8,483 | 8,925 | 純資産の部 |  |  |
| 投資有価証券 | 3,030 | 4,908 | 資本金 | 2,400 | 2,400 |
| その他固定資産 | 294 | 252 | 繰越利益剰余金 | − 2,228 | − 4,169 |
|  |  |  | 純資産合計 | 172 | − 1,769 |
| 資産合計 | 61,532 | 67,946 | 負債・純資産合計 | 61,532 | 67,946 |

（D社　貸借対照表）

［単位：千円］

|  | X1年度 | X2年度 |
|---|---|---|
| 売上高 | 86,412 | 71,146 |
| 売上原価 | 50,945 | 46,159 |
| 売上総利益 | 35,467 | 24,987 |
| 販売費・一般管理費 | 31,396 | 26,238 |
| 営業利益 | 4,071 | − 1,251 |
| 営業外収益 | 228 | 32 |
| 営業外費用 | 644 | 722 |
| 経常利益 | 3,655 | − 1,941 |
| 法人税等 | 1,462 | 0 |
| 当期純利益 | 2,193 | − 1,941 |

（D社　損益計算書）

（設問 1 ）

　Ｄ社の経営状態を表す、X1年度、X2年度の①収益性、②効率性、③安全性に関するそれぞれの経営指標について名称と算出式を示せ。また、2か年分の経営指標の数値を算出し解答欄に記入せよ。なお、各経営指標の算出にあたっては、財務諸表の数値のみを用い、計算は小数点第3位を四捨五入すること。

（解答欄）

| | 経営指標の名称 | 算出式 | X1年度 | X2年度 |
|---|---|---|---|---|
| 収益性 | | | | |
| 効率性 | | | | |
| 安全性 | | | | |

（設問 2 ）

　（設問 1 ）で算出した経営指標に基づいて、Ｄ社の経営状況を200字以内で説明せよ。

（解答欄）

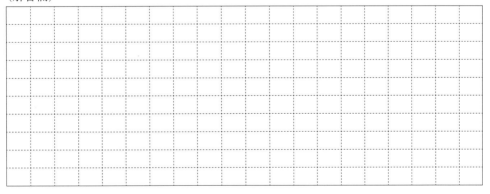

**攻略のキー** --------------------------------------------------------------

　問題文とＤ社に関する2年間の財務諸表から、経営状況を表す適切な財務指標を選択し、経営状況を説明する問題です。主な経営指標とその算出式に関する正確な知識を整理し、覚えておきましょう。また、その計算に必要な要素がどの財務諸表のどの部分に記載されているか、本問を通じて押さえておきましょう。

**STEP 2**
合格点突破問題

## 経営分析②
（同業他社分析）

目標解答時間 **20**分

☞解答・解説は p.106へ

　D社は、精密プレス加工部品を製造する中小メーカーである。小型部品や薄肉部品の精密プレス加工を得意とし、仕入先に複数部品の一体化提案を行うなど高い評価を得ているものの、そのための設備維持負担が重くなっている。また、取引先メーカーの海外進出に加え、現地メーカーの技術力の向上による現地部品調達比率の上昇により、近年業績が落ち込んでいる。D社のX年度の財務諸表と同業他社の財務諸表は以下のとおりである。

［単位：百万円］

| | D社 | 同業他社 | | D社 | 同業他社 |
|---|---|---|---|---|---|
| 資産の部 | | | 負債の部 | | |
| 流動資産 | 974 | 1,183 | 流動負債 | 952 | 1,062 |
| 　現金・預金 | 192 | 312 | 　仕入債務 | 511 | 547 |
| 　売上債権 | 506 | 571 | 　短期借入金 | 430 | 504 |
| 　棚卸資産 | 252 | 276 | 　その他流動負債 | 11 | 11 |
| 　その他流動資産 | 24 | 24 | 固定負債 | 720 | 487 |
| 固定資産 | 1,013 | 804 | 　長期借入金 | 720 | 487 |
| 　建物・構造物 | 305 | 206 | 負債合計 | 1,672 | 1,549 |
| 　機械・装置 | 482 | 416 | | | |
| 　土地 | 290 | 252 | 純資産の部 | | |
| 　減価償却費累計 | −96 | −180 | 　資本金 | 127 | 127 |
| 　投資有価証券 | 20 | 60 | 　利益剰余金 | 188 | 311 |
| 　その他固定資産 | 12 | 50 | 純資産合計 | 315 | 438 |
| 資産合計 | 1,987 | 1,987 | 負債・純資産合計 | 1,987 | 1,987 |

（D社・同業他社　貸借対照表）

［単位：百万円］

| | D社 | 同業他社 |
|---|---|---|
| 売上高 | 1,920 | 2,112 |
| 売上原価 | 1,305 | 1,373 |
| 売上総利益 | 615 | 739 |
| 販売費・一般管理費 | 550 | 612 |
| 営業利益 | 65 | 127 |
| 営業外収益 | 1 | 1 |
| 営業外費用 | 48 | 28 |
| 経常利益 | 18 | 100 |
| 法人税等 | 7.2 | 40 |
| 当期純利益 | 10.8 | 60 |

（D社・同業他社　損益計算書）

（問題）

　D社のX年度の経営分析を行う。同業他社と比較し、D社の財務上問題と思われる点を特徴づける経営指標を3つあげ、その名称を（a）欄に示し、数値計算結果を（b）欄に示したうえで、問題点が生じた原因を（c）欄に60字以内で述べよ。なお、各経営指標の算出にあたっては、財務諸表の数値のみを用い、計算は小数点第3位を四捨五入すること。

（解答欄）

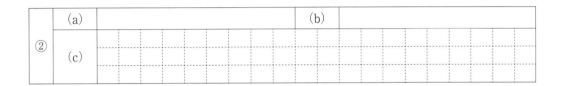

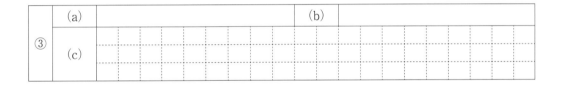

|   | (a) | | (b) | |
|---|---|---|---|---|
| ③ | (c) | | | |

---

**攻略のキー**

　問題文とD社・同業他社に関する財務諸表から、D社の財務上の問題点を表す適切な財務指標を算出し、その原因を説明する問題です。DAY 1の〈経営分析①〉同様、経営指標とその算出式に関する正確な知識が必要です。問題点は財務諸表上の数値に表れますが、その原因は主に問題文中に示されています。その両者の対応がとれる指標を選択する必要があります。

☞解答・解説は p.109へ

| DAY **3** | **STEP 2** 合格点突破問題 | **経営分析③** （予想財務諸表作成と経営分析） | 目標解答時間 **20分** |
|---|---|---|---|

　D社は都内に店舗を構える「薬膳カレー専門レストラン」である。8年前の在学中に医食同源の考え方に共感した社長が、中医学を学ぶ傍らレストランでの修行を重ねた後に開業をした。食に健康を求める顧客が増加するなか、自然食材にこだわった本格薬膳と、カレーという幅広い層に人気の食材が受け入れられ売上を拡大してきたが、調理機材や備品類の旧式化により、最近徐々に売上が低下してきている。

　D社社長は、固定客の「自宅やオフィスでも食べたい」という声や、ホームページを見た地方の新規顧客からの「ぜひ取り寄せて食べたい」という声に応えるため、X2年度よりデリバリー・通信販売事業を開始することとした。この計画案では、デリバリー・通販事業の実施後D社の財務諸表に以下の変化が生じ、これ以外には影響はないとする。

① デリバリー・通販の開始にあたってはX1年度期末に、機材の拡張、配送車の購入等の設備投資を15,000千円行う。これらの減価償却は期間5年の定額法（残存価額ゼロ）とする。

② 当該設備投資のために新たな長期借入を行う。契約はX2年度期首に元金（15,000千円）3年据え置きで、利息5％とする。

③ デリバリー・通販事業の実施によりX2年度末は、前年度比売上35％増を見込む。

④ 売上原価は材料費であり、売上高比率は一定である。

⑤ 水道光熱費はX1年度より20％増となり、広告宣伝費はX1年度より50％増となる。

⑥ デリバリー・通販事業では、アルバイトを雇うなど極力低コストでのオペレーションを心がけ、運送費込みで年間2,200千円の費用増を見込む。

⑦ 売上債権、仕入債務の売上高比率は一定であるとする。

⑧ 税率は40％とし、短期借入金は返済と同額の借入を実行するものとする。

⑨ X1年度の減価償却費はX2年度も継続的に発生する。

D社の財務諸表（貸借対照表、損益計算書）を以下に示す。

[単位：千円]

| 資産の部 | X1年度 | X2年度 | 負債の部 | X1年度 | X2年度 |
|---|---|---|---|---|---|
| 流動資産 | 9,280 | （1） | 流動負債 | 4,000 | （7） |
| 　現金・預金 | 5,500 | （2） | 　支払手形・買掛金 | 1,500 | （8） |
| 　受取手形・売掛金 | 1,620 | （3） | 　短期借入金 | 2,000 | 2,000 |
| 　棚卸資産 | 1,160 | 1,900 | 　その他流動負債 | 500 | 500 |
| 　その他流動資産 | 1,000 | 3,000 | 固定負債 | 5,000 | （9） |
| | | | 　長期借入金 | 5,000 | （10） |
| 固定資産 | 8,680 | （4） | 負債合計 | 9,000 | （11） |
| 　土地・建物 | 3,000 | 3,000 | 純資産の部 | | |
| 　機械装置・運搬具 | 5,000 | （5） | 資本金 | 8,000 | 8,000 |
| 　その他固定資産(注) | 680 | 680 | 繰越利益剰余金 | 960 | （12） |
| | | | 純資産合計 | 8,960 | （13） |
| 資産合計 | 17,960 | （6） | 負債・純資産合計 | 17,960 | （14） |

（注）　その他固定資産は投資その他の資産（投資有価証券）である。

（D社　貸借対照表）

[単位：千円]

| | X1年度 | X2年度 |
|---|---|---|
| 売上高 | 40,000 | （　15　） |
| 売上原価 | 14,000 | （　16　） |
| 売上総利益 | 26,000 | （　17　） |
| 販売費・一般管理費（販管費） | 23,500 | （　18　） |
| 　（内）店舗賃借料 | 1,200 | 1,200 |
| 　（内）水道光熱費 | 4,200 | （　19　） |
| 　（内）広告宣伝費 | 1,000 | （　20　） |
| 　（内）修繕費 | 1,500 | 1,500 |
| 　（内）人件費（運送費込み） | 9,800 | （　21　） |
| 　（内）減価償却費 | 100 | （　22　） |
| 営業利益 | 2,500 | （　23　） |
| 営業外収益 | 0 | 0 |
| 営業外費用（注） | 500 | （　24　） |
| 経常利益 | 2,000 | （　25　） |
| 法人税等 | 800 | （　26　） |
| 当期純利益 | 1,200 | （　27　） |

（注）　X1年度の営業外費用はX2年度も継続的に発生する。

（D社　損益計算書）

（設問1）

　X1年度の財務諸表（貸借対照表、損益計算書）を基礎にして、X2年度の予想財務諸表の空欄を埋め、完成させよ。

（解答欄）　　　　　　　　　　　　　　　　　　　　　　　　　　　　　　　[単位：千円]

| （1） | | （2） | | （3） | | （4） | |
|------|--|------|--|------|--|------|--|
| （5） | | （6） | | （7） | | （8） | |
| （9） | | （10） | | （11） | | （12） | |
| （13） | | （14） | | （15） | | （16） | |
| （17） | | （18） | | （19） | | （20） | |
| （21） | | （22） | | （23） | | （24） | |
| （25） | | （26） | | （27） | | | |

（設問2）

　X1年度とX2年度の経営指標のうち、X2年度に改善した経営指標と悪化した経営指標をそれぞれ1つあげ、(a)欄に経営指標名、(b)欄に計算値（小数点第3位を四捨五入せよ）を記入のうえ、(c)欄に経営状況の変化を説明せよ。

（解答欄）

| 改善した経営指標 | | | |
|------|--|------|--|
| (a) | | (b) | |
| (c) | | | |

| 悪化した経営指標 | | | |
|------|--|------|--|
| (a) | | (b) | |
| (c) | | | |

**攻略のキー** -------------------------------------------------

　予想財務諸表（貸借対照表、損益計算書）を作成のうえ、経営分析を行う問題です。問題文に示された条件を、丁寧に漏らさず読み取り財務諸表を埋めていくことが必要です。

## Column 3

### 経営分析のニガテな人はどう解く？

　２次筆記試験における事例Ⅳの経営分析問題の構成は、

■経営指標の選択と計算

■経営指標に関する論述（問題点の特徴、原因、改善策を問う）

となっています。

　事例Ⅳの経営分析問題も事例Ⅰ〜Ⅲと同様、「中小企業の診断及び助言に関する実務の事例」であるため、経営分析は診断に向け事例企業の経営状況の理解を問う重要問題です。他の問題と異なり、経営分析を大きく外すと合格ラインへの到達は難しいといえます。

### 【経営指標の選択と計算】

　経営指標の選択は、以下の観点をもとに行います。

　　①　与件文から事例企業の特徴、環境分析（内部・外部）に関する表現に対応するもの（「当面の工場利用予定はない」→「有形固定資産回転率」など）

　　②　財務諸表から収益性、効率性、安全性のバランスを考慮して特徴的なもの（前年比で大きな変化があるなど）

　②を優先する場合は、主だった経営指標をすべて計算してから①の絞込みを行います。①を優先する場合は、与件文の情報から絞り込んだ経営指標を計算して特徴の裏づけとなるか確認します。どちらの方法をとるかは、時間配分や自身の計算速度などを勘案し、手順としてあらかじめ決めておくとよいでしょう。

### 【経営指標に関する論述】

　論述問題は、全体として読んでわかりやすいことが必要です。そのためには以下の２つのポイントを押さえて書くことが有効です。それは、①聞かれたことに答えていること、②合理的な因果で構成された文章であることです。１つ目の聞かれたことに答えるためには、まずは与件文をしっかり読み、解答を作成する際は、原因を聞かれたら「原因は、」で始まる文章とするなど、読み手に「聞かれたこと」に答えていることを伝える必要があります。２つ目の合理的な因果とは、根拠の部分に与件文で使われている言葉を用いることです。これは、与件文の事実に基づく分析結果であることを示すためです。

　また経営指標の良し悪しなどの表現には、たとえば流動比率が低いときは「資金繰りに関して短期安全性が低い」、固定比率が高いときは「長期資金調達に関する安全性が低い」など特有な表現があるため、まとめて書き出して覚えておくとよいでしょう。

## STEP 2 合格点突破問題：損益分岐点分析①
（固定費、変動費が明示されている場合）

目標解答時間 **10分**

🖙解答・解説は p.114へ

　D社では、主要製品である製品Rの来年度の販売計画を策定している。製品Rの本年度の販売数量は18,000個であり、製品Rの本年度の製品別損益計算書は以下のとおりである。

[単位：千円]

| 売上高 | 126,000 |
|---|---|
| 変動費 | 31,500 |
| 限界利益 | 94,500 |
| 固定費 | 37,560 |
| 営業利益 | 56,940 |

　製品Rの市場環境は良好であり、来年度は生産量を増加させる予定である。生産量が増加すると原材料の大量購入が可能となるため、製品1個当たりの変動費が4％低下する見込みである。一方、生産量が増加した場合、新たな製造設備が必要となるため、設備のリース料（固定費）が4,886千円増加すると見込まれている。なお、製品の販売単価は本年度と変わらない。

（設問1）

　来年度の売上高は、本年度より8％増加すると見込まれる。製品Rについて、来年度の予想損益分岐点売上高［単位：千円］、予想損益分岐点比率［単位：％］を営業利益ベースで求めよ（端数が出た場合は小数点第1位を四捨五入すること）。なお、生産した製品はすべて販売できると仮定する。

| （解答欄） | 損益分岐点売上高 | |
|---|---|---|
| | 損益分岐点比率 | |

（設問2）

　来年度の営業利益を7,391万円とするための、目標達成売上高はいくらとなるか［単位：千円］。また、製品Rの目標販売数量をいくつにするべきか答えよ［単位：個］。

| （解答欄） | 目標達成売上高 | |
|---|---|---|
| | 目標販売数量 | |

### 攻略のキー

　本年度の損益計算書をもとに来年度の損益を予想し、損益分岐点分析を行う問題です。損益分岐点分析を行うためには、損益分岐点売上高などを求める公式を正しく使いこなす必要があります。STEP1の問題も活用し、公式をきちんと身につけましょう。

| STEP 2 合格点突破問題 | 損益分岐点分析② (固定費、変動費が明示されていない場合) | 目標解答時間 10分 |

解説動画アリ（詳細はカバーの内側参照） ☞解答・解説は p.118へ

　D社は、飲食店を経営する企業である。銀行借入れを活用して店舗数を増やし、順調に成長してきたが、最近は競合店の出店などにより減益傾向となっている。

　直近のX1年度およびX2年度のD社の損益計算書は以下のとおりであった。両年度の変動費率と固定費には変化はないものとし、経常利益ベースで損益分岐点売上高を求めよ［単位：百万円］。また、X1年度とX2年度の安全余裕率を経常利益ベースで求めよ［単位：％］。なお、端数が出た場合は、小数点第3位を四捨五入すること。

損益計算書

[単位：百万円]

| | X1年度 | X2年度 |
| --- | --- | --- |
| 売上高 | 123 | 116 |
| 売上原価 | 50 | 48 |
| 売上総利益 | 73 | 68 |
| 販売費・一般管理費 | 63 | 61 |
| 営業利益 | 10 | 7 |
| 営業外収益 | 2 | 1 |
| 営業外費用 | 5 | 5 |
| 経常利益 | 7 | 3 |
| 特別利益 | 0 | 0 |
| 特別損失 | 0 | 1 |
| 税引前当期純利益 | 7 | 2 |
| 法人税等 | 3 | 1 |
| 当期純利益 | 4 | 1 |

| （解答欄） | 損益分岐点売上高 | |
| --- | --- | --- |
| 安全余裕率 | X1年度 | |
| | X2年度 | |

**攻略のキー** - - - - - - - - - - - - - - - - - - - - - - - - - - - - - - - -

　損益分岐点分析を行う際には、費用を固定費と変動費に分ける必要がありますが、本問では固定費と変動費が明示されていません。このような場合は、どうやって損益分岐点分析を行うのか、解き方を確認しておきましょう。

STEP2
合格点突破問題 | **損益分岐点分析③**
（営業レバレッジ）
 目標解答時間
**10**分

☞解答・解説は p.120へ

　製造業であるD社は、ここ数年、取引先からの厳しい値下げ要求にさらされている。売上高は毎年同程度を維持しているものの、利益が徐々に減少してきている。今後の対応について検討するため、D社社長は、来年度の予想損益計算書を作成し、営業利益ベースで損益分岐点分析を行うこととした。

　来年度の予想損益計算書は以下のとおりである。売上原価のうち固定費は872百万円、販売費・一般管理費のうち固定費は211百万円である。

予想損益計算書
［単位：百万円］

| 売上高 | 1,970 |
|---|---|
| 売上原価 | 1,562 |
| 売上総利益 | 408 |
| 販売費・一般管理費 | 351 |
| 営業利益 | 57 |
| 営業外収益 | 3 |
| 営業外費用 | 14 |
| 経常利益 | 46 |
| 特別利益 | 0 |
| 特別損失 | 0 |
| 税引前当期純利益 | 46 |
| 法人税等 | 18 |
| 当期純利益 | 28 |

（設問1）

　来年度の予想損益計算書をもとに、損益分岐点売上高［単位：百万円］と営業レバレッジ［単位：倍］を求めよ。

（解答欄）

| 損益分岐点売上高 | |
|---|---|
| 営業レバレッジ | |

（設問2）

　厳しい経営状況を改善するため、D社は、工場の設備のうち使用頻度の低いものを売却することを検討している。これにより減価償却費などの売上原価（固定費）を1千万円削減でき、売却益で借入金の一部を繰上返済するため、支払利息（営業外費用）が100万円減少する見込みである。この場合の来年度の損益分岐点売上高［単位：百万円］と営業レバレッジ［単位：倍］を求めよ。なお、端数が出た場合は、小数点第3位を四捨五入すること。

| （解答欄） | 損益分岐点売上高 | |
|---|---|---|
| | 営業レバレッジ | |

**攻略のキー** ------------------------------------------------------------
　損益分岐点売上高と営業レバレッジの問題です。営業レバレッジの公式は覚えていれば計算自体は難しくありませんので、丁寧に対応しましょう。営業レバレッジの数値の意味や、経営においてどのように活用できるのかを問われることもありますので、知識を整理しておきましょう。

**STEP 2**
合格点突破問題

## 損益分岐点分析④
（予想損益計算書の作成と損益分岐点分析）

目標解答時間 **20分**

///解答・解説は p.124へ

　製造業のＤ社は製品開発に力を入れており、顧客のニーズを捉えたさまざまな製品の開発を行っている。先日、新たに開発した製品Ｙを取引先のＰ社に紹介したところ、Ｐ社から高評価を得ることができ、来年度から新規取引を開始することになった。この取引により、Ｄ社の来年度の売上高は、本年度より５％増加すると見込まれている。

　製品Ｙの量産化に向けて、来年度期首に20百万円の新たな設備投資を行う予定である。減価償却費は定額法で耐用年数10年、残存価額は10％とする。設備投資の資金は全額借入で賄う予定であり、借入金利は４％、10年間（うち据え置き２年）で均等償還を行う。また、新製品の製造を担当する従業員を新規に雇用するため、労務費が16百万円増加することとなる。

　本年度のＤ社の損益計算書は以下のとおりである。

損益計算書

［単位：千円］

|  | Ｄ社 |
|---|---|
| 売上高 | 4,211,671 |
| 売上原価 | 3,200,870 |
| 売上総利益 | 1,010,801 |
| 販売費・一般管理費 | 744,529 |
| 営業利益 | 266,272 |
| 営業外収益 | 1,520 |
| 営業外費用 | 93,103 |
| 経常利益 | 174,689 |
| 特別利益 | 14,694 |
| 特別損失 | 68,938 |
| 税引前当期純利益 | 120,445 |
| 法人税等 | 48,178 |
| 当期純利益 | 72,267 |

　（注）　売上原価のうち210,584千円は固定費であり、労務費を含んでいる。
　　　　　また、販売費・一般管理費、営業外費用はすべて固定費である。

（設問１）

　Ｄ社の本年度の変動費率を求めよ。なお、解答は％単位とし、小数点第２位を四捨五入すること。

（解答欄）

（設問2）

　この新規取引が行われた場合の、D社の来年度の予想損益計算書を作成せよ。また、作成した予想損益計算書をもとに、経常利益ベースの予想損益分岐点売上高を求めよ（解答は千円単位とし、千円未満は四捨五入すること）。なお、変動費率は本年度と変わらず、（設問1）で求めた数値を使用することとする。また、営業外収益、特別損益は本年度と同数値とし、利益に対する税率は40％とする。

（解答欄）

予想損益計算書　　［単位：千円］

|  | D社 |
|---|---|
| 売上高 | |
| 売上原価 | |
| 売上総利益 | |
| 販売費・一般管理費 | |
| 営業利益 | |
| 営業外収益 | |
| 営業外費用 | |
| 経常利益 | |
| 特別利益 | |
| 特別損失 | |
| 税引前当期純利益 | |
| 法人税等 | |
| 当期純利益 | |

（解答欄）

| 損益分岐点売上高 | |
|---|---|

**チャレンジ問題**

（設問3）

　D社社長はこの新規取引により、来年度の経常利益を230百万円にすることを目標にしている。一方、P社からは購入数量の増加や購入単価の上昇は受け入れられないと言われており、来年度の売上高は当初見込みである「本年度売上高の5％増」よりもさらに増加させることは難しい。そのため、固定費を当初見込みより減額することで、目標経常利益を達成したいと考えている。固定費を当初見込みよりいくら減額できれば、目標経常利益を達成できるかを求めよ。なお、解答は千円単位とし、千円未満は四捨五入すること。また、計算にあたっては（設問1）（設問2）で解答した数字を使用すること。

（解答欄）

**攻略のキー** ----------------------------------------------------

　問題文にある情報を使って予想損益計算書を作成したうえで、損益分岐点分析を行う問題です。本問のように、（設問1）の答えを使って残りの設問を解く問題の場合、最初の設問を間違えると、その後の設問も共倒れとなる可能性があります。大きく失点するリスクもありますので、特に丁寧に対応しましょう。

**DAY 8**

**STEP 2**
合格点突破問題

# セグメント別損益計算①
（事業部ごとの収益性比較）

目標解答時間 **10分**

☞解答・解説は p.130へ

　D社はプラスチック製品を製造・販売する企業である。D社は、取扱製品別に事業部X と事業部Yに分かれており、昨年度の各事業部の売上高と費用は以下のとおりである。

　D社社長は、どちらの事業部が収益性が高いのかを分析したいと考えている。各事業部 の限界利益率と貢献利益率を求めよ［単位：％］。なお、端数が出た場合は小数点第３位 を四捨五入すること。また、D社全体の利益額がいくらになるかを計算せよ［単位：円］。

[単位：円]

|  | 事業部 X | 事業部 Y |
|---|---|---|
| 売上高 | 900,000,000 | 1,590,000,000 |
| 変動売上原価 | 330,000,000 | 530,000,000 |
| 変動販売費 | 127,000,000 | 410,000,000 |
| 管理可能固定費 | 60,000,000 | 94,000,000 |
| 管理不能固定費 | 81,000,000 | 136,000,000 |
| 共通固定費 | 2,800,000 | |

（解答欄）

| 事業部 X | 限界利益率 | |
|---|---|---|
| | 貢献利益率 | |
| 事業部 Y | 限界利益率 | |
| | 貢献利益率 | |
| D 社全体の利益額 | | |

---

**攻略のキー**

　事業部別の損益情報をもとに、各事業部の収益性を分析する問題です。問題文にはさまざ まな種類の費用が出てきています。どの費用をどのように扱えば、限界利益や貢献利益を求 めることができるのか、知識を整理しておきましょう。

## STEP 2
合格点突破問題

# セグメント別損益計算②
（製品の製造廃止についての検討）

目標解答時間 **15分**

☞解答・解説は p.133へ

　D社は、雑貨等の製造販売を行う企業である。主な取扱製品は、D社設立以来の主力製品である製品X、売上が減少傾向にある製品Y、近年市場が拡大しつつある製品Zの3種である。昨年度の各製品の販売量は、製品Xが147千個、製品Yが52千個、製品Zが98千個である。

　多くの種類の製品を作るためには多くの経営資源が必要となるため、D社社長は、取扱製品を減らすことで採算性の向上を図りたいと考えている。昨年度の製品別の損益計算書は次のとおりであり、赤字となっている製品Yの製造中止を検討している。製品Yの製造を中止すべきか否か。その理由とともに、中小企業診断士としてD社社長にアドバイスせよ。なお、共通固定費は販売量に基づいて各製品に配賦している。また、製品Yの製造を中止しても、製品Xと製品Zの販売量等に影響はないと仮定する。

[単位：円]

|  | 製品X | 製品Y | 製品Z |
|---|---|---|---|
| 売上高 | 294,000,000 | 140,400,000 | 343,000,000 |
| 変動売上原価 | 132,300,000 | 78,000,000 | 129,360,000 |
| 変動販売費 | 51,450,000 | 33,800,000 | 85,260,000 |
| 個別固定費 | 17,030,000 | 18,851,000 | 46,910,000 |
| 共通固定費 | 88,200,000 | 31,200,000 | 58,800,000 |
| 営業利益・損失 | 5,020,000 | − 21,451,000 | 22,670,000 |

（解答欄）

---

**攻略のキー** ------------------------------------------------

　取り扱う製品を減らすことで、採算性の向上を図ることができるかを考える問題です。赤字となっている製品の製造をやめると、現在の売上高と費用のうち、何がなくなって、何がなくならないのか。また、会社全体の損益はどのように変化するのかを考えながら解いてみましょう。

## STEP2 合格点突破問題　標準差異分析

目標解答時間 **15**分

//// ☞解答・解説は p.136へ

　D社は、原価計算を活用して経営改善を図りたいと考えており、主力製品Rについて、標準原価差異の分析を行うこととした。D社が設定した製品Rの標準原価は次のとおりである。

| | 標準原価 |
|---|---|
| 直接材料費 | 標準価格1万円／kg×製品1個当たり標準消費量5kg＝5万円／個 |
| 直接労務費 | 標準賃率1.5万円／時間×製品1個当たり標準作業時間20時間＝30万円／個 |
| 製造間接費 | 標準配賦率0.5万円／時間×製品1個当たり標準機械稼働時間10時間＝5万円／個 |

　半年が経過したところで、製品Rの生産状況について、製造部から以下のとおり報告があった。

・この半年間の製品Rの生産量は500個であり、製造原価は、直接材料費2,400万円、直接労務費15,400万円、製造間接費2,700万円であった。

・半年間の材料の消費量は2,000kg、工具の作業時間は11,000時間であった。

　製品Rの直接材料費差異（うち価格差異および数量差異）、直接労務費差異（うち賃率差異および作業時間差異）、製造間接費差異、総差異を求めよ［単位：円］。解答には、有利差異にはプラス（＋）、不利差異にはマイナス（－）を付すこと。なお、期首および期末の仕掛品については考慮する必要はない。

（解答欄）

| | |
|---|---|
| 直接材料費差異 | |
| 価格差異 | |
| 数量差異 | |
| 直接労務費差異 | |
| 賃率差異 | |
| 作業時間差異 | |
| 製造間接費差異 | |
| 総差異 | |

**攻略のキー** ----------------------------------------

　製品1単位を製造するための目標原価として設定する標準原価と、実際にかかった原価である実際原価を比較する、標準原価差異分析の問題です。情報が多くややこしい問題ですが、情報の整理さえできれば計算自体は難しくありません。きちんと整理できるように練習しましょう。

**DAY 11**

**STEP 2** 合格点突破問題 ┃ **差額原価収益**

目標解答時間 **10分**

☞解答・解説は p.140へ

　D社は主力製品Qについて、月産15,000個の生産能力を有している。販売単価は4,000円、製造原価は、1個当たり変動費は3,000円、1か月当たりの固定費は9百万円である。また、これ以外に製造設備の減価償却費が月に200,000円発生している。

　近年、海外から安価な製品が流入し、製品Qの売上が減少している。来月の予想受注量が10,000個に留まると予想されるなか、これまで取引のなかったX社およびY社から、来月、次のような注文ができるかと打診があった。

■X社
　　1個2,500円で購入できるのであれば、5,000個注文したい

■Y社
　　1個3,500円で購入できるのであれば、3,000個注文したい

　D社はこの打診を受けるべきか。①X社の打診を受けるべき、②Y社の打診を受けるべき、③どちらの打診も受けるべきではない、の3つから、結論を1つ選択し、解答欄の番号に丸を付けよ。また、この場合の来月のD社の利益はいくらになるか答えよ［単位：円］。なお、X社、Y社からは、希望個数を一括で納品してほしいと言われており、希望個数の一部分のみを受注することはできない。また、X社、Y社と取引を行っても、既存取引の需要や販売価格には影響を与えないものとする。

（解答欄）

| ① ・ ② ・ ③ |  |
| --- | --- |
| 来月のD社の利益 |  |

**攻略のキー** - - - - - - - - - - - - - - - - - - - - - - - - - - - - - - - - - - - - - - - - -
　取引先からの特別注文を受注するべきか否かを考える問題です。特別注文を受注すると、利益がどの程度増えるのかという観点で考えてみましょう。また、生産余力がどの程度あるのかについても、留意する必要があります。

**DAY 12**
**STEP 2**
合格点突破問題

## プロダクトミックス①
（利益を最大にする生産量）

目標解答時間 **15**分

☞解答・解説は p.142へ

　D社では、主力製品である製品P、製品Q、製品Rの来年度の生産計画を作成している。各製品の原価情報は以下のとおりであり、製品P、Q、Rの製造に必要となる機械Xの年間の稼働可能時間は18,000時間である。製品1個当たり、製品Pは0.5時間、製品Qは1.5時間、製品Rは1時間、機械Xを使用している。

　また、営業部門からの報告によると、各製品の来年度の需要量は、製品Pは9,800個、製品Qは6,500個、製品Rは4,400個と予想されている。

　以下の設問に答えよ。なお、生産したものはすべて販売可能であり、期首および期末の仕掛品はないものと仮定する。

| | 製品P | 製品Q | 製品R |
|---|---|---|---|
| 販売単価 | 2,900円 | 3,600円 | 4,300円 |
| 1個当たり変動費 | 1,250円 | 1,800円 | 2,600円 |
| 固定費 | 21,000,000円 | | |

（設問1）

　営業利益を最大にするためには、製品P、Q、Rの来年度の年間生産量をいくつに設定するべきか求めよ［単位：個］。また、来年度の営業利益はいくらとなるか求めよ［単位：円］。

| （解答欄） | 製品Pの生産量 | |
|---|---|---|
| | 製品Qの生産量 | |
| | 製品Rの生産量 | |
| | 営業利益 | |

（設問2）

　原価情報をさらに分析したところ、固定費21,000,000円は、個別固定費と共通固定費に分けて算出できることがわかった。各製品の個別固定費と共通固定費は次のとおりとなる。営業利益を最大にするためには、製品P、Q、Rの生産量をいくつに設定するべきか求めよ［単位：個］。また、そのときの営業利益はいくらとなるか求めよ［単位：円］。

| | 製品P | 製品Q | 製品R |
|---|---|---|---|
| 個別固定費 | 6,000,000円 | 3,000,000円 | 8,000,000円 |
| 共通固定費 | 4,000,000円 | | |

（解答欄）

| | |
|---|---|
| 製品Pの生産量 | |
| 製品Qの生産量 | |
| 製品Rの生産量 | |
| 営業利益 | |

**攻略のキー** - - - - - - - - - - - - - - - - - - - - - - - - - - - - - - - - - - - - -

　制約条件があるなかで、どの製品をいくつ作れば、利益を最大にすることができるのかを問う問題です。どのような利益を基準にすれば、営業利益が最大となるのかを考えてみましょう。変動費、固定費（個別固定費、共通固定費）とは、どのような性質の費用なのかがポイントとなります。

# プロダクトミックス②
## （線形計画法）

☞解答・解説は p.147へ

　D 社は、革製の鞄の製造・販売を行う企業である。革にこだわった質の良い D 社の製品を愛好する客は多く、堅調な売上を維持しているが、近年、海外から安価な製品が流入し、競争が激化しつつある。

　厳しい競争に打ち勝つため、D 社社長は、来年度の生産計画を検討している。D 社では、紳士用鞄と婦人用鞄を製造・販売しており、営業利益が最大になるように、それぞれの製品の製造個数を決定したいと考えている。検討に先立ち、以下のデータを入手している。

|  | 紳士用鞄 | 婦人用鞄 |
|---|---|---|
| 1 個当たりの販売価格 | 10,000円 | 12,000円 |
| 1 個当たりの変動費 | 2,800円 | 3,300円 |
| 1 個当たりの直接作業時間 | 2 時間 | 1 時間 |
| 1 個当たりの機械作業時間 | 1 時間 | 2 時間 |
| 最大販売可能量 | 1,400個 | 1,100個 |

※固定費は両製品に共通して発生し、年間2,000,000円である。

　直接作業の年間生産能力は3,120時間、機械作業の年間生産能力は2,520時間である。これらの条件に基づいて、各製品の来年度の最適な生産量［単位：個］と、その場合の来年度の営業利益［単位：円］を求めよ。なお、生産した製品はすべて販売できるものと仮定する。

| （解答欄） | 紳士用鞄の生産量 |  |
|---|---|---|
|  | 婦人用鞄の生産量 |  |
|  | 営業利益 |  |

## 攻略のキー

　複数の製品を製造している企業が、どの製品をいくつ作れば利益を最大にできるかを考える、プロダクトミックスの問題です。本問では制約条件が複数ありますので、線形計画法を使って最適なプロダクトミックスを考えます。数式が多くなりますが、プロセスを覚えてしまえば解くことができますので、落ち着いて対応しましょう。

## STEP 2 合格点突破問題 ｜ 内外製分析

目標解答時間 **15分**

☞解答・解説は p.152へ

　D社では、製品に使用する部品Aを社内で製造している。部品Aは年間1,800個製造しており、昨年度の部品Aの製造原価は以下のとおりとなっている。

[単位：千円]

| | 金額 |
|---|---|
| 直接材料費 | 16,200 |
| 直接労務費 | 37,800 |
| 変動間接費 | 11,700 |
| 固定間接費 | 19,710 |
| 合計 | 85,410 |

※直接材料費は変動費、直接労務費は固定費である。

　部品Aの製造には機械Zを使用している。最近、取引先のP社より「機械Zを年間25百万円で貸与してほしい」との申し出があった。機械Zは部品Aのみに使用しているため、D社では、製品Aの製造を外部にアウトソーシングし、機械ZをP社に貸与することを検討している。

　部品Aの外注について部品メーカーQ社に打診したところ、1個32,000円で1,800個の納品が可能であるとの回答があった。D社は部品Aの製造をQ社にアウトソーシングして、機械ZをP社に貸与するべきか。それとも部品Aの製造を続けるべきか。なお、アウトソーシングを行っても直接労務費、固定間接費は変化しないものとする。

（解答欄）

### 攻略のキー

　部品の内製を続けるべきか、それとも外注を活用するべきかを考える問題です。内製を続けた場合と、外注を活用した場合のそれぞれについて、製造原価はいくらになるのかを計算し、比べてみましょう。外注に切り替えると新たにどのような費用が発生するのか、また、外注によって削減できる費用は何かを、正確に見極められるかがポイントです。

# 活動基準原価計算
## （Activity Based Costing）

☞解答・解説は p.154へ

　製造業のD社では、意思決定の迅速化を図って顧客対応力を強化するため、今期から量産品事業部と特注品事業部から成る事業部制組織に移行した。量産品事業部では決まった規格の製品を大量生産しており、特注品事業部では顧客の注文に基づいて個別生産を行っている。

　事業部制に移行して最初の年度の売上高は、量産品が25,600千円、特注品が11,400千円であった。また、移行初年度の製品別の原価は、量産品が直接材料費7,680千円、直接労務費5,888千円、特注品が直接材料費2,280千円、直接労務費2,508千円となった。これに加えて製造間接費が、量産品・特注品合わせて12,950千円発生した。

　これまでD社では、売上高に基づいて各製品の製造間接費を配賦してきた。しかし実際は、製造間接費の多くは製造に手間のかかる特注品事業部で発生しているため、「売上高に基づく配賦は実態に即していない」と量産品事業部から不満の声が出ている。これを改善するため、D社社長は、活動基準原価計算の導入を検討している。

（設問1）

　これまでどおり売上高に基づいて製造間接費を配賦した場合、量産品と特注品の製造原価はそれぞれいくらになるか求めよ［単位：円］。

| （解答欄） | 量産品 | |
|---|---|---|
| | 特注品 | |

（設問2）

活動基準原価計算に基づき製造間接費を分析すると、次のような結果となった。（表1）は、年間の製造間接費を、コスト集計の単位となる活動であるコスト・プールごとに集計したものである。また（表2）は、各コスト・プールに集計された製造間接費を配賦する基準であるコスト・ドライバーを、製品ごとに示したものである。活動基準原価計算を採用すると、量産品と特注品の製造原価はそれぞれいくらになるか求めよ［単位：円］。

（表1）年間の製造間接費の内訳

［単位：円］

| コスト・プール | 製造間接費 |
|---|---|
| 設計コスト・プール | 4,662,000 |
| 調達コスト・プール | 2,590,000 |
| 加工コスト・プール | 3,885,000 |
| 機械保全コスト・プール | 1,813,000 |
| 合計 | 12,950,000 |

（表2）製品別の年間のコスト・ドライバー

| コスト・プール | コスト・ドライバー | 量産品 | 特注品 |
|---|---|---|---|
| 設計コスト・プール | 設計件数 | 10件 | 60件 |
| 調達コスト・プール | 調達回数 | 100回 | 250回 |
| 加工コスト・プール | 機械稼働時間 | 120時間 | 80時間 |
| 機械保全コスト・プール | 保全時間 | 25時間 | 45時間 |

（解答欄）

| | |
|---|---|
| 量産品 | |
| 特注品 | |

**攻略のキー** --------------------------------------------------------

活動基準原価計算（Activity Based Costing；以下 ABC）の問題です。ABC を活用して各製品に製造間接費を配賦することで、配賦額を実態に即した形にすることが検討されています。ABCの問題では特徴的な用語が出てくるため、意味や使い方を押さえておきましょう。

**STEP 2** 合格点突破問題 | **キャッシュフロー計算書①** （間接法）

目標解答時間 **15分**

☞解答・解説は p.158へ

D社は、企業向けの事務用什器類の製造・販売を事業として行っている事務機器製造販売会社である。近年は中国等の低価格の事務機器販売会社やレンタルオフィス、シェアオフィスなどの利用増加により、業績の伸びが鈍化している。D社社長は今後を鑑み、新事業を検討中である。

D社のキャッシュフローについて次の問いに答えよ。なお、営業外収益、営業外費用および特別利益はすべて現金取引で発生したものである。また、利益はすべて内部留保されている。

貸借対照表　　　　　　　　　［単位：百万円］

| 資産の部 | X1年度 | X2年度 | 負債の部 | X1年度 | X2年度 |
|---|---|---|---|---|---|
| 流動資産 | 4,051 | 5,747 | 流動負債 | 4,270 | 5,827 |
| 　現金等 | 880 | 860 | 　支払手形・買掛金 | 1,240 | 1,288 |
| 　受取手形・売掛金 | 2,154 | 3,650 | 　短期借入金 | 2,630 | 4,139 |
| 　商品 | 617 | 837 | 　その他流動負債 | 400 | 400 |
| 　その他流動資産 | 400 | 400 | 固定負債 | 1,454 | 1,537 |
| 固定資産 | 2,290 | 2,330 | 　長期借入金 | 924 | 1,007 |
| 　土地・建物 | 600 | 595 | 　その他固定負債 | 530 | 530 |
| 　投資有価証券 | 1,160 | 1,182 | 負債合計 | 5,724 | 7,364 |
| 　その他固定資産 | 530 | 553 | 純資産の部 | | |
| | | | 　資本金 | 50 | 50 |
| | | | 　利益準備金 | 10 | 106 |
| | | | 　別途積立金 | 402 | 402 |
| | | | 　当期未処分利益 | 155 | 155 |
| | | | 純資産合計 | 617 | 713 |
| 資産合計 | 6,341 | 8,077 | 負債・純資産合計 | 6,341 | 8,077 |

損益計算書　　　［単位：百万円］

| | X1年度 | X2年度 |
|---|---|---|
| 売上高 | 6,700 | 7,940 |
| 売上原価 | 5,450 | 6,589 |
| 売上総利益 | 1,250 | 1,351 |
| 販売費・一般管理費 | 960 | 1,060 |
| （うち減価償却費） | (5) | (5) |
| 営業利益 | 290 | 291 |
| 営業外収益 | 34 | 59 |
| 営業外費用 | 176 | 226 |
| 経常利益 | 148 | 124 |
| 特別利益 | 0 | 36 |
| 特別損失 | 0 | 0 |
| 税引前当期純利益 | 148 | 160 |
| 法人税等 | 59.2 | 64 |
| 当期純利益 | 88.8 | 96 |

両年度の貸借対照表および損益計算書から X2年度の営業活動キャッシュフロー、投資活動キャッシュフロー、財務活動キャッシュフローを計算し、解答欄に記入せよ。

（解答欄）　　営業活動キャッシュフロー　［単位：百万円］

| 項　　目 | 金額 |
|---|---|
| 税引前当期純利益 | ＋160 |
| | |
| | |
| | |
| | |
| | |
| | |
| | |
| 小　　　計 | |
| | |
| | |
| | |
| 営業活動キャッシュフロー合計 | |

投資活動キャッシュフロー　［単位：百万円］

| 項　　目 | 金額 |
|---|---|
| | |
| | |
| 投資活動キャッシュフロー合計 | |

財務活動キャッシュフロー　［単位：百万円］

| 項　　目 | 金額 |
|---|---|
| | |
| | |
| 財務活動キャッシュフロー合計 | |

**攻略のキー** ------------------------------------------------

　キャッシュフロー計算書の問題です。与えられた貸借対照表、損益計算書から必要な数値を正確に抜き出すことがポイントです。慌てると、計算ミスや転記ミスが発生しやすいので、ミスを防ぐためのチェック工程も作っておきましょう。

## STEP 2 合格点突破問題　キャッシュフロー計算書② （製造原価報告書を含む）

**DAY 17**

**目標解答時間 15分**

解説動画アリ（詳細はカバーの内側参照）　　　☞解答・解説は p.160へ

　D社は、マンション・オフィスビル用の扉の製造・販売を行っているメーカーである。マンション・オフィスビル用の扉は、マンション・オフィスビルによってサイズが異なり、各物件用に設計して製造している。オリンピックの開催が決定し、今後の需要は高まることが予想されており、生産能力増強のための設備投資を考えている。なお、現在の設備の稼働率を維持するためには、毎年3,900万円の機械装置の追加購入の投資が必要である。また、D社はX2年度の期中に株主に対して2百万円の配当を行う予定である。

　D社のキャッシュフローについて以下の問いに答えよ。

貸借対照表　　　　　　　　　　　　　　　　　　　　　　　［単位：百万円］

| | X1年度からの増減見込み | X2年度 | | X1年度からの増減見込み | X2年度 |
|---|---|---|---|---|---|
| 資産の部 | | | 負債の部 | | |
| 流動資産 | 17 | 3,280 | 流動負債 | −72 | 2,477 |
| 　現金等 | 3 | 173 | 　支払手形・買掛金 | 10 | 730 |
| 　受取手形・売掛金 | 33 | 2,158 | 　短期借入金 | −82 | 1,724 |
| 　棚卸資産 | −19 | 934 | 　その他流動負債 | 0 | 23 |
| 　その他流動資産 | 0 | 15 | 固定負債 | −43 | 2,195 |
| 固定資産 | −116 | 2,704 | 　長期借入金 | −43 | 2,023 |
| 　土地・建物 | −34 | 1,549 | 　その他固定負債 | 0 | 172 |
| 　機械装置 | −100 | 600 | 負債合計 | −115 | 4,672 |
| 　その他固定資産 | 0 | 0 | 純資産の部 | | |
| 　投資有価証券 | 18 | 555 | 　資本金 | 0 | 235 |
| | | | 　利益準備金 | 0 | 107 |
| | | | 　別途積立金 | 0 | 682 |
| | | | 　当期未処分利益 | 16 | 288 |
| | | | 　純資産合計 | 16 | 1,312 |
| 資産合計 | −99 | 5,984 | 負債・純資産合計 | −99 | 5,984 |

損益計算書　［単位：百万円］

| | X2年度 |
|---|---|
| 売上高 | 3,885 |
| 売上原価 | 3,026 |
| 売上総利益 | 859 |
| 販売費・一般管理費 | 739 |
| （うち減価償却費） | （50） |
| 営業利益 | 120 |
| 営業外収益 | 34 |
| 営業外費用 | 124 |
| 経常利益 | 30 |
| 特別利益 | 0 |
| 特別損失 | 0 |
| 税引前当期純利益 | 30 |
| 法人税等 | 12 |
| 当期純利益 | 18 |

製造原価報告書　［単位：百万円］

|  | X2年度 |
|---|---|
| 材料費 | 1,588 |
| 労務費 | 682 |
| 経費 | 756 |
| （うち、減価償却費） | 123 |
| （うち、外注加工費） | 243 |
| 当期製造費用 | 3,026 |
| 期首仕掛品棚卸高 | 256 |
| 期末仕掛品棚卸高 | 256 |
| 当期製品製造原価 | 3,026 |

D社のX2年度のキャッシュフロー計算書を作成せよ。

（解答欄）　営業活動キャッシュフロー　［単位：百万円］

| 項　目 | 金額 |
|---|---|
|  |  |
|  |  |
|  |  |
|  |  |
|  |  |
|  |  |
|  |  |
|  |  |
|  |  |
|  |  |
|  |  |

投資活動キャッシュフロー　［単位：百万円］

| 項　目 | 金額 |
|---|---|
|  |  |
|  |  |
|  |  |

財務活動キャッシュフロー　［単位：百万円］

| 項　目 | 金額 |
|---|---|
|  |  |
|  |  |
|  |  |
|  |  |

**攻略のキー** --------------------------------

　製造原価報告書を含めたキャッシュフロー計算書の問題です。製造原価報告書が損益計算書のどこに反映されるのかを正確に覚えておきましょう。本問では配当もされているので、財務活動キャッシュフローを算出する際にも注意しましょう。

## STEP 2 合格点突破問題　キャッシュフロー計算書③
（長期借入金から短期借入金への振替を含む）

目標解答時間 **15分**

>＞解答・解説は p.162へ

　D社は、T県にある創業30年のアパレルである。海外有名ブランドの日本での独占販売を行うとともに百貨店に積極的に出店し、百貨店の成長に合わせてD社も成長してきた。しかし、近年はSPAの台頭やファストファッションの流行もあり、業績が低迷している。新たな成長戦略を描くために、経営戦略の見直しを行っている。

　D社はX2年度の期中に株主に対して20百万円の配当を行う予定である。D社のキャッシュフローについて以下の問いに答えよ。

貸借対照表　　　　　　［単位：百万円］

| | X1年度 | X2年度 | | X1年度 | X2年度 |
|---|---|---|---|---|---|
| 資産の部 | | | 負債の部 | | |
| 流動資産 | 2,995 | 3,565 | 流動負債 | 2,580 | 2,990 |
| 現金預金 | 910 | 930 | 支払手形・買掛金 | 1,280 | 1,500 |
| 受取手形・売掛金 | 1,600 | 2,100 | 未払法人税等 | 100 | 90 |
| 貸倒引当金 | −80 | −80 | 短期借入金 | 1,200 | 1,400 |
| 棚卸資産 | 550 | 600 | 固定負債 | 2,900 | 2,440 |
| その他流動資産 | 15 | 15 | 長期借入金 | 2,800 | 2,340 |
| 固定資産 | 4,140 | 3,650 | その他固定負債 | 100 | 100 |
| 土地・建物 | 5,240 | 4,800 | 負債合計 | 5,480 | 5,430 |
| 減価償却累計額 | −1,200 | −1,300 | 純資産の部 | | |
| 投資有価証券 | 100 | 150 | 資本金 | 1,400 | 1,400 |
| | | | 利益準備金 | 245 | 375 |
| | | | 別途積立金 | 10 | 10 |
| | | | 純資産合計 | 1,655 | 1,785 |
| 資産合計 | 7,135 | 7,215 | 負債・純資産合計 | 7,135 | 7,215 |

損益計算書　［単位：百万円］

| | X2年度 |
|---|---|
| 売上高 | 9,500 |
| 売上原価 | 7,700 |
| 売上総利益 | 1,800 |
| 販売費・一般管理費 | 1,500 |
| （うち減価償却費） | （150） |
| 営業利益 | 300 |
| 営業外収益 | 75 |
| 営業外費用 | 145 |
| 経常利益 | 230 |
| 特別利益 | 20 |
| 特別損失 | 0 |
| 税引前当期純利益 | 250 |
| 法人税等 | 100 |
| 当期純利益 | 150 |

（備考）

・期中に土地・建物の購入はない。

・長期借入金から短期借入金への振替は300百万円である。

・特別利益はすべて固定資産売却益である。

　D社のX2年度のキャッシュフロー計算書を作成せよ。

（解答欄）　営業活動キャッシュフロー　［単位：百万円］

| 項　　目 | 金額 |
| --- | --- |
|  |  |
|  |  |
|  |  |
|  |  |
|  |  |
|  |  |
|  |  |
|  |  |
|  |  |
|  |  |
|  |  |
|  |  |
|  |  |

投資活動キャッシュフロー　［単位：百万円］

| 項　　目 | 金額 |
| --- | --- |
|  |  |
|  |  |
|  |  |

財務活動キャッシュフロー　［単位：百万円］

| 項　　目 | 金額 |
| --- | --- |
|  |  |
|  |  |
|  |  |
|  |  |

**攻略のキー** - - - - - - - - - - - - - - - - - - - - - - - - - - - - - - - - - - - - - - - - -

　長期借入金から短期借入金への振替があるキャッシュフロー計算書の問題です。借入や返済がなかったときの振替後の長期借入金、短期借入金の値を求めて、実際の貸借対照表と比較して計算するのがポイントです。

## STEP 2 合格点突破問題　キャッシュフロー計算書④（貸借対照表と損益計算書作成を含む）

**目標解答時間 25分**

☞解答・解説は p.165へ

　D社は都内にある高級食材を用いたオフィスや会議室でのパーティメニューを扱うケータリング専門会社である。D社社長は若くしてイタリアに料理修行に行き研鑽を積んだのち、都内の大手ホテルで料理長を務めた実力派のシェフである。かねてよりの夢であった高級食材を用いたパーティメニューを扱うケータリング専門会社を8年前に開業した。食にこだわりを求める顧客層に対する自然食材や高級食材を用いた創作料理が受け入れられ、売上を拡人してきた。

　D社社長は、リピート客の「パーティだけでなく自宅でも食べたい」という声に応えるため、X2年度より家庭向けのデリバリーを開始することにした。この計画案を実施すると、D社の財務状況には以下の変化が生じ、それ以外の影響はないものとする。

①　家庭向けのデリバリーの開始にあたっては X1年度期末に、調理機材の拡張等の設備投資15,000千円を行う。これらの減価償却は期間5年の定額法（残存価額ゼロ）とする。
②　当該設備投資のため新たな長期借入を行う。契約は X2年度期首に元金（15,000千円）3年据え置きで、利息5％とする。
③　家庭向けのデリバリーの実施により X2年度末は、前年度比売上35％増を見込む。
④　売上原価は材料費であり、売上高比率は一定である。
⑤　水道光熱費は X1年度より20％増となり、広告宣伝費は X1年度より50％増となる。
⑥　家庭向けのデリバリー要員としてアルバイトを雇用し、運送費込みで年間2,200千円の費用増を見込む。
⑦　売上債権、仕入債務の売上高比率は一定であるとする。
⑧　税率は40％とし、短期借入金は返済と同額の借入を実行するものとする。
⑨　X1年度の減価償却費は X2年度も継続的に発生する。

　D社の財務諸表（貸借対照表、損益計算書）を以下に示す。

［単位：千円］

| | X1年度 | X2年度 | | X1年度 | X2年度 |
|---|---|---|---|---|---|
| 資産の部 | | | 負債の部 | | |
| 流動資産 | 9,280 | （　） | 流動負債 | 4,000 | （　） |
| 　現金・預金 | 5,500 | （　） | 　支払手形・買掛金 | 1,500 | （　） |
| 　受取手形・売掛金 | 1,620 | （　） | 　短期借入金 | 2,000 | 2,000 |
| 　棚卸資産 | 1,160 | 1,900 | 　その他流動負債 | 500 | 500 |
| 　その他流動資産 | 1,000 | 3,000 | 固定負債 | 5,000 | （　） |
| | | | 　長期借入金 | 5,000 | （　） |
| 固定資産 | 8,680 | （　） | 負債合計 | 9,000 | （　） |
| 　土地・建物 | 3,000 | 3,000 | 純資産の部 | | |
| 　機械装置・運搬具 | 5,000 | （　） | 　資本金 | 8,000 | 8,000 |
| 　その他固定資産 | 680 | 680 | 　繰越利益剰余金 | 960 | （　） |
| | | | 　純資産合計 | 8,960 | （　） |
| 資産合計 | 17,960 | （　） | 負債・純資産合計 | 17,960 | （　） |

（D社　貸借対照表）

[単位：千円]

| | X1年度 | X2年度 |
|---|---|---|
| 売上高 | 40,000 | （　　） |
| 売上原価 | 14,000 | （　　） |
| 売上総利益 | 26,000 | （　　） |
| 販売費・一般管理費（販管費） | 23,500 | （　　） |
| （内）店舗賃借料 | 1,200 | 1,200 |
| （内）水道光熱費 | 4,200 | （　　） |
| （内）広告宣伝費 | 1,000 | （　　） |
| （内）修繕費 | 1,500 | 1,500 |
| （内）人件費（運送費込み） | 9,800 | （　　） |
| （内）減価償却費 | 100 | （　　） |
| 営業利益 | 2,500 | （　　） |
| 営業外収益 | 0 | 0 |
| 営業外費用（注） | 500 | （　　） |
| 経常利益 | 2,000 | （　　） |
| 特別利益 | 0 | 0 |
| 特別損失 | 0 | 0 |
| 税引前当期純利益 | 2,000 | （　　） |
| 法人税等 | 800 | （　　） |
| 当期純利益 | 1,200 | （　　） |

（注）　X1年度の営業外費用はX2年度も継続的に発生する。

（D社　損益計算書）

　間接法によるキャッシュフロー計算書を作成し、D社のX2年度の営業活動キャッシュフローを求めよ。なお、X2年度の予想貸借対照表と予想損益計算書は、与えられた条件から各自で作成すること。また、単位は千円とする。

（解答欄）　| 営業活動キャッシュフロー | |
|---|---|

**攻略のキー** - - - - - - - - - - - - - - - - - - - - - - - - - - - - - - - - - - - - - - - - - -
　営業活動キャッシュフローを求める問題です。本問ではX2年度の予想貸借対照表と予想損益計算書が与えられていないので、X2年度の予想貸借対照表と予想損益計算書を作成してから、営業活動キャッシュフローを求めることがポイントです。

## DAY 20 | STEP 2 合格点突破問題 | 投資の経済性分析① （新規投資の場合）

**目標解答時間 15分**

☞解答・解説は p.168へ

　D社は創業80年を迎える老舗のかまぼこ製造販売会社である。昔ながらの製法と味にこだわり生産を行ってきたが、近年低価格の競合品の参入により業績が悪化している。そのためD社は健康志向をねらった新商品の投入に向け、新設備の導入を計画している。設備投資は30百万円で行い、減価償却は定額法とし耐用年数は6年（6年後の残存価額はゼロ）を見込んでいる。

　新設備により得られる投資後6年間の予想営業利益および必要となる運転資本は、以下のとおりである。

[単位：千円]

|  | 第1年度 | 第2年度 | 第3年度 | 第4年度 | 第5年度 | 第6年度 |
|---|---|---|---|---|---|---|
| 営業利益 | 1,000 | 2,000 | 2,000 | 2,500 | 2,500 | 2,500 |
| 運転資本 | 80 | 110 | 140 | 100 | 60 | 20 |

　なお、D社の資本コストは5％であり、年率5％の複利現価係数、年金現価係数は以下のとおりである。

| 年率5％ | 1年 | 2年 | 3年 | 4年 |
|---|---|---|---|---|
| 複利現価係数 | 0.952 | 0.907 | 0.864 | 0.823 |
| 年金現価係数 | 0.952 | 1.859 | 2.723 | 3.546 |

　上記を踏まえて以下の設問に答えよ。

　なお、税率は40％とし、端数の計算は小数点第3位を四捨五入すること。

（設問1）

　本設備投資から得られる毎年度のキャッシュフロー（以下CF）[単位：千円] を計算せよ。ただし、損益発生は年度末に認識し、設備投資実施時を「投資時点」とする。

[単位：千円]

| （解答欄） | 投資時点 | 第1年度 | 第2年度 | 第3年度 | 第4年度 | 第5年度 | 第6年度 |
|---|---|---|---|---|---|---|---|
| CF |  |  |  |  |  |  |  |

（設問2）

　本設備投資の、（a）正味現在価値 [単位：千円] を求め、（b）投資の経済性について評価せよ。

| （解答欄） | (a) |  |
|---|---|---|
|  | (b) |  |

---

**攻略のキー**

　毎年度のCFを求めた後、正味現在価値（NPV：Net Present Value）法で投資の経済性を評価する問題です。複雑な与件文からCFやNPVを計算するための要素を書き出し、整理してから計算に入りましょう。

## STEP 2
合格点突破問題

## 投資の経済性分析②
（増分投資の場合）

目標解答時間 **20分**

解説動画アリ（詳細はカバーの内側参照）

☞解答・解説は p.171へ

　D社は、特殊用途向け部材Zの製造会社である。加工性の難しい材料を独自の加工装置を用いて安価に提供できる技術を有している。部材Zの販売価格は、100円／個、変動製造経費は40円／個であり、他の支出はすべて固定的なものである。

　D社は、来期初にさらなる原価低減を目指し、加工装置への改造投資を実施すべきか検討をしている。この投資には3,500千円の支出が見積もられており、減価償却については定額法により5年（5年後の残存価額はゼロ）で償却する予定である。この投資によって加工速度の向上による変動製造原価低減と、加工精度向上による売上増が見込める。D社は投資後5年間の変動製造原価低減を以下のように見積もっている。

| | 現在 | 初年度 | 2～5年度 |
|---|---|---|---|
| 販売個数 | 150,000個 | プラス10% | プラス15% |
| 変動製造原価 | 40円／個 | マイナス5% | マイナス7% |

（%は現在との比率を示す。）

　D社の今期の損益計算書、製造原価報告書は以下のとおりである。

損益計算書　　　［単位：千円］

| 売上高 | 15,000 |
|---|---|
| 売上原価 | （　　　） |
| 売上総利益 | 4,500 |
| 販売費及び一般管理費 | 3,100 |
| 営業利益 | （　　　） |

製造原価報告書　　　［単位：千円］

| 労務費 | 2,500 |
|---|---|
| 製造経費 | 8,000 |
| （うち、変動製造経費） | （　　　） |
| 減価償却費 | 0 |
| 製造原価 | （　　　） |

　本改造投資に関して、正味現在価値法を用いて根拠となる数値を示し、投資案を評価したうえで、投資可否を判断せよ（その際、今期の損益計算書と製造原価報告書の（　　）の数字は各自で計算すること）。ただし、D社の資本コストは7％、税率は40％とする。計算には下記の年金現価係数を用いよ。

　なお、運転資本の増減はないものとする。また、端数の計算は小数点第3位を四捨五入すること。

| 年 | 年金現価係数（7％） |
|---|---|
| 1 | 0.935 |
| 4 | 3.387 |

（解答欄）

## 攻略のキー

　正味現在価値（NPV：Net Present Value）法により投資の経済性を評価する問題であり、現有設備に対する追加的な投資によりCFの変化が発生する「増分投資」問題です。増分投資の経済性分析にはCFの増分（増分CF）を用いることに注意しましょう。

☞解答・解説は p.174へ

現在 D 社は競争環境の高まりを受け、生産性と収益性の向上のため新設備への取替投資を検討している。

D 社の旧設備は 4 年前に40,000千円で購入、耐用年数8 年、残存価額10％、耐用年数終了年度末にすべての残存価額分の除却を行う予定であった。旧設備の現時点の処分価格は10,000千円を見込んでいる。新設備の購入価格は60,000千円、耐用年数4 年、残存価額10％、耐用年数が終了する年度末に処分価格7,400千円で売却予定である。

新規設備の導入により、旧設備において毎年60,000千円であった現金費用支出が毎年32,000千円に削減される。これらを踏まえて以下の設問に答えよ。ただし、計算にあたっては以下の点に留意すること。

・取替投資後の売上は変化しないものとする。
・D 社の現金支出はすべて年初または年度末に発生するものとする。
・売却損益、除却損に関わる税調整は次年度末に発生する。
・税率は40％、D 社の資本コストは5 ％とする。
・計算において端数が出た場合には小数点第 3 位を四捨五入すること。
・計算にあたっての複利現価係数、年金現価係数は DAY 20（p.62）のものを用いる。

### チャレンジ問題

（設問 1）
本設備投資後の毎年の生産活動によって生じるキャッシュフロー（以下 CF）［単位：千円］の増加額はいくらになるか計算せよ。

（解答欄）

（設問 2）
D 社は本取替投資を実施すべきか、正味現在価値法に基づき評価したうえで、実施可否を判断せよ。なお、解答にあたっては意思決定の根拠となる数値を明確にすること［単位：千円］。

（解答欄）

### 攻略のキー

取替投資に関して、正味現在価値（Net Present Value）法により投資の経済性を評価する問題です。取替投資は、新旧の設備に関する構成要素が特に複雑なため、しっかり与件文を読み取り、図を描くなど、与えられた条件を整理をした後、解答作成に入る必要があります。

## Column 4

### 素早く正しく計算できる！　効果的な電卓の使い方

　計算機の機能を効果的に使うことで、計算効率をアップさせたり、計算ミスを防止したりすることができるので、ぜひ活用しましょう。

　今回は計算機の機能のなかでも、正味現在価値（NPV）の計算をするときに使うと便利なものを2つ紹介します。

#### ①　GT（グランドトータル）で合計を一気に算出

　グランドトータルは計算機の GT というボタンになります。機能は合計を一気に算出するものになります。下記の例で説明します。

【例】各和の合計値を算出する

$100 + 150 = 250$　$200 + 250 = 450$　$300 + 350 = 650$

　これらの合計をグランドトータルで計算する場合、すべての計算を入力した後に『GT』を入力します。すると、これまでの『$250 + 450 + 650$』を合計した答え『1,350』を算出できます。

　つまり、最後に『GT』を押すことにより、これまで計算したものの合計を出すことができます。

（電卓の数値とキーを押す順番）

$[100] \rightarrow [+] \rightarrow [150] \rightarrow [=] \rightarrow [200] \rightarrow [+] \rightarrow [250] \rightarrow [=] \rightarrow [300] \rightarrow [+]$
$\rightarrow [350] \rightarrow [=] \rightarrow [GT]$

#### ②　「×」の2回押しによる NPV の割戻し計算の効率化

　複利現価係数が与えられ、その値を使って NPV を算出する問題も多くあります。毎年のキャッシュフローが同じときは、この機能を使って計算を効率化できます。

【例】

　毎年100百万円のキャッシュフローが得られる。この5年間のキャッシュフローの NPV を求めよ。なお、計算にあたり以下の複利現価係数を用いよ。

| 1年目 | 2年目 | 3年目 | 4年目 | 5年目 |
|---|---|---|---|---|
| 0.9 | 0.8 | 0.7 | 0.6 | 0.5 |

$\text{NPV} = 100 \times 0.9 + 100 \times 0.8 + 100 \times 0.7 + 100 \times 0.6 + 100 \times 0.5 = 350$［百万円］

（電卓の数値とキーを押す順番）

$[100] \rightarrow [\times] \rightarrow [\times] \rightarrow [0.9] \rightarrow [=] \rightarrow [0.8] \rightarrow [=] \rightarrow [0.7] \rightarrow [=] \rightarrow [0.6]$
$\rightarrow [=] \rightarrow [0.5] \rightarrow [=] \rightarrow [GT]$

☞解答・解説は p.180へ

　D社は、個人向けの高級家具販売事業を行っている家具販売会社である。近年は低価格家具販売会社との競争激化により、業績が低迷している。社長交代を機に、低価格家具販売会社との競争激化による対抗策として、新たに2つの案が検討されている。1つ目の案が、カジュアルな家具販売事業であり、2つ目の案が、中古家具の販売事業である。

　現業の高級家具販売事業と、現在検討されているカジュアルな家具販売事業と中古家具の販売事業の今後3年間の予想売上高営業利益率とその発生確率について、下表のように想定している。これに基づいて、新規事業の収益性に関する以下の設問に答えよ。

今後3年間の予想売上高営業利益率［％］とその発生確率

| 事業 | | 好景気 | 標準の景気 | 不景気 |
|---|---|---|---|---|
| 高級家具販売事業 | 予想売上高営業利益率 | 7.0 | 1.0 | −3.0 |
| | 発生確率 | 0.3 | 0.5 | 0.2 |
| カジュアル家具販売事業 | 予想売上高営業利益率 | 2.0 | 2.5 | 0.5 |
| | 発生確率 | 0.3 | 0.5 | 0.2 |
| 中古家具販売事業 | 予想売上高営業利益率 | 0.5 | 1.5 | 3.0 |
| | 発生確率 | 0.3 | 0.5 | 0.2 |

（設問1）

　3つの事業の予想売上高営業利益率を期待値（リターン）で評価すると、どの事業が今後有望と考えられるか、根拠となる数字を用いて80字以内で述べよ。

（解答欄）

（設問2）

　（設問1）で得た結果を踏まえ、事業の収益性に対して、期待値（リターン）だけでなくリスクも考慮した事業評価を行うとどのようになるか、根拠となる数字を用いて100字以内で述べよ。なお、端数が生じた場合、小数点第3位を四捨五入することとする。

（解答欄）

（設問3）

　D社は個人向けの高級家具販売事業を継続させるとともに、新規事業案2つのうち、どちらか1つの事業を選択し、新たに経営資源を投入したいと考えている。新規事業案の選択方針として、現業の個人向けの高級家具販売事業との補完効果の期待できる事業案にしたいと考えている。個人向けの高級家具販売事業が景気の影響によって業績が悪化した場合には、もう一方の事業が個人向けの高級家具販売事業をカバーできるリスク低減効果の高いものとしたい。

　どちらの新規事業案を選択するのが望ましいか、相関係数を用いて50字以内で述べよ。なお、相関係数は端数が生じた場合、小数点第3位を四捨五入することとする。

（解答欄）

**攻略のキー** - - - - - - - - - - - - - - - - - - - - - - - - - - - - - - - - - - - - - - - - -

　期待値と標準偏差を用いた評価の問題です。リターンとリスク、どちらで評価を行うのか、リターンとリスクの評価の観点を混同するミスが発生しやすいので、ミスを防ぐためのチェック工程を作っておきましょう。また、相関係数の問題は、2次筆記試験ではまだ出題されていませんが、今後出題される可能性があるので、計算方法を含めて理解しておきましょう。

**STEP 2**
合格点突破問題

**期待値②**
（デシジョンツリー）

目標解答時間
**15分**

☞解答・解説は p.183へ

　D社は、個人向けの住宅施工・販売を事業として行っているハウジングメーカーである。現社長の祖父が設立し、創業50年を迎える。地域密着をモットーとし、安心安全な建具を使った住む人にやさしい住宅が好評で地域のハウジングメーカーとして愛されてきた。最近、既存の顧客から 2 世帯住宅やリフォームの相談が増えてきており、新規事業としてリフォーム事業を検討中である。近年は低価格のハウジングメーカーとの競争激化や賃貸ニーズの高まりにより、業績が低迷しているため、新規事業によって業績改善を図りたいと考えている。

　まず、この新規事業（リフォーム事業）の今後 2 か年の展開について検討している。今後のリフォーム需要が順調に伸びていくかどうかを勘案し、X1年度に全額投資する方法と、X1年度に一部を投資し、X2年度にそのときの経済状況を踏まえて残りの投資を行うかどうかを決定するという段階的な意思決定を行う方法を考えている。現社長はこの新規事業について、以下のような予測を経理部長より受けた。次の設問に答えよ。ただし、計算を簡便化するためにネットキャッシュフローを現在価値に割り引くことはしないものとする。また、端数が出た場合には、小数点第 3 位を四捨五入すること。

【投資額】

|  | 投資額 |
|---|---|
| X1年度に全額投資 | 8 千万円 |
| X1、X2 年度に分割投資 | 4.5千万円（各年度） |

【投資後に得られるネットキャッシュフロー】

| 全額投資後の毎年度のネットキャッシュフロー（投資した年度を含む）<br>※投資額を除く | 需要が順調に伸びる場合 | 7 千万円 |
|---|---|---|
|  | 需要が順調に伸びない場合 | 2 千万円 |
| X1年度の分割投資後の毎年度のネットキャッシュフロー（投資した年度を含む）<br>※投資額を除く | 需要が順調に伸びる場合 | 5 千万円 |
|  | 需要が順調に伸びない場合 | 2 千万円 |

【需要予測の確率】

| 各年度の需要が順調に伸びる確率 | 70% |
|---|---|
| 各年度の需要が順調に伸びない確率 | 30% |

（設問1）

　X1年度に全額投資を完了する場合、投資額を含めた2年間に生ずるネットキャッシュフローの期待値はいくらになるか算出せよ［単位：百万円］。

（解答欄）

（設問2）

　考えられる投資方法のうち、2年間のネットキャッシュフローの期待値を計算したうえで、どの方法が採算的に最も望ましいかを50字以内で述べよ。

（解答欄）

**攻略のキー** - - - - - - - - - - - - - - - - - - - - - - - - - - - - - - - - - - - - - - -

　期待値（デシジョンツリー）を用いた評価の問題です。選択肢として、一括投資と分割投資がありますが、どちらを選択するかにより投資額やネットキャッシュフローの条件が変わってくるので、与えられた数値を冷静に使いましょう。あわてると、混同するミスが発生しやすいので、自分なりのミスを防ぐためのチェック工程を作っておくことが重要です。

**STEP 2**
合格点突破問題

**期待値③**
（デシジョンツリー）

目標解答時間
**20分**

☞解答・解説は p.186へ

　D社は、航空機向けのギャレー（厨房設備）の製造・販売を事業として行っている。航空機向けのギャレーは各エアラインの特注であり、それに対応できるだけの技術力はもちろんのこと、安全性も必要とされる。D社は、ギャレーの組立加工に強く、受注を獲得できている。今後の航空需要は高まることが予想されており、各エアラインは新規の航空機の発注を増やしている。そこで、D社は今後の需要の増加に対応し、生産能力を増強するための設備投資を考えている。

　現在の設備投資案には2つの案がある。1つ目は、9億円を初年度（X0年度とする）に全額投資する案、2つ目は、初年度に5億円を投資し、2年間需要が高い状態が続いた場合にX2年度末に今後の収益性を計算して残りの5億円を追加投資するかどうかを決定する段階的投資案である。この2つの案について、以下のように予測されている。

| 需要予測 | 予測確率 |
| --- | --- |
| X1〜 X5年度：需要高 | 50% |
| X1〜 X2年度：需要高　X3〜 X5年度：需要低 | 30% |
| X1〜 X5年度：需要低 | 20% |

| 投資案 | 需要高時の予測キャッシュフロー | 需要低時の予測キャッシュフロー |
| --- | --- | --- |
| 初年度に全額投資した場合、または段階的投資案の追加投資後 | 4億円 | 1.5億円 |
| 段階的投資案の初年度投資後 | 2億円 | 1億円 |

※上表のキャッシュフローは設備の投資額を考慮していない。
※キャッシュフローは各年度末に生じるものとする。
※投資は年度末に行うものとする。

　この2つの投資案のうち、どちらの投資案が経済的に望ましいか、正味現在価値の期待値を考慮したうえで70字以内で述べよ。計算にあたり、資本コストは以下の複利現価係数を使用することとする。なお、単位は億円とし、端数が生じた場合は、小数点第3位を四捨五入すること。

複利現価係数

| 1年目 | 2年目 | 3年目 | 4年目 | 5年目 |
| --- | --- | --- | --- | --- |
| 0.9 | 0.8 | 0.7 | 0.6 | 0.5 |

（解答欄）

## STEP 2
合格点突破問題
### 期待値④
（デシジョンツリー）

DAY 26

目標解答時間 **20分**

☞解答・解説は p.189へ

　D社は、S県の地方都市にある創業20年のブルワリーである。地ビールブームの1996年に創業し、こだわりのクラフトビール製造を続けている。資本金1億円、総資産20億円、現在の売上高は40億円である。近年クラフトビールの需要が伸びており、新たな販路からの問い合わせが増えている。しかし、現在の工場は生産量的に限界に近づいていたため、新たな販路と取引を増やすために新工場の建設を決定した。新工場の稼働により生産能力は飛躍的に高まることが見込まれるため、ビール販売以外の新規事業（飲食事業）を検討している。この新規事業案の可否を考えるにあたり、今後3年間の予測情報をもとに検討することとした。

　今後3年間の売上高は、新規事業が好調に推移する場合と不調に推移する場合の2つが想定されており、毎年、確率50％で生じると予測している。また、コストについては、毎年低コストになる場合と高コストになる場合の2通りを予測しており、こちらも確率50％で生じると予測している。下記のデータをもとに以下の設問に答えよ。

（データ）

① 投資額は70百万円と見込まれている。

② 売上予測は以下のように見込まれている。

売上予測　　　　　［単位：百万円］

| | 販売好調 | 販売不調 |
|---|---|---|
| 1年目 | 100 | 50 |
| 2年目 | 200 | 70 |
| 3年目 | 250 | 100 |

③ コスト予測は以下のように見込まれている。

コスト予測　　　　　［単位：百万円］

| | 低コスト | 高コスト |
|---|---|---|
| 1年目 | 80 | 150 |
| 2年目 | 70 | 135 |
| 3年目 | 70 | 130 |

（設問１）

　新規事業の正味現在価値の期待値を計算し、その値に基づき、どのように意思決定を下すべきかを40字以内で述べよ。ただし、計算を簡便化するため、キャッシュフロー等を現在価値に割り引くことはしない。また、単位は百万円とし、端数が出た場合には、小数点第３位を四捨五入すること。

（解答欄）

|  |  |  |  |  |  |  |  |  |  |  |  |  |  |  |  |  |  |  |  |
|--|--|--|--|--|--|--|--|--|--|--|--|--|--|--|--|--|--|--|--|
|  |  |  |  |  |  |  |  |  |  |  |  |  |  |  |  |  |  |  |  |

（設問２）

　今回の新規事業の投資に先立ち、R&D費用として25百万円を投資することにより、コストの高低が判明すると仮定した場合、（設問１）で得られた結果はどのようになるか。根拠となる数値を示しながら、60字以内で述べよ。ただし、計算を簡便化するためにネットキャッシュフローを現在価値に割り引くことはしないものとする。また、単位は百万円とし、端数が出た場合には、小数点第３位を四捨五入すること。

（解答欄）

|  |  |  |  |  |  |  |  |  |  |  |  |  |  |  |  |  |  |  |  |
|--|--|--|--|--|--|--|--|--|--|--|--|--|--|--|--|--|--|--|--|
|  |  |  |  |  |  |  |  |  |  |  |  |  |  |  |  |  |  |  |  |
|  |  |  |  |  |  |  |  |  |  |  |  |  |  |  |  |  |  |  |  |

**攻略のキー**

　デシジョンツリーの問題です。R&D費用として25百万円を投資することにより、コストの高低が判明すると仮定した場合に投資をする案、投資をしない案で評価を行います。本問もパターンを整理してからデシジョンツリーを描いて解くのがポイントです。正確にデシジョンツリーを描けるように練習しておきましょう。

**STEP 2**
合格点突破問題
**デリバティブ①**
（輸出入における為替リスクへの対応方法）

目標解答時間
**15分**

☞解答・解説は p.192へ

（設問1）

　D社はドル建ての輸出を検討しており、決済は半年後を予定している。このときの為替リスクを低減する方法を（a）欄に2つあげ、決済時に円高になった場合、円安になった場合それぞれにおいて発生する影響（メリットとデメリット）について（b）欄に述べよ。

（解答欄）

| （a）方法 | （b）メリット・デメリット | |
|---|---|---|
| | 円高 | |
| | 円安 | |
| | 円高 | |
| | 円安 | |

（設問2）

　D社はドル建ての輸入を検討しており、決済は半年後を予定している。このときの為替リスクを低減する方法を（a）欄に2つあげ、決済時に円高になった場合、円安になった場合それぞれにおいて発生する影響（メリットとデメリット）について（b）欄に述べよ。

（解答欄）

| （a）方法 | （b）メリット・デメリット | |
|---|---|---|
| | 円高 | |
| | 円安 | |
| | 円高 | |
| | 円安 | |

**攻略のキー** ----------------------------------------------------------------

　輸出業者、輸入業者が行う為替リスクへのヘッジ（回避）手段、およびそのメリット・デメリットを、円高・円安時に対応して説明できるようにしておく必要があります。過去の2次筆記試験で繰り返し問われている論点ですので、確実に得点に結びつけましょう。

☞解答・解説は p.196へ

**DAY 28**

**STEP 2**
合格点突破問題

**デリバティブ②**
（先物予約時の売上と為替変動）

目標解答時間 **15分**

機械輸入商社であるD社は、ドル建ての輸入品の決済を年2回の各々半期末に行っている（半期間の輸入総額の支払いを当該半期末に米ドルで決済している）。D社は半期首に予想輸入額に相当する為替予約を実施している。D社は今半期首に、1ドル110円にて300万ドルの為替予約（ドル買い）を行った。

（設問1）

D社の今半期の輸入額は予想を下回り220万ドルであった。今半期末の為替のスポットレートは円安に振れ、1ドル115円であった。このときの為替による損益［単位：万円］を求めよ。

（解答欄）

（設問2）

D社は、さらなる為替リスクをヘッジ（回避）する対応として、オプションを用いることを検討している。1ドル110円で決済するためには今半期首にどのようなオプションを購入するべきかを（a）欄に示せ。また、今回購入したオプションを用いる場合の長所と短所を（b）欄に示せ。

（解答欄）

| | |
|---|---|
| (a) | |
| (b) | |

**攻略のキー**

先物予約時の、先物契約時の見込みに対する実際の売上の変動と為替による変動を組み合わせた問題です。売上には為替予約レート（事前）が適用されますが、売上差分には決済時点のレートが適用されることに注意しましょう。

## STEP 2
合格点突破問題

## 企業価値①
（DCF 法）

目標解答時間
**15分**

☞解答・解説は p.198へ

　D社は会員制のEコマース事業の買収を検討している。この事業は会員数に応じたキャッシュリターンとその成長が見込まれている。D社は、買収後初年度に本事業から得られるキャッシュリターンを200万円と予想している。

　またそれ以降5年度まで、本事業は毎年5％の成長が見込め、6年度以降は会員数の増加と減少は均衡し成長は止まり、毎年度250万円の一定のキャッシュリターンが続くものと考えている。D社の資本コストを5％とするとき、D社は買収金額をいくらとすべきか、ディスカウント・キャッシュフロー（DCF）法を用いて算出せよ。

　なお、単位は万円とし、計算において端数が出た場合には小数点第3位を四捨五入すること。また、資本コスト5％時の5年度の複利現価係数を0.784とする。

（解答欄）

---

**攻略のキー** --------------------------------------------------

　毎年のキャッシュフロー（CF）を求め、企業が算出対象期間に稼ぎ出す予定のCFの現在価値を求める問題です。①毎年一定の成長が見込める初年度から5年度までのCFの現在価値と、②毎年一定のキャッシュリターンが見込める6年目以降のCFの現在価値をそれぞれ計算しましょう。

☞解答・解説は p.201へ

# DAY 30 STEP 2 合格点突破問題 企業価値② （企業価値の算定）

目標解答時間 **20**分

D社は制御装置の筐体を生産するメーカーである。D社社長には後継者がなく、自身も高齢のため事業売却を検討している。現在、メインバンクを通じてD社に対して、4,000百万円の買収提案の打診がある。ディスカウント・キャッシュフロー（DCF）法を用いて（a）平均的な負債資本コストを4％とする場合のX2年度のD社の企業価値［単位：百万円］、（b）有利子負債の負債コストを5％とする場合のX2年度のD社の企業価値［単位：百万円］を求め、（c）本案件を進めるべきか評価せよ。

D社の財務諸表は以下のとおりである。

・D社の売上高材料費率は30％、売上高変動製造経費率は8％である。

・税率は40％、株主資本コストは7％とする。

・運転資本は、売上債権、棚卸資産、仕入債務より考える。

D社の損益計算書、製造原価報告書の（　　）の値は各自で計算すること。また、計算にあたって端数が出た場合は小数点第3位を四捨五入すること。

D社の貸借対照表　　　　　［単位：百万円］

| | X1年度 | X2年度 | | X1年度 | X2年度 |
|---|---|---|---|---|---|
| 資産の部 | | | 負債の部 | | |
| 流動資産 | 1,125 | 1,230 | 流動負債 | 1,290 | 1,350 |
| 　現金・預金 | 216 | 188 | 　仕入債務 | 531 | 611 |
| 　売上債権 | 655 | 772 | 　短期借入金 | 450 | 415 |
| 　棚卸資産 | 230 | 244 | 　その他流動負債 | 309 | 324 |
| 　その他流動資産 | 24 | 26 | 固定負債 | 1,600 | 1,450 |
| 固定資産 | 2,295 | 2,105 | 　長期借入金 | 1,600 | 1,450 |
| 　土地・建物 | 1,500 | 1,350 | 負債合計 | 2,890 | 2,800 |
| 　機械装置 | 720 | 670 | 純資産の部 | | |
| 　その他有形固定資産 | 45 | 55 | 　資本金 | 420 | 420 |
| 　投資その他資産 | 30 | 30 | 　剰余金 | 110 | 115 |
| | | | 純資産合計 | 530 | 535 |
| 資産合計 | 3,420 | 3,335 | 負債・純資産合計 | 3,420 | 3,335 |

注：D社は毎年、減価償却費の半額の維持的投資を行っている。また、有利子負債は短期借入金と長期借入金である。

X2年度のＤ社の損益計算書 ［単位：百万円］

| 売上高 | | 4,800 |
|---|---|---|
| 製造原価 | ( | ) |
| 売上総利益 | ( | ) |
| 販売費・一般管理費 | | 986 |
| （うち減価償却費） | | (40) |
| 営業利益 | ( | ) |
| 営業外収益 | | 12 |
| 営業外費用 | | 47 |
| 経常利益 | ( | ) |
| 法人税等 | ( | ) |
| 当期純利益 | ( | ) |

X2年度のＤ社の製造原価報告書 ［単位：百万円］

| 材料費 | ( | ) |
|---|---|---|
| 労務費 | | 1,200 |
| 製造経費 | ( | ) |
| 変動製造経費 | ( | ) |
| 固定製造経費 | | 610 |
| （うち減価償却費） | | (50) |
| 当期製造費用 | ( | ) |
| 期首仕掛品棚卸高 | | 220 |
| 期末仕掛品棚卸高 | | 200 |
| 当期製品製造原価 | ( | ) |

（解答欄）

| (a) | | (b) | |
|---|---|---|---|
| (c) | | | |

---

**攻略のキー** - - - - - - - - - - - - - - - - - - - - - - - - - - - - - - - - - - - - - - - - - - - - -

　DCF法に基づく企業価値の算出の問題です。財務諸表から適切な値を抽出し、代入します。損益計算書、製造原価報告書の穴埋めを丁寧に行うことが必要です。

# 第3部　解答・解説編

## STEP 1

# 頻出論点攻略！
# 基礎チェック問題

## 解答・解説

　STEP 1 では、事例Ⅳ対策が初めての受験生や事例Ⅳがニガテという受験生のために、２次筆記試験の事例Ⅳの問題を解けるレベルに引き上げるための頻出論点を基礎チェック問題として厳選しています。

　間違った問題や解けなかった問題は、解説を読んで解けるようになるまで繰り返し解きなおすのがポイントです！

## STEP 1
基礎チェック問題
解答・解説

# 損益分岐点分析

【第1問】　　　　　　解答

| | |
|---|---|
| 損益分岐点売上高 | 600［百万円］ |
| 損益分岐点比率 | 60［％］ |
| 安全余裕率 | 40［％］ |
| 営業レバレッジ | 2.5［倍］ |

　損益分岐点売上高、損益分岐点比率、安全余裕率、営業レバレッジの計算方法を問う問題である。

　損益分岐点とはその言葉どおり「損と益が分岐する点」である。売上高が損益分岐点を超えれば利益が発生し、下回れば損失が発生する。つまり損益分岐点は、売上高と費用が一致し、損も益も発生していない、利益がゼロとなる点ともいうことができる。損益分岐点分析（Cost-Volume-Profit Analysis、以下 CVP 分析）は、この損益分岐点を使った分析手法であり、売上高や販売量の目標設定などに活用することができる。

　売上高と費用と利益には、通常、以下のような関係が成り立っている。
　　売上高＝費用＋利益　……a
　費用には、売上高の増減に比例して増減する変動費と、売上高の増減には影響を受けずに一定額が発生する固定費がある。よって、a の式は次のように表現することができる。
　　売上高＝変動費＋固定費＋利益　……b
　売上高に対する変動費の比率（変動費÷売上高）を変動費率という。つまり、「変動費＝売上高×変動費率」が成り立つ。これを踏まえて b の式を書き換えると、次のようになる。
　　売上高＝売上高×変動費率＋固定費＋利益　……c
　以上を踏まえて、CVP 分析を行う。
　なお、本問をグラフ化したものを、「事例Ⅳ　得点上乗せコラム」の〈図解でスッキリ理解！損益分岐点をグラフ化してみよう〉p.129に掲載しているので、併せて確認するとよい。

## ■損益分岐点売上高

　損益分岐点売上高とは、損益がゼロになる売上高である。つまり、売上高とそれにかかった費用が同額となる売上高である。c の式をもとにすると、損益分岐点売上高は次のように表現できる。
　　損益分岐点売上高＝損益分岐点売上高×変動費率＋固定費
　この式を展開すると、次のように、損益分岐点売上高を求める公式を導くことができる。
　　損益分岐点売上高－損益分岐点売上高×変動費率＝固定費
　　損益分岐点売上高×（1－変動費率）＝固定費

$$損益分岐点売上高＝\frac{固定費}{1－変動費率}$$ ＜覚える！

この公式に数字を当てはめていけば、損益分岐点売上高を計算することができる。

CVP 分析を行うときは、まず、費用を変動費と固定費に分ける固変分解を行う必要がある。ただし本問では、問題文で変動費と固定費が与えられているため、これを使って計算することができる。変動費（500 [百万円]）、固定費（300 [百万円]）、売上高（1,000 [百万円]）なので、計算式は次のようになる。

$$損益分岐点売上高 = \frac{固定費}{1 - 変動費率}$$

$$= \frac{300}{1 - \dfrac{500}{1,000}} = \frac{300}{\dfrac{1,000 - 500}{1,000}} = \frac{300}{\dfrac{500}{1,000}} = 300 \times \frac{1,000}{500}$$

$$= 600 \text{ [百万円]}$$

### ■損益分岐点比率、安全余裕率

損益分岐点売上高とは、損益がゼロになる売上高である。売上高が損益分岐点売上高を超えれば利益が発生するが、損益分岐点売上高を下回ると損失が発生する。したがって、損益分岐点売上高に対する実際の売上高を分析することで、その企業はどの程度利益が出る財務状況なのかを知ることができる。

損益分岐点比率とは、実際の売上高に対する損益分岐点売上高の割合であり、次のように計算できる。

$$損益分岐点比率 = \frac{損益分岐点売上高}{売上高} \times 100$$ ◁覚える！

$$= \frac{600}{1,000} \times 100$$

$$= 60 \text{ [%]}$$

400（40%）

損益分岐点
売上高
600
（60%）

売上高
1,000
（100%）

安全余裕率とは、損益分岐点売上高に対して実際の売上高にどれだけ余裕があるかを示す指標であり、次のように計算できる。

$$安全余裕率 = 100 \text{ (%)} - 損益分岐点比率$$

$$= \frac{売上高 - 損益分岐点売上高}{売上高} \times 100$$ ◁覚える！

$$= \frac{1,000 - 600}{1,000} \times 100$$

$$= 40 \text{ [%]}$$

400（40%）

損益分岐点
売上高
600
（60%）

売上高
1,000
（100%）

### ■営業レバレッジ

「レバレッジ」とは「テコ（レバー）の原理による効果」のことである。営業レバレッジは、売上高の増減により、利益がどれだけ増減するのかを測る係数であり、固定費の存在が売上高の増減に対してテコ（レバー）の支点のような役割を果たし、利益の増減を大

きくすることを表す指標である。

　営業レバレッジは、売上高から変動費を引いた限界利益を使い、次の公式で計算できる。なぜこの公式が成り立つのかは、下記の【営業レバレッジの公式　導出方法】を参照。ただし、ニガテな人は、公式を暗記して試験対策を行う形でもよいだろう。

$$営業レバレッジ = \frac{限界利益}{営業利益^※} \quad \triangleleft 覚える！$$

$$= \frac{500}{200}$$

$$= \underline{2.5}\ [倍]$$

※経常利益ベースのCVP分析を行う場合は、分母を経常利益として営業レバレッジを求める。

## 【営業レバレッジの公式　導出方法】

　営業レバレッジは、売上高の増減により利益がどれだけ増減するのかを測る係数である。これを式で表すと次のようになる。

　　営業利益の変化率＝売上高の変化率×営業レバレッジ

　この式を営業レバレッジについて解くと次のようになる。

$$営業レバレッジ = \frac{営業利益の変化率}{売上高の変化率} \quad \cdots\cdots d$$

　販売単価をP、販売量をQ、製品1個当たり変動費をV、固定費をFとし、上記のdの式を展開すると、次のように営業レバレッジの公式を導出できる。なお、変化額はΔで表す。

・dの式の分子「営業利益の変化率」について

　固定費は売上高の増減にかかわらず一定のため、営業利益の変化額＝限界利益の変化額が成り立つ。よって、営業利益の変化率は次のように表すことができる。

$$営業利益の変化率 = \frac{\Delta 営業利益}{営業利益} = \frac{\Delta 限界利益}{営業利益}$$

$$= \frac{\Delta Q \times (P-V)}{Q \times (P-V) - F} \quad \cdots\cdots e$$

・dの式の分母「売上高の変化率」について

　販売量が変わっても販売単価は一定であるため、売上高の変化率＝販売量の変化率が成り立つ。よって、売上高の変化率は次のように表すことができる。

$$売上高の変化率 = \frac{\Delta 売上高}{売上高} = \frac{\Delta 販売量}{販売量}$$

$$= \frac{\Delta Q}{Q} \quad \cdots\cdots f$$

・上記e、fをdの式に代入し、営業レバレッジの公式を導出する。

$$営業レバレッジ = \frac{\dfrac{\Delta Q \times (P-V)}{Q \times (P-V) - F}}{\dfrac{\Delta Q}{Q}}$$

$$= \frac{\Delta Q \times (P-V)}{Q \times (P-V) - F} \times \frac{Q}{\Delta Q}$$

$$= \frac{Q \times (P-V)}{Q \times (P-V) - F}$$

$$= \boxed{\frac{限界利益}{営業利益}}$$

**【第2問】**

解答

| | |
|---|---|
| 営業利益ベース | 1,000 ［百万円］ |
| 経常利益ベース | 1,500 ［百万円］ |

　損益分岐点売上高を、営業利益ベースと、経常利益ベースで求める問題である。両者は、固変分解の対象となる「費用」が次のように異なる。

・営業利益ベース：損益計算書（P／L）の売上高と営業利益の間（本問では「売上原価＋販売費・一般管理費」）を費用とする

・経常利益ベース：P／Lの売上高と経常利益の間（本問では「売上原価＋販売費・一般管理費＋営業外費用－営業外収益」）を費用とする

　営業利益ベースの場合、変動費と固定費は次のとおりとなる。

$$変動費 = 売上原価のうちの変動費$$
$$= 900 - 100$$
$$= 800 ［百万円］$$

$$固定費 = 売上原価のうちの固定費 + 販売費・一般管理費$$
$$= 100 + 500$$
$$= 600 ［百万円］$$

　これを損益分岐点売上高の公式に当てはめると、次のように計算できる。

$$損益分岐点売上高 = \frac{固定費}{1 - 変動費率}$$

$$= \frac{600}{1 - \dfrac{800}{2,000}}$$

$$= \underline{1,000 ［百万円］}$$

　経常利益ベースの場合、変動費と固定費は次のとおりとなる。

変動費＝売上原価のうちの変動費
$$= 900 - 100$$
$$= 800 \ [百万円]$$

固定費＝売上原価のうちの固定費＋販売費・一般管理費＋営業外費用－営業外収益
$$= 100 + 500 + 400 - 100$$
$$= 900 \ [百万円]$$

これを損益分岐点売上高の公式に当てはめると、次のように計算できる。

$$損益分岐点売上高 = \frac{固定費}{1-変動費率}$$

$$= \frac{900}{1 - \dfrac{800}{2,000}}$$

$$= \underline{1,500} \ [百万円]$$

## 【第3問】

| 解答 | 目標売上高 | 600,000 ［千円］ |
|---|---|---|
| | 目標販売数量 | 8,572 ［個］ |

### ■目標利益を達成する売上高を求める公式

目標とする利益を達成するためには、どの程度の売上高を確保する必要があるかを問う問題である。目標利益を達成するためには、次の式が成り立つ必要がある。

**目標利益達成売上高＝変動費＋固定費＋目標利益** ……a

変動費は売上高に変動費率を掛けることで計算できるため、aの式は次のようになる。

**目標利益達成売上高＝目標利益達成売上高×変動費率＋固定費＋目標利益** ……b

bの式を展開すると、以下のとおり目標利益達成売上高を求める公式が導かれる。

$$目標利益達成売上高 = \frac{固定費＋目標利益}{1-変動費率} \quad \text{◁ 覚える！}$$

この公式に数字を当てはめれば、目標利益を達成する売上高を求めることができる。

### ■計算の準備　固変分解

本問では目標営業利益を達成する売上高が問われているため、営業利益ベースでCVP分析を行う。よって固変分解は、売上原価と販売費・一般管理費までを考慮して行う。

問題文に「変動費と固定費の構造はX1年度と変わらない」とあるため、X1年度の費用を固変分解すると、次のようになる。

変動費＝売上原価のうちの変動費＋販売費・一般管理費のうちの変動費分
$$= (150,000 - 50,000) + (220,000 - 170,000)$$
$$= 150,000 \ [千円]$$

固定費＝売上原価のうちの固定費＋販売費・一般管理費のうちの固定費分
$$= 50,000 + 170,000$$
$$= 220,000 ［千円］$$

## ■目標利益を達成する売上高の計算

上記の固変分解の結果を使って、目標利益を達成する売上高を求めると、次のようになる。

$$目標利益達成売上高 = \frac{固定費 + 目標利益}{1 - 変動費率}$$
$$= \frac{220,000 + 200,000}{1 - \dfrac{150,000}{500,000}}$$
$$= 600,000 ［千円］$$

よって、X2年度の目標売上高は600,000［千円］となる。

## ■目標利益達成販売数量の計算

いくつ販売すれば、目標利益を達成する売上高を上げることができるかを考えれば、目標利益達成販売数量を求めることができる。製品の販売単価は70［千円］のため、次のように計算できる。

$$目標利益達成販売数量 = 目標利益達成売上高 ÷ 販売単価$$
$$= 600,000 ÷ 70$$
$$= 8,571.42 \cdots ［個］$$

計算結果は8,571.42…と小数が発生する。しかし求められているのは個数であるため、必ず整数で解答する必要がある。小数点以下を「切り上げた場合」と「切り下げた場合」の売上高を確認すると、それぞれ次のようになる。

【小数点以下を切り**上げた**場合】
売上高＝販売単価×販売数量
$$= 70 ［千円］× 8,572 ［個］$$
$$= \mathbf{600,040 ［千円］}$$

【小数点以下を切り**下げた**場合】
売上高＝販売単価×販売数量
$$= 70 ［千円］× 8,571 ［個］$$
$$= \mathbf{599,970 ［千円］}$$

以上のとおり、小数点以下を切り下げた場合の売上高は599,970［千円］となり、目標利益達成売上高600,000［千円］を下回る。一方、小数点以下を切り上げると売上高は600,040［千円］となり、目標利益達成売上高を超えることができる。

よって、小数点以下を切り上げた8,572［個］が、X2年度の目標販売数量となる。

## STEP 1
基礎チェック問題
解答・解説
# キャッシュフロー計算書

【第1問】　　　　　　　　　　　　　　解答　　　　　　　　　　b、c

　現金の増減要因の理解を問う問題である。

　キャッシュフロー計算書は、貸借対照表と損益計算書とともに重要な財務諸表である。このキャッシュフロー計算書を見ることで、企業がどのようにキャッシュ（現金）を生み、どのようにキャッシュを活用しているかを理解することができる。

　一般的に、現金以外の貸借対照表の借方の項目の数値が増加した場合、キャッシュの減少となり、貸方が増加した場合はキャッシュの増加となる。

　・貸借対照表の借方の項目（現金以外）の数値が増加⇒キャッシュの減少
　・貸借対照表の貸方の項目の数値が増加⇒キャッシュの増加

　これは貸借対照表の貸方が資金の調達方法を表し、貸借対照表の借方が資金の使い道を表すからである。

　売上債権（売掛金、受取手形など）の増加は、増加分の売上はあったものの、商品代金を回収できていない状態なので、キャッシュの減少となる。また、棚卸資産の増加は在庫が増えた状態なので、キャッシュの減少となる。

　・売上債権、棚卸資産の増加⇒キャッシュの減少
　・売上債権、棚卸資産の減少⇒キャッシュの増加

　一方、仕入債務（買掛金、支払手形など）の増加は、増加分の商品などを購入したものの、代金を支払っていない状態なので、キャッシュの増加となる。

　・仕入債務の増加⇒キャッシュの増加
　・仕入債務の減少⇒キャッシュの減少

　以上より、b、c が正解である。

【第2問】

（設問1）

解答
| ① | － |
|---|---|
| ② | ＋ |
| ③ | － |

（設問2）　　　　　　　　　　　　　　解答　　　　　　　　　　イ

　キャッシュフロー計算書（間接法）の理解を問う問題である。

（設問1）

　第1問で確認したとおりである。

　・売上債権、棚卸資産の増加→キャッシュの減少⇒①には−が入る

　・棚卸資産の減少→キャッシュの増加⇒②には＋が入る

　・仕入債務の減少→キャッシュの減少⇒③には−が入る

（設問2）

　この問題では数値は考慮せず、正負の符号で判断する。

　貸倒引当金の増加は、引当金に充てる現金を増やす（現金は社外に流出しない）ので、キャッシュは増加する。つまり、符号はプラスとなるので、選択肢よりイが解答になる。

　以上より、イが正解である。

## 【第3問】　　　　　　　　　　　　　　　解答 | イ

　キャッシュフロー計算書の投資活動における表示項目の理解（本問では有形固定資産**売却益**が発生した場合の処理）を問う問題である。

　有形固定資産の当期の変動について、整理して求める。下図のように整理すると把握しやすくなる。

有形固定資産

| 期首簿価<br>①36,700 | 当期売却簿価<br>①−②−③＝36,700−2,040−33,800<br>＝860 |
| --- | --- |
|  | 減価償却費<br>②2,040 |
| 当期取得<br>0 | 期末簿価<br>③33,800 |

　図より、当期の有形固定資産売却簿価は860［千円］となる。ただし、損益に固定資産売却益が計上されているため、実際の有形固定資産売却額は、売却した有形固定資産の簿価860［千円］に有形固定資産売却益150［千円］を足した額になる。

　よって、次のようになる。

　　有形固定資産の売却による収入＝860＋150＝1,010［千円］

　以上より、イが正解である。

## 【第4問】

　キャッシュフロー計算書の投資活動における表示項目の理解（本問では有形固定資産**売却損**が発生した場合の処理）を問う問題である。

　有形固定資産の当期の変動について、整理して求める。下図のように整理すると把握しやすくなる。

有形固定資産

| 期首簿価<br>①36,700 | 当期売却簿価<br>①−②−③＝36,700−2,040−33,800<br>＝860 |
|---|---|
| | 減価償却費<br>②2,040 |
| 当期取得<br>0 | 期末簿価<br>③33,800 |

　図より、当期の有形固定資産売却簿価は、860［千円］となる。ただし、損益に固定資産売却損が計上されているため、実際の有形固定資産売却額は、売却した有形固定資産の簿価860［千円］から有形固定資産売却損150［千円］を引いた額になる。

　よって、次のようになる。

　　有形固定資産の売却による収入＝860−150＝710［千円］

　以上より、アが正解である。

## Column 5

### 迷い解消！　キャッシュフローのパターンとは⁉

　算出方法の指示があいまいなことのあるキャッシュフロー。どのように「キャッシュフロー」を考えたらよいか、迷っている受験生も多いのではないでしょうか。

　結論から言うと、「問題文の指示に従う！」というのが間違いを防ぐ最善の方法です。しかし、問題文に明確に指示がない場合もあります。そういった場合に、どのように「キャッシュフロー」を考えるか、お伝えします。大きく分けて、「キャッシュフロー」の算出方法には以下の2つがあります。

**【キャッシュフローの算出方法】**
　①　税引前営業利益から算出する方法

　　　税引前営業利益から算出する場合は、税引前営業利益に非資金費用（減価償却費など）を加算し、運転資本増減額、設備投資額を加減することで算出できます。

$$キャッシュフロー＝税引前営業利益 \times (1-t^{※})＋減価償却費－運転資本増減額$$
$$－設備投資額$$

（※ t＝税率）

　②　キャッシュフロー計算書から算出する方法

　　　キャッシュフロー計算書から算出する場合、フリーキャッシュフローを求めることで、キャッシュフローを算出できます。

**フリーキャッシュフロー＝営業キャッシュフロー＋投資キャッシュフロー**

　この2つ以外には、キャッシュインフロー、キャッシュアウトフローから算出する方法もあります。どの方法でもキャッシュフローを算出できるように練習しておくことが重要です。

## STEP 1
基礎チェック問題
解答・解説
## 投資の経済性分析

【第1問】　　　　　　　　　　　　　　解答　260［万円］

　営業キャッシュフローの計算を問う問題である。

　投資の意思決定においてキャッシュフロー（以下 CF）はフリー・キャッシュフロー（以下 FCF）を使う。FCF は営業 CF と投資 CF からなる（FCF＝投資 CF＋営業 CF）が、本問では、営業 CF が問われているため、投資後の営業活動から得られる現金の収支を計算すればよい。

　計算においては、実際の現金（キャッシュ）の動きと会計上の損益計算の差に留意し、会計上利益から減算される現金の流出を伴わない費用（非資金費用：主に減価償却費）を足し戻す必要がある。

　すなわち、

| 営業キャッシュフロー（営業 CF）＝税引後利益＋減価償却費　……（ i ） | ◁ 覚える！ |

の計算式となる。

　本投資における毎年の減価償却費は、

　　減価償却費＝1,000（投資額）÷5（耐用年数）＝200［万円］

であり、初年度の営業活動による損益計算は、以下のようになる。

| 売上高 | 600［万円］ |
| 減価償却費以外の営業費用 | －300［万円］ |
| 減価償却費 | －200［万円］ |
| 税引前利益 | 100［万円］ |
| 税金（税引前利益×税率） | －40［万円］ |
| 税引後利益 | 60［万円］ |

　すなわち、営業 CF は式( i )より、以下のとおりとなる。

　　営業 CF＝60（税引後利益）＋200（減価償却費）＝260［万円］

**（参考）** 営業 CF を求める方法には本問のように税引後利益から求める方法以外に、①現金収入（CIF：Cash in Flow）と現金支出（COF：Cash out Flow）から求める方法と、②営業利益から求める方法がある。

① 現金収支（CIF－COF）から求める方法は次のようになる。

　　　税引後利益＝税引前利益－税引前利益×税率

　　　　　　　　＝（CIF－COF－減価償却費）－（CIF－COF－減価償却費）×税率

これを( i )式に代入すると、営業 CF は以下の式で算出できる。

| 営業 CF＝（CIF－COF）×（1－税率）＋減価償却費×税率　……（ ii ） | ◁ 覚える！ |

② 営業利益から求める方法は次のようになる。

営業利益は税引前利益に等しいため、以下の式が成り立つ。

税引後利益＝営業利益×（1－税率）

これを（ⅰ）に代入すると、営業 CF は以下の計算式でも算出できる。

**営業 CF＝営業利益×（1－税率）＋減価償却費　……（ⅲ）**

【第2問】解答

| 投資時点 | 初年度 | 2年度 | 3年度 | 4年度 | 5年度 |
|---|---|---|---|---|---|
| －2,000［万円］ | 324［万円］ | 384［万円］ | 384［万円］ | 384［万円］ | 596［万円］ |

新規投資における毎年度のキャッシュフロー（以下 CF）を問う問題である。

CF は、①投資 CF と②営業 CF に分けられる。

（本問では設備売却損益による税調整は投資 CF に含めて計算をする）

## ① 投資 CF

投資 CF に関しては、

> 1．投資に関する支出
> 2．設備売却による収入
> 3．設備売却損益による税調整（収益時は課税、損失時は税還付）

〈覚える！

を考える必要がある。

以下、1～3．の順に投資 CF の発生時期と発生額を明確にする。

### 1．投資に関する支出

投資時点に「新規設備投資の実施」による支出が2,000［万円］発生する（a）。

### 2．設備売却による収入

稼働終了後の5年度に、「120［万円］での売却」による収入が発生する（b）。

### 3．設備売却損益による税調整

稼働終了後の5年度の設備の「残存価額は購入時の10％」であり（2,000×0.1＝）200［万円］となる。売却価格は120［万円］のため（200－120＝）80［万円］の売却損が発生する。このため、税還付（80×0.4＝）32［万円］の節税効果が生じる（c）。

これらを一覧に表すと、投資 CF は以下のとおりとなる。

**投資 CF**　　　　　　　　　　　　　　　　　　　　　　　　　　　［単位：万円］

| | 投資時点 | 初年度 | 2年度 | 3年度 | 4年度 | 5年度 |
|---|---|---|---|---|---|---|
| a．新設備取得の支出 | －2,000 | － | － | － | － | － |
| b．新設備の売却収入 | | － | － | － | － | 120 |
| c．新設備の売却損税還付 | | － | － | － | － | 32 |
| 投資 CF（a＋b＋c） | －2,000 | － | － | － | － | 152 |

② **営業 CF**

　設備投資に応じて得られる営業利益から毎年の営業 CF を求める。営業 CF は、損益によるものに加え、在庫や売上債権、仕入債務などの運転資本の変動による現金収支を加える必要がある。

　すなわち、営業 CF の計算式は、以下のとおり。

> **営業 CF**
>    **＝税引後利益＋減価償却費－運転資本増減額**
>    **＝営業利益×（1－税率）＋減価償却費－運転資本増減額　……（iv）**

＜覚える！

　ここで、本投資において毎年の減価償却費は、

　　減価償却費＝{2,000（新規設備投資額）－2,000×0.1（残存価額）}÷5（稼働年数）
　　　　　　　＝360［万円］

である。これらを一覧に表すと、営業 CF は以下のとおりとなる。

**営業 CF**　　　　　　　　　　　　　　　　　　　　　　　　　　　　　［単位：万円］

|  | 投資時点 | 初年度 | 2年度 | 3年度 | 4年度 | 5年度 |
|---|---|---|---|---|---|---|
| d．売上高 | － | 900 | 900 | 900 | 900 | 900 |
| e．営業費用 | － | －500 | －500 | －500 | －500 | －500 |
| f．減価償却費 | － | －360 | －360 | －360 | －360 | －360 |
| g．税引前利益（d＋e＋f） | － | 40 | 40 | 40 | 40 | 40 |
| h．税引後利益（g×0.6） | － | 24 | 24 | 24 | 24 | 24 |
| i．減価償却費 | － | 360 | 360 | 360 | 360 | 360 |
| j．－運転資本の増減額[※] | － | －60 | － | － | － | 60 |
| 営業 CF（h＋i＋j：式（iv）相当） | 0 | 324 | 384 | 384 | 384 | 444 |

（※）運転資本の増減額を計算に入れる。初年度は、運転資本が60［万円］増加し、5年後には60［万円］減少するものとある。なお、2～4年度の運転資本は、一定のため、増減額は0となる。

　したがって、キャッシュフローは投資 CF と営業 CF の和となるので、以下のとおりとなる。

　　　　　　　　　　　　　　　　　　　　　　　　　　　　　　　　　　［単位：万円］

|  | 投資時点 | 初年度 | 2年度 | 3年度 | 4年度 | 5年度 |
|---|---|---|---|---|---|---|
| k．投資 CF | －2,000 | － | － | － | － | 152 |
| l．営業 CF | － | 324 | 384 | 384 | 384 | 444 |
| CF（k＋l） | －2,000 | 324 | 384 | 384 | 384 | 596 |

**【第3問】**　　解答

| | ①回収期間法 | ②正味現在価値法 | ③内部収益率法 |
|---|---|---|---|
| 投資案 X | 2.60［年］ | 182.50［万円］ | 7.51［%］ |
| 投資案 Y | 2.50［年］ | 234.00［万円］ | 8.08［%］ |
| 選択案 | 投資案 Y | 投資案 Y | |

　投資の評価方法に関する問題である。

　評価法に関しては、判断基準に時間価値を考慮しない①回収期間法、時間価値を考慮する②正味現在価値法と③内部収益率法がある。


① **回収期間法**

　回収期間法は、投資によって得られる毎年度のキャッシュフロー（以下 CF）により投資額が何年で回収できるかを求め、その期間の長短で投資評価を行うものである。

■**投資案 X**：毎年度同額の CF が得られる場合

$$回収期間 = \frac{投資額}{各年度に得られる CF}$$

となる。すなわち、

$$回収期間 = \frac{6,500}{2,500} = \underline{2.60［年］}$$

■**投資案 Y**：年度により異なる CF が得られる場合

　各年度末の投資の回収残金を計算し、最終年度は比例計算にて回収期間を求める。具体的には、

　　1年度末の回収残金 = 6,500 − 3,000 = 3,500［万円］

　　2年度末の回収残金 = 3,500 − 2,500 = 1,000［万円］[*1]

　以降の必要な回収期間は回収残金と年間予想 CF の比例計算による。よって回収期間は、

$$回収期間 = 2 年（最初の 2 年間）+ \frac{1,000^{(*1)}}{2,000^{(*2)}} = 2 年 + 0.5^{(*3)} = \underline{2.50［年］}$$

（*1）3年度期初（2年度末）
　　　の回収残金
（*2）3年度の年間予想 CF

　したがって、早期に投資回収が図れる投資案 Y が選択される。

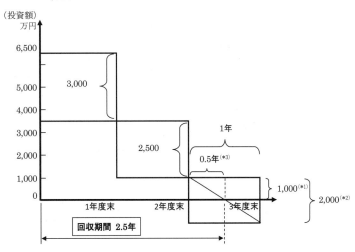

## ② 正味現在価値法

正味現在価値（NPV：Net Present Value）法とは、投資により生じる CF を現在価値に割り引いて、その合計金額から初期投資額を差し引き、その値（NPV）がプラスになるか否かで投資判断を行う方法である。すなわち、

> **NPV＝毎年度のキャッシュフロー (CF) の現在価値の合計－初期投資額** ……（ⅴ） ← 覚える!

■**投資案 X**：3年間、毎年度同額の CF が得られる場合は、毎年度の CF に年金現価係数を掛けて、3年間の CF の現在価値を求め、そこから初期投資額を差し引くことで NPV を以下のように求める。

$$NPV = 2,500 \times [\,3\,年間の年金現価係数（割引率6\%）\,] - 6,500$$
$$= 2,500 \times 2.673 - 6,500 = \underline{182.50}\ [万円]$$

■**投資案 Y**：3年間、年度により異なる額の CF が得られる場合は、各年度の CF に複利現価係数を掛けた値の総和により毎年度の CF の現在価値が以下のように求まる。

$$NPV = 3,000 \times [\,1\,年度複利現価係数（割引率6\%）\,]$$
$$+ 2,500 \times [\,2\,年度複利現価係数（割引率6\%）\,]$$
$$+ 2,000 \times [\,3\,年度複利現価係数（割引率6\%）\,] - 6,500$$
$$= 3,000 \times 0.943 + 2,500 \times 0.890 + 2,000 \times 0.840 - 6,500$$
$$= \underline{234.00}\ [万円]$$

よって、NPV の大きい投資案 Y が選択される。

---

（参考1）

## a．年度により CF が異なる場合の NPV の求め方（複利現価係数の考え方）

$I_0$ を初期投資額、$CF_n$ を n 年度に生じる CF、r を割引率とするとき、各年度の CF の現在価値の合計は下図のようになる。

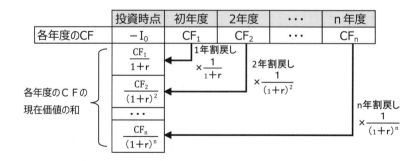

$$各年度の CF の現在価値の合計 = \frac{CF_1}{1+r} + \frac{CF_2}{(1+r)^2} + \cdots + \frac{CF_n}{(1+r)^n}$$

したがって、式（ⅴ）より NPV は以下のようになる。

$$NPV = \frac{CF_1}{1+r} + \frac{CF_2}{(1+r)^2} + \cdots + \frac{CF_n}{(1+r)^n} - I_0$$

$$= \sum_{r=1}^{n} CF_n \times C(n,r) - I_0$$

ここで、

$$\boxed{C(n,r)\,[複利現価係数（n 年度・割引率 r）] = \frac{1}{(1+r)^n}}$$

とし、$C(n,r)$ を n 年度、割引率 r の「複利現価係数」という。すなわち、**各年度で異なる CF が得られる場合は、「複利現価係数」を使う。**

**b．毎年度同額のキャッシュフローが得られる場合の NPV の求め方（年金現価係数の考え方）**

$CF_0$（一定値）を毎年度得られる CF とすると、毎年度の CF の現在価値の合計は下図のようになる。

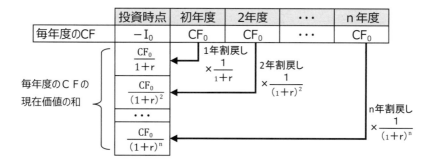

毎年度の CF の現在価値の合計 $= \dfrac{CF_0}{1+r} + \dfrac{CF_0}{(1+r)^2} + \cdots + \dfrac{CF_0}{(1+r)^n}$

$$= CF_0 \times \left( \frac{1}{1+r} + \frac{1}{(1+r)^2} + \cdots + \frac{1}{(1+r)^n} \right)$$

したがって、式（ⅴ）より NPV は以下のようになる。

$$NPV = CF_0 \times \left( \frac{1}{1+r} + \frac{1}{(1+r)^2} + \cdots + \frac{1}{(1+r)^n} \right) - I_0$$

$$= CF_0 \times C_0(n,r) - I_0$$

ここで、

$$\boxed{C_0(n,r)\,[年金現価係数（n 年・割引率 r）] = \frac{1}{1+r} + \frac{1}{(1+r)^2} + \cdots + \frac{1}{(1+r)^n}}$$

とし、$C_0(n,r)$ を n 年、割引率 r の「年金現価係数」という。すなわち、**毎年度同額の**

CF が得られる場合は、「年金現価係数」を使う。


**（参考2）**

　投資が増分として与えられる場合の考え方を以下に説明する。投資の経済的効果は、投資により生じる CF を現在価値に割り引いて、その合計金額から初期投資額を差し引いた正味現在価値（NPV）の正負により判断される。

　投資による CF が「増分」として把握される場合には、その投資により発生する CF 全額でなく、投資により増加した CF を計算する必要がある。このことを**【第1問】**の（ⅰ）〜（ⅲ）式に当てはめると次のようになる。

> $\Delta$営業キャッシュフロー（営業 CF）＝$\Delta$税引後利益＋$\Delta$減価償却費　……（ⅰ）′

　ここで、$\Delta$ は増分を表し、

- ・$\Delta$営業 CF：増分営業 CF　　　　投資により増加する営業 CF
- ・$\Delta$税引後利益：増分税引後利益　　投資により増加する税引後利益
- ・$\Delta$減価償却費：増分減価償却費　　投資により増加する減価償却費

> $\Delta$営業 CF＝$\Delta$（CIF－COF）×（1－税率）＋$\Delta$減価償却費×税率　……（ⅱ）′

- ・$\Delta$（CIF－COF）：増分現金収支　　投資により増加するキャッシュの収支

> $\Delta$営業 CF＝$\Delta$営業利益×（1－税率）＋$\Delta$減価償却費　……（ⅲ）′

- ・$\Delta$営業利益：増分営業利益　　　　投資により増加する営業利益


　現有設備に対して追加的な設備投資を行う「増分投資」や、現有設備を新たな設備に取り替える「取替投資」においては、その計算のもとになる営業利益、減価償却費も「増分」として計算する必要がある。


### ③　内部収益率法

　内部収益率（IRR：Internal Rate of Return）法とは、NPV が 0 となる割引率を求め、割引率（資本コスト）と比較し投資判断を行うものである。NPV が 0 となる割引率が資本コストより大きければ、投資の経済性が高く投資すべきと判断される。一般に、排他的投資案に対して IRR 法は正しい順位づけはできない（理由は後述）。


〔NPV が 0 となる割引率の求め方〕

　NPV は割引率 r の関数として、

　　NPV＝NPV(r)

と表せる。

　NPV(r)＝0 となる r を求めるには、図を用いると考えやすい。

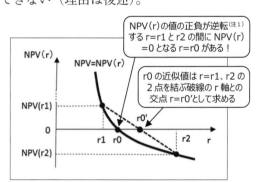

NPV が 0 となる割引率 r0 は、上図のように曲線 NPV(r) が r 軸と交わる点 r0 である。IRR 法においてはこれを近似的にとらえ、NPV(r) の値の正負が逆転[注1]する割引率 r＝r1、r2 における関数上の 2 点を結ぶ直線（図中破線）と r 軸が交わる点 r0′（ここで割引率 r＝r0′）として求める。

　このような近似計算であるため、排他的投資案に対して IRR 法は正しい順位づけはできない。

（注 1）　正負が逆転：＋（プラス）から－（マイナス）に変わる、または－（マイナス）から＋（プラス）へ変わること。

## ■投資案 X：3 年間毎年度同額の CF が得られる場合

　まず、NPV(r) の値の正負が逆転する割引率は以下の式を用いて求められる。

r＝0.07（7％）にて、

$$NPV(0.07) = 2,500 \times 2.624 - 6,500 = 60.00$$

r＝0.08（8％）にて、

$$NPV(0.08) = 2,500 \times 2.577 - 6,500 = -57.50$$

となり、NPV の正負が逆転する割引率は 7％と 8％の間であることがわかる。

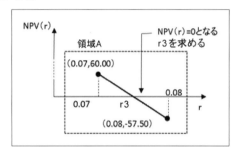

　つまり、求める内部収益率は、上図における 2 つの点（0.07, 60.00）、（0.08, −57.50）を通る直線上で、NPV(r)＝0 となる r＝r3 となる。

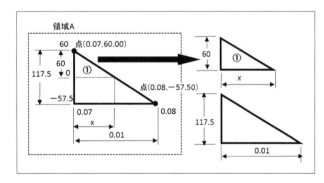

　r3 を求めるには右図中の破線で囲まれた領域 A 内の三角形における r＝0.07 からの距離 x を求めれば、r3＝0.07＋x として求まる。同図にて全体の三角形と三角形①との相似に着目して比例計算を行うと、

$$x = 0.01 \times \frac{60}{117.5} = 0.00510\cdots$$

となる。したがって、

$$r3 = 0.07 + 0.00510\cdots = 0.07510\cdots$$

となり、内部収益率は 7.51 ［％］となる。

### ■投資案 Y：年度により異なる額の CF が得られる場合

NPV(r)の値の正負が逆転する割引率を以下のように求める。

r＝0.08（8％）にて、

$$NPV = 3{,}000 \times 0.926 + 2{,}500 \times 0.857 + 2{,}000$$
$$\times 0.794 - 6{,}500$$
$$= 8.50$$

r＝0.09（9％）にて、

$$NPV = 3{,}000 \times 0.917 + 2{,}500 \times 0.842 + 2{,}000$$
$$\times 0.772 - 6{,}500$$
$$= -100.00$$

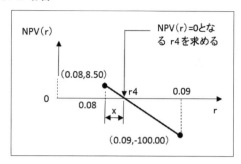

となるため、NPV の正負が逆転する割引率は8％と9％の間であることがわかる。

つまり、求める内部収益率は、上図における2つの点（0.08,8.50）、（0.09,−100.00）を通る直線上で、NPV(r)＝0となる r＝r4となる。

上記の投資案 X の場合と同様に計算を行うと、

$$x = 0.01 \times \frac{8.50}{(8.50 + 100.00)} = 0.00078\cdots$$

となる。したがって、

$$r4 = 0.08 + 0.00078\cdots = 0.08078\cdots$$

より、内部収益率は8.08［％］となる。

以上より解答のとおりとなる。

## STEP 1
基礎チェック問題
解答・解説

# 期待値

【第1問】　　　　　　　　　　　　　　　解答 ☐ 26.25

分散を求める問題である。

投資のリターンは、一般的に期待値（期待収益率）として計算される。分散は期待値からのばらつきの程度を測るものである。分散は次の式で求められる。

> **分散＝(収益率①－期待収益率)²×発生確率①＋(収益率②－期待収益率)²**
> **　　　×発生確率②＋(収益率③－期待収益率)²×発生確率③**   ◁ 覚える!

まず、期待収益率を求める。

期待収益率＝収益率①×発生確率①＋収益率②×発生確率②＋収益率③×発生確率③
　　　　　＝$-3\% \times 0.3 + 7\% \times 0.6 + 12\% \times 0.1 = 4.5\%$

よって、分散は次のように求められる。

分散＝$(-3-4.5)^2 \times 0.3 + (7-4.5)^2 \times 0.6 + (12-4.5)^2 \times 0.1$

　　　＝$\underline{26.25}$

【第2問】　　　　　　　　　　　　　　　解答 ☐ イ

相関係数とリスク低減効果の理解を問う問題である。

ポートフォリオ理論では、2つの証券が同じ動きをするか、違う動きをするかを判断する際に相関係数を用いる。相関係数は、環境変化により、2つの証券がどの方向に動くのかを表す共分散を証券のリスクを表す各証券の標準偏差の積で割ることで求められ、1から－1の間の値となる。

・各証券が完全に同じ動きをする場合（完全相関）、相関係数は1となる。

・各証券が完全に反対の動きをする場合、（完全負相関）、相関係数は－1となる。

・各証券が完全にバラバラの動きをする場合（相関なし）、相関係数は0となる。

よって、投資収益率のリスク低減効果が最大になるのは、それぞれの証券が完全に反対の動きをする場合であるから、相関係数は－1の場合である。

以上より、イが正解である。

【第3問】 解答 $-0.97$

　2つの株式の相関係数を求める理解を問う問題である。

　相関係数は、1から−1の間の値となり、共分散を各証券の標準偏差の積で割ることで求められる。

$$相関係数 = \frac{共分散}{D社株式の標準偏差 \times F社株式の標準偏差}$$

〈覚える！

$$= \frac{-2.15}{2.12 \times 1.05} \fallingdotseq -0.965\cdots$$

$$= \underline{-0.97}$$

【第4問】 解答 イ

　ポートフォリオ選択の理解を問う問題である。

　ポートフォリオの選択は、投資家がリスク回避的であるか、リスク愛好的であるか、によって異なる。

　・投資家がリスク回避的であるときの行動
　　①同じリターンであれば、よりリスクの低いものを選択する
　　②同じリスクであれば、よりリターンの高いものを選択する

　・投資家がリスク愛好的であるときの行動
　　①同じリターンであれば、よりリスクの高いものを選択する
　　②同じリスクであれば、よりリターンの高いものを選択する

　この投資家はリスク回避的であるので、最も低い2のリスクのA〜Cの中で、最もリターンの高いCのポートフォリオを選択する。

　以上より、イが正解である。

# STEP 2

## 頻出論点攻略！
## 合格点突破問題

### 解答・解説

STEP 2 では、事例Ⅳ対策が初めての受験生や事例Ⅳがニガテという受験生が、30日間で２次筆記試験の事例Ⅳで合格点を突破できるレベルになるための頻出論点攻略問題を厳選して出題しています。

間違った問題や解けなかった問題は、解説を読んで解けるようになるまで繰り返し解きなおしましょう。問題のパターンまで理解しておくのがポイントです。また、STEP 1 にも取り組んで基礎知識をチェックすることもオススメです。

## STEP 2 合格点突破問題 解答・解説 経営分析①（期間分析）

**DAY 1**

解 答

（設問1）

| | 経営指標の名称 | 算出式 | X1年度 | X2年度 |
|---|---|---|---|---|
| 収益性 | 売上高総利益率 | $\dfrac{売上総利益}{売上高} \times 100$ | 41.04［％］ | 35.12［％］ |
| | （別解）売上高営業利益率 | $\dfrac{営業利益}{売上高} \times 100$ | 4.71［％］ | −1.76［％］ |
| | 売上高経常利益率 | $\dfrac{経常利益}{売上高} \times 100$ | 4.23［％］ | −2.73［％］ |
| 効率性 | 有形固定資産回転率 | $\dfrac{売上高}{有形固定資産}$ | 10.19［回］ | 7.97［回］ |
| | （別解）固定資産回転率 | $\dfrac{売上高}{固定資産}$ | 7.32［回］ | 5.05［回］ |
| | 棚卸資産回転率 | $\dfrac{売上高}{棚卸資産}$ | 3.90［回］ | 2.65［回］ |
| 安全性 | 自己資本比率 | $\dfrac{純資産}{総資産} \times 100$ | 0.28［％］ | −2.60［％］ |
| | （別解）負債比率 | $\dfrac{負債}{純資産} \times 100$ | 35,674.42［％］ | −3,940.93［％］ |
| | 当座比率 | $\dfrac{当座資産}{流動負債} \times 100$ | 146.41［％］ | 100.14［％］ |

（設問2）

収益面で、競争激化に伴う低価格施策により粗利(注1)が減少する中、短期借入金増加による支払金利負担増により、経常赤字となっている。効率面で、顧客ニーズに合わない仕入先変更により商品の投資効率が低下し、老朽化した店舗により店舗の投資効率(注2)が低下している。安全面で、利益が不足する中X2年度の赤字により債務超過に陥り、運転資本不足を短期借入金で賄う借入金依存度の上昇により、安全性が低下している。

（注1）営業利益（別解）

（注2）建物をはじめとする固定資産の効率（別解）

## 解　説

　経営分析の問題である。事例Ⅳにおける冒頭の問題は経営分析、すなわち財務情報を用いて企業の経営状態の分析をするものであることが多い。経営分析に用いられる経営指標は、総合収益性指標のもとに、①収益性指標、②効率性指標、③安全性指標に分類される。

　総合（資本）収益性は収益性と効率性に分類され、

　　総合（資本）収益性指標＝①収益性指標×②効率性指標

となる。すなわち、

$$\frac{各種利益}{総資本}＝①\frac{各種利益}{売上高}（各種売上高利益率）×$$

$$②\frac{売上高}{効率性資本}（各種回転率）$$

の関係が得られる。①の各種利益、②の効率性資本の要素を選択することでさまざまな意味を持つ指標値（各種売上高利益率、各種回転率）となる。

① 収益性指標：企業の発展のためには、適正な売上規模を確保しつつそのなかから利益を確実に生み出していくことが必要である。そのため、売上のなかの費用・収益構造に応じた収益性を指標化して分析することで、改善の取組みにつなげることができる。主な指標は、

（指標の名称）　　　（算出式）

売上高総利益率：$\frac{売上総利益}{売上高}×100（\%）$

売上高営業利益率：$\frac{営業利益}{売上高}×100（\%）$

売上高経常利益率：$\frac{経常利益}{売上高}×100（\%）$

売上高当期利益率：$\frac{当期利益^*}{売上高}×100（\%）$　＊本問では当期純利益

などである。

② 効率性指標：効率的に利益を得るためには、少ない資本で売上高を高めることが必要である。売上高を確保するのにどれだけ資本が回転したかを指標化して分析することで、改善の取組みにつ

確認！
★製造業などにおいては、収益性・効率性・安全性以外に重要な指標として「生産性指標」も押さえておきましょう。

①労働生産性＝$\frac{付加価値額}{従業員数}$

②資本投資効率＝$\frac{付加価値額}{総資本}$

③設備投資効率＝$\frac{付加価値額}{有形固定資産}$

などがあります。

★販売・サービス業などにおいては、提示された条件により考慮すべき重要指標として、

①従業員数が提示されている場合
従業員1人当たり売上高
＝$\frac{売上高}{従業員数}$

②売場面積（3.3m²当たり）が提示されている場合
売場3.3m²当たり売上高
＝$\frac{売上高}{売場面積（m^2）}×3.3$

などがあります。

なげることができる。主な指標は、

(指標の名称) (算出式)

総資本回転率： $\dfrac{売上高}{総資本^*}$（回） ＊本問では負債、純資産の合計

売上債権回転率： $\dfrac{売上高}{売上債権^*}$（回） ＊本問では受取手形・売掛金

棚卸資産回転率： $\dfrac{売上高}{棚卸資産}$（回）

固定資産回転率： $\dfrac{売上高}{固定資産}$（回）

有形固定資産回転率： $\dfrac{売上高}{有形固定資産}$（回）

などである。

③ 安全性指標：事業を行うための資金調達には、借入金など負債によるものと、株主資本などの純資産によるものとがある。これらの資本間のバランスや運転資本の確保状況により、安全性を分析することができる。主な指標は、

(指標の名称) (算出式)

◎長期指標

自己資本比率： $\dfrac{純資産}{総資本}\times100$（％）

負債比率： $\dfrac{負債}{純資産}\times100$（％）

固定比率： $\dfrac{固定資産}{純資産}\times100$（％）

固定長期適合率： $\dfrac{固定資産}{純資産＋固定負債^{(注)}}\times100$（％）

◎短期指標

流動比率： $\dfrac{流動資産}{流動負債}\times100$（％）

当座比率： $\dfrac{当座資産^{(注)}}{流動負債}\times100$（％）

(注) 本問では、固定負債＝長期借入金、当座資産＝現金・預金＋受取手形・売掛金＋有価証券となる。

などである。

---

**解き方のポイント**

★2次筆記試験における事例Ⅳの経営分析問題もまた他の事例（Ⅰ～Ⅲ）同様、「事例企業の診断および助言に関する問題」であり、重要情報は与件文で与えられている当該企業の過去から現在までのストーリーのなかにあります。

これらの重要情報を踏まえた分析を行わずに、単に計算だけで導き出した分析では得点を伸ばすことはできません。

特に、過去から現在にかけての企業活動のなかでどのような強みや弱みが形成され、それが財務データにどうつながったかを、しっかり解答のなかで表現することが重要です。

一方、収益性、効率性、安全性に関わる記述の結論は、決まった語句が用いられることが多いため、繰り返し文章化して覚えておきましょう。

　2つの指標の選択は、長期・短期から1つずつ選ぶことが望ましい。

　上記3つ（収益性、効率性、安全性）の観点で問題文から、以下のように経営指標を選択できる。

① 収益性

　D社は、競合との競争の激化に伴い、低価格施策採用によりかえって顧客離れを起こし、売上が減少している。このことから、選択する経営指標として**売上高総利益率（別解：売上高営業利益率）**が選択できる。そのようななか、短期借入により運転資本を賄った結果、金利負担増となり、**売上高経常利益率**を低下させている。

② 効率性

　D社は、顧客ニーズに合わない仕入先変更と低価格化により商品在庫が増加し、**棚卸資産回転率**が低下している。また、競合に比べ老朽化した店舗により店舗の投資効率、すなわち**有形固定資産回転率（別解：固定資産回転率）**が低下しているといえ、総じて資本効率性が低下している。

　（注）本問では有形固定資産は「土地・建物」

③ 安全性

　D社は、利益が不足するなか、今期の赤字により債務超過に陥っている。**当座比率**に示される短期の運転資本不足を短期の借入金で賄うことによる借入金依存度の上昇により**自己資本比率**が低下し（別解：**負債比率**が上昇し）、資本構成の安全性を低下させている。

　（設問1）は上記太字部の指標を計算する。（設問2）は上記下線部の文章をもとに解答文を作成する。

DAY
**2**

## STEP 2　経営分析②
合格点突破問題
解答・解説　（同業他社分析）

### 解　答

| | (a) | 売上高経常利益率 | | (b) | 0.94[%] |
|---|---|---|---|---|---|
| ① | (c) | 収益性が低い原因は、現地メーカーに受注を奪われる中、他社に比べて設備維持や借入金の金利負担が大きいためである。 | | | |

| | (a) | 有形固定資産回転率 | | (b) | 1.96[回] |
|---|---|---|---|---|---|
| ② | (c) | 効率性が低い原因は、受注の減少により設備の稼働率が低下し、他社に比べ設備資産に見合う売上を得られていないためである。 | | | |

| | (a) | 負債比率 | | (b) | 530.79[%] |
|---|---|---|---|---|---|
| ③ | (c) | 安全性が低い原因は、設備投資を長期借入金で賄う中、利益の減少により負債と純資産の資本バランスが悪いためである。 | | | |

（別解）自己資本比率　15.85[%]

### 解　説

**【経営分析の視点】**

　経営分析の論述問題には 2 つの視点がある。

**◆定量分析と定性分析による方法**

　定量分析は数値情報によりその量の大小の比較や傾向を分析するもので、定性分析は内部・外部環境や競合状況などの非数値情報を分析するものである。

**◆財務分析と事業分析による方法**

　財務分析は数値情報として財務諸表の値を用いることで、財務面から企業を分析するもので、事業分析とは事業に関する情報から分析するものである。

**解き方のポイント**

★経営分析は以下のように行います。

　試験開始後に事例問題全体を俯瞰し、全体の時間配分を行った後に解答に入りましょう。

　その理由は、以降の設問を解くなかで解答すべき経営指標の候補が変わる可能性があるためです。

## 【経営分析における代表的な問われ方】

　経営分析には、過去2次筆記試験において繰り返し出題される「問われ方」がある。以下、その問われ方の特徴と解答にあたっての留意点を述べる。

◆問題点、長所・短所などの、「特徴」を問う問題

　　企業の経営状況を、財務諸表より財務・定量分析し、問題文より事業・定性分析した結果を用いて、事業・定性情報を（因）、財務・定量分析結果を（果）とした「因果」で解答する。分析の切り口は「収益性」「効率性」「安全性」であり、「3つあげよ」とある場合、この3つを切り口とするとバランスがよい。

　　「長所・短所をあげよ」と問われた場合、長所・短所をそれぞれ何個選択するかにより解答の選択肢が増えるが、やはり「収益性」「効率性」「安全性」で設定するとバランスがよい。
（収益性指標、効率性指標、安全性指標についてはDAY1〈経営分析①〉の解説を参照のこと。）

◆問題点、長所・短所が生じた「原因」を問う問題

　　企業の経営状況を財務諸表より財務・定量分析、問題文より事業・定性分析を行うことは上記と同じであるが、原因を問われているため、財務・定量分析結果を切り口に、「原因」となる事業・定性分析からの情報を中心に解答することになる。

◆「改善策」を問う問題

　　一般に経営分析の問題では、問題点やその原因などの分析にとどめ、その改善は経営分析以外の設問のなかで行われるよう設問が構成されていることが多い。「改善策を述べよ」と経営分析の問題で改善策を問われた場合は、財務・定量分析結果を踏まえ問題文から得られる事業・定性情報を用いて解答することになる。

　以上を踏まえて、本問の解答を考える。本問は「問題点が生じた原因を述べよ」と、上記の「原因」を問う問題への対応に沿って解答を作成する。

① 収益性

　D社は、収益性を表す経営指標にて同業他社を下回っている。特に売上高経常利益率が低く、その原因は、現地メーカーに受注を奪

---

### 解き方のポイント

★経営分析の問題は、計算速度に応じて2通りの対応方法が選択できます。
①計算に慣れている受験生は、各主要財務指標をひと通り計算した後、与件文から裏づけ情報が得られるものを選択しましょう。理由は、数値情報からの出題意図をつかみ、選択漏れをなくすためです。
②財務計算に不慣れな受験生は、与件文情報から、収益性・効率性・安全性に関わる箇所を読み取り、選択する財務指標の候補を絞った後、財務諸表から計算を行いましょう。理由は、計算時間を節約し、他の問題での失点を防ぐためです。

　なお、財務指標の選択に慣れていない初学者は計算速度にかかわらず①にしっかり取り組み、経営分析に慣れていくことをお勧めします。

われるなか、他社に比べて設備維持や借入金の金利負担が大きいためであるといえる。

(a)(b)

$$売上高経常利益率 = \frac{経常利益}{売上高} \times 100$$

$$= \frac{18}{1,920} \times 100 = 0.937 = \underline{0.94}(\%)$$

(c)は上記の下線部より記載する。

② 効率性

「設備の稼働率が低下している」状況は、財務諸表より**有形固定資産回転率**の同業他社比較での低さに表れている。原因は、<u>設備の稼働率が低下し、他社に比べ設備資産に見合う売上を得られていないため</u>である。

(a)(b)

$$有形固定資産回転率 = \frac{売上高}{有形固定資産}$$

$$= \frac{1,920}{(305 + 482 + 290 - 96)} = 1.957\cdots = \underline{1.96}(回)$$

(c)は上記の下線部より記載する。
(本問において、有形固定資産 =「建物・構造物」+「機械・装置」+「土地」-「減価償却費累計」である。)

③ 安全性

問題文に「設備維持負担が重く」とあることより、設備維持のための設備投資を長期借入金で賄う状況であると考えられ、**負債比率**の高さに表れている。原因は、<u>設備投資を長期借入金で賄うなか、受注の減少により利益が減少し、負債に対する内部留保のバランスが悪いため</u>である。

(a)(b)

$$負債比率 = \frac{負債}{純資産} \times 100$$

$$= \frac{1,672}{315} \times 100 = 530.793\cdots = \underline{530.79}(\%)$$

(c)は上記の下線部より記載する。

STEP 2
合格点突破問題
解答・解説

# 経営分析③
（予想財務諸表作成と経営分析）

解 答

（設問1） [単位：千円]

| （1） | 15,191 | （2） | 8,104 | （3） | 2,187 | （4） | 20,580 |
|---|---|---|---|---|---|---|---|
| （5） | 16,900 | （6） | 35,771 | （7） | 4,525 | （8） | 2,025 |
| （9） | 20,000 | （10） | 20,000 | （11） | 24,525 | （12） | 3,246 |
| （13） | 11,246 | （14） | 35,771 | （15） | 54,000 | （16） | 18,900 |
| （17） | 35,100 | （18） | 30,040 | （19） | 5,040 | （20） | 1,500 |
| （21） | 12,000 | （22） | 3,100 | （23） | 5,060 | （24） | 1,250 |
| （25） | 3,810 | （26） | 1,524 | （27） | 2,286 | | |

（設問2）

| 改善した経営指標 | | | |
|---|---|---|---|
| （a） | 売上高営業利益率 | （b） | 9.37[％] |
| （c） | 食に健康を求める顧客が増加するなか、固定客の声や地方新規顧客の要望に応えてデリバリー・通信販売事業を導入することで、本業の収益性が上昇している。 | | |

| 悪化した経営指標 | | | |
|---|---|---|---|
| （a） | 負債比率 | （b） | 218.08[％] |
| （c） | デリバリー・通信販売事業に関する設備投資を長期借入金で賄うことにより、自己資本に対する負債の割合が増加し、資本バランスの長期安全性が低下している。 | | |
| （別解） | | | |
| （a） | 自己資本比率 | （b） | 31.44[％] |
| （c） | デリバリー・通信販売事業に関する設備投資を長期借入金で賄うことにより、総資本に対する自己資本の割合が減少し、資本バランスの長期安全性が低下している。 | | |

| 悪化した経営指標（別解） | | | |
|---|---|---|---|
| （a） | 有形固定資産回転率 | （b） | 2.71[回] |
| （c） | 調理機材や備品類の旧式化による売上低下と新規デリバリー・通信販売事業への設備投資により、売上に対する設備の効率性が低下している。 | | |

# 解　説

（設問1）

　予想財務諸表（貸借対照表、損益計算書）を作成のうえ、経営分析を行う問題である。まず、問題文で与えられた条件をD社の貸借対照表（B／S）、損益計算書（P／L）に関して数値化すると、以下のようになる。

① 　問題文①より毎年の減価償却費は、設備投資15,000［千円］、5年間の定額法（残存価額ゼロ）であり、
　　15,000÷5＝3,000［千円］
　　となる。よって X2年度の減価償却費は、
　　100（D社P／L　X1年度減価償却費）＋3,000
　　　＝3,100［千円］…（22）

② 　問題文②より設備投資15,000［千円］に対する長期借入金の支払利息は、元金3年据え置きで利息5％であり、
　　15,000×0.05＝750［千円］
　　となる。よって X2年度の営業外費用は、
　　500（D社P／L　X1年度営業外費用）＋750
　　　＝1,250［千円］…（24）

③ 　問題文③より X2年度の売上高は、前年度比35％増であり、
　　40,000（D社P／L　X1年度売上高）×1.35
　　　＝54,000［千円］…（15）

④ 　問題文④より X2年度の売上原価は、売上高比率一定であり、
　　$14,000（D社P／L　X1年度売上原価）× \dfrac{54,000}{40,000}$
　　　＝18,900［千円］…（16）

⑤ 　問題文⑤より、X2年度の水道光熱費は20％増であり、
　　4,200（D社P／L　X1年度水道光熱費）×1.2
　　　＝5,040［千円］…（19）
　同じく問題文⑤より、X2年度の広告宣伝費は50％増であり、
　　1,000（D社P／L　X1年度広告宣伝費）×1.5
　　　＝1,500［千円］…（20）

⑥ 　問題文⑥より、X2年度の人件費は2,200［千円］増であり、
　　9,800（D社P／L　X1年度人件費）＋2,200
　　　＝12,000［千円］…（21）

⑦ 　問題文⑦より、X1年度の売上債権（受取手形・売掛金）は売上高比率一定であり、
　　$1,620（D社B／S　X1年度受取手形・売掛金）× \dfrac{54,000}{40,000}$
　　　＝2,187［千円］…（3）
　仕入債務（支払手形・買掛金）も同様に売上高比率一定であり、

**解き方のポイント**

★予想財務諸表の作成には、問題文から丁寧に数値を読み取っていくこと、条件を漏らさないことが求められます。使用した箇所は問題文にチェックを記載するなど工夫し、漏れを防ぎましょう。

★条件の提示に関しては、①貸借対照表（B／S）に関する記述か、②損益計算書（P／L）に関する記述か、③両方に関係する記述かを意識することが必要となります。

★費用に関する条件は、①費用が売上に連動する変動費なのか、②売上に連動しない固定費なのかを意識すると、計算が明確になります。
　また、変動費・固定費の切り分けを通じてCVP計算の問題に発展するケースもあり、幅広い問題に応用されるタイプの出題形式です。

★本問の計算は、P／Lから計算され空欄が埋められ、その当期純利益がB／Sの利益剰余金の増加となり、B／Sの空欄が埋められていくことになります。

$1,500$（D社B／S　X1年度支払手形・買掛金）$\times \dfrac{54,000}{40,000}$

　　$=2,025$［千円］…（8）

次に、残りの損益計算書の空欄を計算していく。

・売上総利益（売上高－売上原価）は（15）（16）より、
　　$54,000-18,900=\underline{35,100}$［千円］…（17）

・販売費・一般管理費（販管費）は、（19）〜（22）より、
　　$23,500$（D社B／S　X1年度販管費）
　　　$+$（D社 X2年度水道光熱費増加分）
　　　$+$（D社 X2年度広告宣伝費増加分）
　　　$+$（D社 X2年度人件費増加分）
　　　$+$（D社 X2年度減価償却費増加分）
　　　$=23,500+(5,040-4,200)+(1,500-1,000)+2,200+3,000$
　　　$=\underline{30,040}$［千円］…（18）

・営業利益（売上総利益－販管費）は（17）（18）より、
　　$35,100-30,040=\underline{5,060}$［千円］…（23）

・経常利益（営業利益－営業外費用）は（23）（24）より、
　　$5,060-1,250=\underline{3,810}$［千円］…（25）

・問題文⑧より税率は40％のため（25）より、
　　$3,810$（経常利益）$\times 0.4$（税率）$=\underline{1,524}$［千円］…（26）

・当期利益（経常利益－法人税等）は（25）（26）より、
　　$3,810-1,524=\underline{2,286}$［千円］…（27）

となる。

次に、残りの貸借対照表の空欄を計算していく。

・流動負債は、（8）より、
　　支払手形・買掛金＋短期借入金＋その他流動負債
　　　$=2,025+2,000+500=\underline{4,525}$［千円］…（7）

・固定負債は、問題文②の長期借入金15,000［千円］の増加より、
　　$5,000$（D社B／S　X1年度長期借入金）$+15,000$
　　　$=\underline{20,000}$［千円］…（9）（10）

・負債合計は（7）（9）より、
　　$4,525$（流動負債）$+20,000$（固定負債）
　　　$=\underline{24,525}$［千円］…（11）

・繰越利益剰余金（X2年度）は、X1年度の繰越利益剰余金にX2年度の当期純利益（27）を加算して得られるため、
　　$960$（D社B／S　X1年度繰越利益剰余金）$+2,286$（当期純利益）
　　　$=\underline{3,246}$［千円］…（12）

・純資産合計は、（12）より、
　　$8,000$（資本金）$+3,246$（繰越利益剰余金）
　　　$=\underline{11,246}$［千円］…（13）

・負債・純資産合計は（11）（13）より、
　　$24,525$（負債合計）$+11,246$（純資産合計）
　　　$=\underline{35,771}$［千円］…（14）

---

**解き方のポイント**

★2次筆記試験では、問題文中の単位が混在しているなど、「計算ミス」を誘う出題が見られます。本番の緊張のなかで細かい問題文の設定を見落とさないことが重要です。

★財務諸表を完成させた後は、通常の経営分析と同様になります。
　プロセスとしては、以下のとおりです。
①計算速度の速い受験生は、主要財務諸表をひととおり計算した後、問題文から裏づけ情報が得られる指標を選択します。

②計算速度の遅い受験生は、問題文の内容から、収益性・効率性・安全性の観点でバランスよく指標の候補を選択します。その後、財務諸表から候補となる指標を計算し、確認するという順序で進めるとよいでしょう。

---

**解き方のポイント**

　販売費・一般管理費において、（内）と記載されているため、（内）の項目をすべて足しても合計には一致しません。

・機械装置・運搬具は、

5,000（D社B／S　X1年度機械装置・運搬具）

　　＋15,000（新規設備投資）

　　－100（D社P／L　X1年度減価償却費）

　　－3,000（新規に投資した設備のX2年度減価償却費）

　　＝<u>16,900［千円］…（5）</u>

・固定資産は、（5）より、

3,000（土地・建物）＋16,900（機械装置・運搬具）

　　＋680（その他固定資産）

　　＝<u>20,580［千円］…（4）</u>

・資産合計（6）は負債・純資産合計（14）に等しく

　　資産合計＝<u>35,771［千円］…（6）</u>

・流動資産は（4）（6）より

35,771（資産合計）－20,580（固定資産）

　　＝<u>15,191［千円］…（1）</u>

・現金・預金は、（1）（3）より、

15,191（流動資産）－2,187（受取手形・売掛金）

　　－1,900（棚卸資産）－3,000（その他流動資産）

　　＝<u>8,104［千円］…（2）</u>

となる。

（設問2）

完成した財務諸表をもとに経営分析を行う問題である。問題文をもとにX1年からX2年の財務諸表の変化を見ると、売上拡大による収益性の改善、負債利用による安全性の悪化が候補として考えられる。効率性に関しては、売上債権・仕入債務は売上高比例であり、棚卸資産も概ね売上高に比例していることから、これらの売上に対する回転率は変化していないと考えられる。デリバリー用の装置や運搬具の導入による固定資産の増加は効率性の変化として候補にあげる。

（収益性）

各種売上利益率のX1年度からX2年度への変化は、以下のとおりである。

| | X1年度 | X2年度 |
|---|---|---|
| 売上高<br>総利益率 | 65.00［％］ | 65.00［％］ |
| | （問題文の条件より一定） | |
| 売上高<br>営業利益率 | 6.25［％］ | 9.37［％］ |
| | $\dfrac{2,500}{40,000} \times 100 = 6.25$ | $\dfrac{5,060}{54,000} \times 100 = 9.370\cdots = 9.37$ |
| 売上高<br>経常利益率 | 5.00［％］ | 7.06［％］ |
| | $\dfrac{2,000}{40,000} \times 100 = 5.00$ | $\dfrac{3,810}{54,000} \times 100 = 7.055\cdots = 7.06$ |

解き方のポイント

★DAY 2〈経営分析②〉の「問われ方」の分類に基づくと、本問は「経営状況の変化を説明せよ」とあるため、企業の経営状況の「特徴」的な変化を抽出し、説明する問題となります。

このような場合、因果を用いた構文で解答すると加点が期待できます。すなわち、問題文より事業・定性分析した結果を用いて「因」とし、財務・定量分析結果を「果」とした「因果」で構成された構文です。

具体的には、

①経営指標を選択した根拠を問題文の記載から抽出して、因果の因を構成しているか

②適切な経営指標を導く結論となるよう因果の果が記載されているか

③因と果の間に合理的な関係性があるか

の3つの切り口から加点が期待できます。

| 売上高<br>当期純利<br>益率 | 3.00[％] | 4.23[％] |
|---|---|---|
| | $\dfrac{1{,}200}{40{,}000} \times 100 = 3.00$ | $\dfrac{2{,}286}{54{,}000} \times 100 = 4.233\cdots = 4.23$ |

**解き方のポイント**
★（設問2）は基本的には（設問1）が解けないと解答できないつくりになっています。その意味で、B／S、P／Lの穴埋めをしっかり解くことが重要です。

一方、（設問2）において数値が合っているかが問われるのは、(b)のみであり、(c)は問題文の定性情報のみから解答をある程度書くことが可能です。

解答時間が少ないときでも、(a)(c)に関してはある程度の記載が可能であるため、白紙で提出することは避けましょう。

売上増が経費増を上回り売上高営業利益率が増加する。売上高経常利益率・当期純利益率は長期借入金に対する支払利息の増加により改善率は売上高営業利益の改善にはやや及ばず、収益性の改善を表す指標として売上高営業利益率を優先して選択する。

問題文から、「改善の状況」として、食に健康を求める顧客が増加するなか、固定客の声や地方新規顧客の要望に応えてデリバリー・通信販売事業を導入することによる<u>収益性の改善</u>があげられる。

（安全性）

安全性に関するX1年度からX2年度への変化は、以下のとおり。

| | X1年度 | X2年度 |
|---|---|---|
| 負債比率 | 100.45[％] | 218.08[％] |
| | $\dfrac{9{,}000}{8{,}960} \times 100 = 100.446\cdots$ $= 100.45$ | $\dfrac{24{,}525}{11{,}246} \times 100 = 218.077\cdots$ $= 218.08$ |
| 自己資本比率<br>（別解） | 49.89[％] | 31.44[％] |
| | $\dfrac{8{,}960}{17{,}960} \times 100 = 49.888\cdots$ $= 49.89$ | $\dfrac{11{,}246}{35{,}771} \times 100 = 31.438\cdots$ $= 31.44$ |

問題文から、「悪化の状況」として、設備投資を長期借入金で賄っており、自己資本に対する負債の割合が増加し、資本バランスの長期安全性が低下していることによる<u>安全性の低下</u>があげられる。

（効率性）

効率性に関するX1年度からX2年度への変化は、以下のとおり。

| | X1年度 | X2年度 |
|---|---|---|
| 有形固定資産<br>回転率 | 5.00[回] | 2.71[回] |
| | $\dfrac{40{,}000}{3{,}000 + 5{,}000} = 5.00$ | $\dfrac{54{,}000}{3{,}000 + 16{,}900} = 2.713\cdots = 2.71$ |

**解き方のポイント**
有形固定資産回転率（回）
$= \dfrac{売上高}{有形固定資産}$
$= \dfrac{売上高}{土地・建物＋機械装置・運搬具}$

問題文から、「悪化の状況」として、調理機材や備品類の旧式化による売上低下と新規デリバリー・通信販売事業への設備投資による<u>効率性の低下</u>があげられる。

以上より、選択する経営指標は、改善した経営指標として「売上高営業利益率」が、悪化した経営指標として「負債比率」（もしくは「自己資本比率」）、「有形固定資産回転率」があげられ、経営状況の説明は上記の下線部より作成できる。

## STEP 2
合格点突破問題
解答・解説

**損益分岐点分析①**
（固定費、変動費が明示されている場合）

### 解 答

（設問1）

| 損益分岐点売上高 | 55,850[千円] |
|---|---|
| 損益分岐点比率 | 41[%] |

（設問2）

| 目標達成売上高 | 153,100[千円] |
|---|---|
| 目標販売数量 | 21,872[個] |

### 解 説

本年度の損益計算書をもとに来年度の損益を予想したうえで、損益分岐点分析（Cost-Volume-Profit Analysis、以下CVP分析）を行う問題である。前提条件として、来年度の損益について次の情報が与えられている。
・本年度より、製品1個当たりの変動費が4[%]低下する。
・本年度より、固定費が4,886[千円]増加する。

（設問1）
来年度の売上高が8[%]増加した場合の、予想損益分岐点売上高、予想損益分岐点比率を求める問題である。

① 予想損益分岐点売上高
損益分岐点売上高の公式を使って予想損益分岐点売上高を求めるためには、次の情報が必要となる。
・来年度の固定費
・来年度の変動費率

来年度の固定費は、本年度の固定費と、来年度新たに発生する固定費の合計となるため、次のように求められる。

来年度の固定費 ＝ 本年度の固定費 ＋ 来年度新たに発生する固定費
＝ 37,560 ＋ 4,886
＝ 42,446[千円]

次に、変動費率を求める。来年度の製品1個当たりの変動費は本年度より4%低下するため、次のように計算できる。

来年度の製品1個当たり変動費

　＝本年度の製品1個当たり変動費×(1－0.04)[※]

　＝31,500[千円]÷18,000[個]×0.96

　＝1.68[千円]

（※）変動費が4[%]低下するため、0.04をマイナスして計算する。

　また、来年度は売上高が8[%]増加することが見込まれているため、売上高は次のように計算できる。

　　来年度の売上高＝本年度の売上高×1.08

　　　　　　　　　＝126,000×1.08

　　　　　　　　　＝136,080[千円]

　なお、来年度は売上高が8[%]増加することが見込まれているが、問題文に、「製品の販売単価は本年度と変わらない」とあるため、販売数量が本年度よりも8[%]増加すると考えられる。よって来年度の販売数量は次のとおりである。

　　来年度の販売数量＝本年度の販売数量×1.08

　　　　　　　　　　＝18,000×1.08

　　　　　　　　　　＝19,440[個]

　これらを踏まえると、来年度の変動費率は次のようになる。

$$来年度の変動費率 = \frac{来年度の変動費}{来年度の売上高} \times 100$$

$$= \frac{来年度の製品1個当たり変動費 \times 販売個数}{来年度の売上高} \times 100$$

$$= \frac{1.68 \times 19,440}{136,080} \times 100$$

$$= 24[\%]$$

これを損益分岐点売上高の公式に当てはめると、次のようになる。

$$損益分岐点売上高 = \frac{固定費}{1 - 変動費率}$$

〈覚える！

$$= \frac{42,446}{1 - 0.24}$$

$$= \underline{55,850}[千円]$$

②　予想損益分岐点比率

　損益分岐点比率を計算するためには、次の情報が必要となる。

---

**解き方のポイント**

★解説では、製品1個当たり変動費を求めてから来年度の変動費を計算していますが、本年度の変動費総額から来年度の変動費を求めることも可能です。

　変動費は、売上高の増減に比例して増減しますので、売上高が8[%]増加すると、変動費も8[%]増加します。よって、次のように計算できます。

来年度の変動費

＝本年度の変動費×(1＋売上高の増加率)×(1－変動費の低下率)

＝31,500×(1＋0.08)×(1－0.04)

＝31,500×1.08×0.96

＝32,659.2[千円]

・来年度の損益分岐点売上高
・来年度の実際売上高

　いずれも①で計算済みであり、来年度の損益分岐点売上高は55,850［千円］、来年度の実際売上高は136,080［千円］である。

　これを損益分岐点比率を求める公式に当てはめると、次のように計算できる。

$$損益分岐点比率＝\frac{損益分岐点売上高}{実際売上高}×100$$ ＜覚える！

$$=\frac{55,850}{136,080}×100$$
$$=41.0\cdots$$
$$=\underline{41［\%］}$$

（設問2）
　営業利益の目標を達成するためには、いくらの売上を上げるべきか、また、いくつ販売するべきかを求める問題である。

① 目標達成売上高
　目標利益を達成する売上高を計算するためには、次の情報が必要となる。
・来年度の固定費
・目標とする営業利益
・来年度の変動費率

　来年度の固定費は42,446［千円］、来年度の変動費率は24［％］（（設問1）で計算済み）である。また、目標とする営業利益は問題文にあるとおり7,391［万円］（千円単位で表すと73,910［千円］）である。これを目標利益達成売上高の公式に当てはめると、次のように計算できる。

$$目標利益達成売上高＝\frac{固定費＋目標営業利益}{1－変動費率}$$ ＜覚える！

$$=\frac{42,446＋73,910}{1－0.24}$$
$$=\underline{153,100［千円］}$$

確認！
★目標利益を達成する売上高を求める公式も重要です。必ず覚えておきましょう。
・目標利益達成売上高
$$=\frac{固定費＋目標利益}{1－変動費率}$$

解き方のポイント
★2次筆記試験では、問題文中の単位が混在しているなど、「計算ミス」を誘う出題が見られます。本番の緊張のなかで細かい問題文の設定を見落とさないことが重要です。

② 目標販売数量

目標達成売上高を上げるためにはいくつ販売すればよいのかを考えれば、目標販売数量を求めることができる。

まず、販売単価を求める。問題文に「販売単価は本年度と変わらない」とあるため、本年度の販売単価が来年度の販売単価となる。問題文にあるとおり、本年度の製品Rの販売数量は18,000[個]のため、販売単価は、次のようになる。

販売単価＝売上高÷販売数量
　　　　＝126,000÷18,000
　　　　＝7［千円］

これを踏まえると、目標達成売上高を上げるための販売数量は、以下のように求められる。

目標販売数量＝目標達成売上高÷販売単価
　　　　　　＝153,100÷7
　　　　　　＝21,871.4…
　　　　　　＝<u>21,872［個］</u>

なお、目標販売数量を求める際は、小数点以下は四捨五入ではなく切上げにする必要がある。

販売数量21,871.4…［個］の小数点以下を切り上げて21,872［個］販売すると、売上高は次のようになる。

21,872［個］販売した場合の売上高＝7［千円］×21,872［個］
　　　　　　　　　　　　　　　　＝153,104［千円］

一方、小数点以下を四捨五入して21,871［個］販売したとすると、売上高は次のようになる。

21,871［個］販売した場合の売上高＝7［千円］×21,871［個］
　　　　　　　　　　　　　　　　＝153,097［千円］

このように、小数点以下を四捨五入し、販売数量を21,871［個］とすると、売上高は153,097[千円]となり、目標達成売上高153,100[千円]を達成できない。一方、小数点以下を切り上げて販売数量を21,872[個]とすると、売上高は153,104[千円]となり、目標達成売上高を超えることができる。

よって、<u>目標販売数量は、21,872［個］</u>となる。

> **解き方のポイント**
> ★目標達成売上高から目標販売数量を求めるときは、小数点以下の処理方法に留意しましょう。

## STEP 2 損益分岐点分析②
合格点突破問題
解答・解説
（固定費、変動費が明示されていない場合）

**DAY 5**

**解 答**

| 損益分岐点売上高 | | 110.75［百万円］ |
|---|---|---|
| 安全余裕率 | X1年度 | 9.96［％］ |
| | X2年度 | 4.53［％］ |

**解 説**

経常利益ベースで、損益分岐点売上高と安全余裕率を求める問題である。

損益分岐点売上高を求めるためには、費用を固定費と変動費に分ける必要があるが、本問の問題文には固定費と変動費が明示されていない。2か年分の損益計算書があり、両年度の固定費と変動費率に変化がない場合は、連立方程式を使って固定費と変動費率を求めることができる。

① 損益分岐点売上高

売上高と費用と利益については、以下の式が成り立っている。

　　**売上高＝費用＋利益**

費用は、固定費と変動費に分けられる。また、変動費＝売上高×変動費率が成り立つ。これを踏まえると、上記の式は次のようになる。

　　**売上高＝売上高×変動費率＋固定費＋利益**

この式に、X1年度とX2年度の売上高と経常利益を当てはめると、以下の2つの式が成り立つ（変動費率は $\alpha$、固定費は FC とする）。

　　・$123 = 123\alpha + FC + 7$　……a

　　・$116 = 116\alpha + FC + 3$　……b

問題文にあるとおり、X1年度とX2年度の変動費率と固定費は同じである。よって、上記のa、bの式を連立方程式で解けば、変動費率と固定費を求めることができる。連立方程式は、式a、bの2つの式にある $\alpha$ と FC の係数のうちいずれかを揃えたうえで、2つの式を加減することで解く。式a、bを展開すると、次のようになる。

　　・$116 = 123\alpha + FC$　（aの式を展開したもの）

　　・$113 = 116\alpha + FC$　（bの式を展開したもの）

2つの式を見ると、FC の係数はいずれも1であり、揃っている。式aから式bを引くと、次のようになる。

**解き方のポイント**

★本問では経常利益ベースで損益分岐点分析を行うため、経常利益を使って連立方程式を解きます。営業利益ベースの場合は、営業利益を使って計算しましょう。

**解き方のポイント**

★経常利益ベースのCVP分析では営業外収益・費用を考慮します。本問の連立方程式で求めたFCは、営業外収支を考慮済みの値となっています。X1年度を例に説明します。

・X1年度のP／Lから固変分解の対象となる総費用は次のようになる。
総費用＝売上原価＋販売費・一般管理費＋営業外費用－営業外収益
＝50＋63＋5－2
＝116 …①

・連立方程式を解くと、$\alpha = \dfrac{3}{7}$、FC＝$\dfrac{443}{7}$ のため、X1年度の変動費と固定費を合計した総費用は次のようになる。
総費用＝変動費＋固定費
＝123$\alpha$＋FC
＝123×$\dfrac{3}{7}$＋$\dfrac{443}{7}$
＝116 …②

・①と②が合致し、FCは営業外収支を考慮済みとわかる。

$$116 = 123\alpha + FC$$
$$-\,)\quad 113 = 116\alpha + FC$$
$$3 = \quad 7\alpha$$

この式を解くと、変動費率 $\alpha$ は次のように計算できる。

$$\alpha = \frac{3}{7}$$

また、式a、bのいずれかに、上記で求めた $\alpha$ の数字を代入すると、固定費 FC を求めることができる。どちらの式を使っても同じ答えとなるが、上述の式aを展開した式を使うと、次のようになる。

$$116 = 123\alpha + FC$$
$$116 = 123 \times \frac{3}{7} + FC$$
$$FC = -123 \times \frac{3}{7} + 116 = \frac{443}{7}$$

この変動費率と固定費を損益分岐点売上高を求める公式に当てはめると、次のように計算することができる。

$$\boxed{損益分岐点売上高 = \frac{固定費}{1 - 変動費率}} \quad \text{<} \boxed{覚える！}$$

$$= \frac{FC}{1 - \alpha} = \frac{\dfrac{443}{7}}{1 - \dfrac{3}{7}} = \underline{110.75}[百万円]$$

② 　安全余裕率

　X1年度と X2年度の売上高は、問題文にある損益計算書のとおりである。また、両年度の損益分岐点売上高は上記で算出済みである。これを安全余裕率を求める公式に当てはめると、安全余裕率を計算することができる。

$$\boxed{X1年度の安全余裕率 = \frac{X1年度の売上高 - 損益分岐点売上高}{X1年度の売上高} \times 100}$$

$$= \frac{123 - 110.75}{123} \times 100 \qquad \boxed{覚える！}$$
$$= 9.959\cdots = \underline{9.96}[\%]$$

$$X2年度の安全余裕率 = \frac{X2年度の売上高 - 損益分岐点売上高}{X2年度の売上高} \times 100$$

$$= \frac{116 - 110.75}{116} \times 100$$
$$= 4.525\cdots = \underline{4.53}[\%]$$

---

**解き方のポイント**

★連立方程式を解くとき、2つの式の係数が揃っていない場合は、片方の式の両辺に同じ数字を掛けることで係数を揃えてから、加減を行います。

　たとえば本問の式aの展開式（$116 = 123\alpha + FC$）で、FC の係数を 2 にするためには、次のように計算します。

$$116 \times 2 = (123\alpha + FC) \times 2$$
$$232 = 246\alpha + 2FC$$

---

**確認！**

★損益分岐点売上高とは、損益がゼロになる売上高です。以下の公式を覚えておきましょう。

・損益分岐点売上高
$$= \frac{固定費}{1 - 変動費率}$$

---

**解き方のポイント**

★計算の過程で割り算の答えが割り切れないことがあった場合は、分数のまま計算を進めましょう。

---

**確認！**

★安全余裕率は、損益分岐点売上高に対して実際の売上高にどれだけの余裕があるかを示す指標です。安全余裕率を算出する公式も重要です。覚えておきましょう。

・安全余裕率
$$= 100(\%) - 損益分岐点比率$$
$$= \frac{売上高 - 損益分岐点売上高}{売上高}$$
$$\times 100(\%)$$

**DAY 6**

STEP 2
合格点突破問題
解答・解説

## 損益分岐点分析③
（営業レバレッジ）

解 答

（設問1）

| 損益分岐点売上高 | 1,871.5［百万円］ |
|---|---|
| 営業レバレッジ | 20［倍］ |

（設問2）

| 損益分岐点売上高 | 1,854.22［百万円］ |
|---|---|
| 営業レバレッジ | 17.01［倍］ |

解 説

　営業レバレッジの問題である。営業レバレッジとは、売上高の増減により、利益がどれだけ増減するのかを測る係数であり、固定費の存在が売上の増減に対してテコ（レバー）の支点のような役割を果たして、利益の増減幅を大きくすることを表す指標である。

（設問1）
　来年度の損益計算書を使って、損益分岐点売上高と営業レバレッジを求める問題である。

① 　営業利益ベースでの損益分岐点売上高
　損益分岐点売上高の計算には、次の情報が必要となる。
・来年度の固定費
・来年度の変動費率

　営業利益ベースの損益分岐点（以下CVP）分析では、売上高と営業利益の間の項目（本問では売上原価と販売費・一般管理費）を費用ととらえて、固定費と変動費に分ける固変分解を行う。固定費については、問題文に次のように記載されている。
・売上原価のうち固定費は872［百万円］
・販売費・一般管理費のうち固定費は211［百万円］

　よって、来年度の固定費は、次のように計算できる。

確認！
★損益分岐点売上高とは、損益がゼロになる売上高です。以下の公式を覚えておきましょう。

・損益分岐点売上高
$$= \frac{固定費}{1－変動費率}$$

解き方のポイント
★本問では、営業利益ベースの損益分岐点分析を行います。そのため、売上原価と販売費・一般管理費を固定費と変動費に分解します。経常利益ベースでの損益分岐点分析を行う場合は、これに加えて、営業外損益も考慮する必要があります。

固定費 ＝ 872 ＋ 211

$\qquad$ ＝ 1,083［百万円］

　また、来年度の変動費は売上原価、販売費・一般管理費から各固定費を除いた額の和になるので、次のように計算できる。

変動費 ＝ (1,562 － 872) ＋ (351 － 211)

$\qquad$ ＝ 830［百万円］

よって、変動費率は次のようになる。

$$変動費率 ＝ \frac{変動費}{売上高}$$

$$＝ \frac{830}{1,970}$$

　これを損益分岐点売上高を求める公式に当てはめると、損益分岐点売上高は次のように計算できる。

$$損益分岐点売上高 ＝ \frac{固定費}{1 － 変動費率}　\text{覚える！}$$

$$＝ \frac{1,083}{1 - \dfrac{830}{1,970}}$$

$$＝ \frac{1,083}{\dfrac{1,970 - 830}{1,970}}$$

$$＝ \frac{1,083}{\dfrac{1,140}{1,970}}$$

$$＝ 1,083 \times \frac{1,970}{1,140}$$

$$＝ \underline{1,871.5}［百万円］$$

② 営業レバレッジ

　営業レバレッジの計算には、次の情報が必要となる。

・来年度の限界利益

・来年度の営業利益

　来年度の変動費は、上記で計算したとおり830［百万円］となるた

め、限界利益は次のようになる。

限界利益＝売上高−変動費

$$= 1,970 - 830$$

$$= 1,140 [百万円]$$

よって営業レバレッジは、次の公式により計算できる。

営業レバレッジ＝$\dfrac{限界利益}{営業利益}$ ◁ 覚える！

$$= \frac{1,140}{57}$$

$$= \underline{20 [倍]}$$

確認！
★営業レバレッジの公式は以下のようになります。しっかり覚えておきましょう。

・営業レバレッジ＝$\dfrac{限界利益}{営業利益}$

★なお、経常利益ベースのCVP分析の場合は、営業レバレッジは以下のように求めます。

・営業レバレッジ＝$\dfrac{限界利益}{経常利益}$

（設問2）

設備を売却した場合の、来年度の損益分岐点売上高と営業レバレッジを求める問題である。

① 損益分岐点売上高

設備を売却した場合、来年度の予想損益計算書には次のような影響がある。

■売上原価（固定費）が1［千万円］（百万円単位で表すと10［百万円］）削減される

つまり、売上原価のうちの固定費は、問題文にある872［百万円］から10［百万円］減少し、次のようになる。

売上原価のうちの固定費＝872−10

$$= 862 [百万円]$$

販売費・一般管理費のうち固定費は211［百万円］から変化はないため、来年度の固定費は、次のようになる。

固定費＝862＋211

$$= 1,073 [百万円]$$

■支払利息（営業外費用）が100［万円］（百万円単位で表すと1［百万円］）減少する

つまり、当初の予想損益計算書では14［百万円］であった営業外費用が、13［百万円］となる。ただし、営業利益ベースの損益分岐点分

析では、営業外費用を考慮する必要はない。

　設備を売却しても変動費や変動費率は（設問１）から変化はなく、固定費のみが1,073［百万円］に減少する。よって損益分岐点売上高は、次のように計算できる。

$$損益分岐点売上高 = \frac{固定費}{1 - 変動費率}$$

$$= \frac{1,073}{1 - \dfrac{830}{1,970}}$$

$$= 1,854.219\cdots$$

$$= \underline{1,854.22［百万円］}$$

②　営業レバレッジ

　設備を売却したあとの営業利益は、次のように計算できる。

$$営業利益 = 売上高 - 変動費 - 固定費$$
$$= 1,970 - 830 - 1,073$$
$$= 67［百万円］$$

　また、変動費には変化はないため、限界利益は次のように計算できる。

$$限界利益 = 売上高 - 変動費$$
$$= 1,970 - 830$$
$$= 1,140［百万円］$$

よって営業レバレッジは、次のように計算できる。

$$営業レバレッジ = \frac{限界利益}{営業利益}$$

$$= \frac{1,140}{67}$$

$$= 17.014\cdots$$

$$= \underline{17.01［倍］}$$

---

**解き方のポイント**

★売上高が増減すると、固定費がテコ（レバー）の支点のような役割を果たして、利益の増減幅を大きくします。営業レバレッジとは、この固定費の働きにより、売上高の増減によって利益がどれだけ増減するのかを測る係数です。

　（設問１）の営業レバレッジは20［倍］でしたが、（設問２）では固定費が減少したため、17.01［倍］に下がっています。つまり、固定費の減少により、営業レバレッジの効果が減少したことになります。

★売上増加が見込めるときは、固定費が多く営業レバレッジが大きければ、より多くの利益を得ることができます。一方で売上が減少する見込みのときは、営業レバレッジが大きいと損失がより大きくなるため、固定費を減らすなど営業レバレッジを下げるための対応が必要となります。

## STEP 2
合格点突破問題
解答・解説

## 損益分岐点分析④
（予想損益計算書の作成と損益分岐点分析）

### 解 答

（設問1）

| 71.0[％] |
| --- |

（設問2）

| 予想損益計算書 | 解説参照 |
| --- | --- |
| 損益分岐点売上高 | 3,673,434[千円] |

（設問3）

| 12,842[千円] |
| --- |

### 解 説

問題文にある情報をもとに予想損益計算書を作成したうえで、損益分岐点分析を行う問題である。

**解き方のポイント**

★本問は難問です。2次筆記試験では、比較的解きやすい（設問1）で部分点を狙ったり、手を付けずに他の問題に時間を配分する、といった戦略をとることも一案です。

（設問1）

① 本年度の変動費率の計算

本年度の変動費は、次のようになる。

本年度の変動費＝売上原価－売上原価に含まれる固定費

$$= 3,200,870 - 210,584$$

$$= 2,990,286[千円]$$

よって、変動費率は次のように求められる。

本年度の変動費率＝$\dfrac{\text{本年度の変動費}}{\text{本年度の売上高}} \times 100$

$$= \dfrac{2,990,286}{4,211,671} \times 100$$

$$= 70.99\cdots$$

$$= \underline{71.0[％]}$$

（設問2）

① 予想損益計算書の作成

問題文に記載されている来年度起きると予想されている変化に

よって、損益計算書にどのような影響が出るのかを考えてみる。

■売上高が本年度より5[％]増加する

　　来年度の売上高＝本年度の売上高×1.05
　　　　　　　　　　＝4,211,671×1.05
　　　　　　　　　　＝4,422,254.55
　　　　　　　　　　＝4,422,255[千円]　　　　　……a

■期首に20[百万円]（千円単位で表すと[20,000千円]）の新たな設備投資を行う。減価償却費は定額法で、耐用年数10[年]、残存価額10[％]とする

　設備の増加自体は貸借対照表に反映され、損益計算書への影響はない。ただし、新規設備投資により新たに発生する減価償却費は、損益計算書に費用として計上される。

　　1年間の減価償却費＝設備投資額×0.9[※]÷耐用年数
　　　　　　　　　　　＝20,000[千円]×0.9÷10[年]
　　　　　　　　　　　＝1,800[千円]

（※）残存価額は設備投資額の10[％]であり、減価償却の対象となるのは設備投資額の90[％]となるため、0.9を掛ける。

　減価償却費は毎年同額が発生する固定費である。また、製造設備のための減価償却費であることから売上原価に含まれる固定費となるため、売上原価が1,800[千円]増加することとなる。　　……b

■設備投資資金を全額借り入れる。金利4[％]、10[年間]（うち据え置き2[年]）で均等償還する

　借入から2[年]は返済が据え置かれるため、新規借り入れ分について、来年度は返済が発生せず、支払利息のみが発生する。

　　支払利息＝借入額×利率
　　　　　　＝20,000×0.04
　　　　　　＝800[千円]

　支払利息は営業外費用に計上されるため、営業外費用が800[千円]増加することとなる。　　　　　　　　　　……c

■労務費が16[百万円]（千円単位で表すと16,000[千円]）増加する

　問題文にあるとおり、労務費は売上原価に含まれる固定費のた

め、売上原価が16,000［千円］増加する。　　　　　　　……d

　以上を踏まえると、来年度の損益計算書は次のようになる。

［単位：千円］

| | | 考え方 |
|---|---|---|
| 売上高 | 4,422,255 | （a、解き方のポイント参照） |
| 売上原価 | 3,368,185 | 変動費＝売上高×変動費率<br>＝4,422,254.55×0.71<br>＝3,139,800.7…<br>＝3,139,801（（設問1）、a、解き方のポイント参照）<br>固定費＝本年度の固定費＋減価償却費の増加分＋労務費の増加分<br>＝210,584＋1,800＋16,000<br>＝228,384（b、d参照）<br>売上原価＝変動費＋固定費<br>＝3,139,801＋228,384<br>＝3,368,185 |
| 売上総利益 | 1,054,070 | 売上高－売上原価 |
| 販売費・一般管理費 | 744,529 | 本年度から変化なし |
| 営業利益 | 309,541 | 売上総利益－販売費・一般管理費 |
| 営業外収益 | 1,520 | 本年度から変化なし |
| 営業外費用 | 93,903 | 本年度の営業外費用＋支払利息の増加分＝93,103＋800<br>＝93,903（c参照） |
| 経常利益 | 217,158 | 営業利益＋営業外収益－営業外費用 |
| 特別利益 | 14,694 | 本年度から変化なし |
| 特別損失 | 68,938 | 本年度から変化なし |
| 税引前当期純利益 | 162,914 | 経常利益＋特別利益－特別損失 |
| 法人税等 | 65,166 | 税率は40［％］のため、<br>162,914×0.4＝65,165.6<br>＝65,166 |
| 当期純利益 | 97,748 | 税引前当期純利益－法人税等 |

**解き方のポイント**

★解説のaで計算したとおり、来年度の予想売上高は4,422,254.55［千円］です。

　問題文に「解答は千円単位とし、千円未満は四捨五入する」と指示があるので、予想損益計算書の売上高は4,422,255［千円］となります。

**解き方のポイント**

★売上原価のうちの変動費を求めるときは、計算の過程となりますので、四捨五入前の売上高4,422,254.55［千円］に変動費率を掛ける形で計算します。なお、変動費率は（設問1）で求めた数字を使うよう問題文に指示がありますので、変動費率は71.0［％］（0.71）となります。

② 経常利益ベースの来年度の損益分岐点売上高
　変動費率は（設問1）で求めたとおり、71.0［％］である。
　また来年度の固定費は、来年度の売上原価の固定費部分と、販売費・一般管理費、営業外費用の合計から、営業外収益を引いたものとなり、次のように求められる。

**確認！**

★損益分岐点売上高とは、損益がゼロになる売上高です。以下の公式を覚えておきましょう。

・損益分岐点売上高
$$=\frac{固定費}{1－変動費率}$$

来年度の固定費＝来年度の売上原価の固定費部分＋販売費・

一般管理費＋営業外費用－営業外収益

＝228,384＋744,529＋93,903－1,520

＝1,065,296[千円]  ……e

よって、来年度の損益分岐点売上高は次のようになる。

$$来年度の損益分岐点売上高 = \frac{来年度の固定費}{1 - 来年度の変動費率}$$

$$= \frac{1,065,296}{1 - 0.71^{(※)}}$$

$$= 3,673,434.4\cdots[千円]$$

$$= 3,673,434[千円]$$

（※）設問文にあるとおり、来年度の変動費率は本年度と変わらない。なお、変動費率は71.0[%]のため、0.71となる。

（設問3）

目標経常利益を達成するために、固定費を当初見込みよりいくら減額する必要があるかを求める問題である。

当初見込んでいた来年度の固定費は、（設問2）で計算したとおり、1,065,296[千円]である。

これに対して、目標経常利益を達成するためには、固定費がいくらになる必要があるかを検討する。

一般的に、売上高と費用と利益の関係については、次の式が成り立っている。

**売上高＝変動費＋固定費＋利益**

変動費は売上高に変動費率を掛けることで計算できるため、上記の式は以下のようにも表現できる。

**売上高＝売上高×変動費率＋固定費＋利益**

これを、固定費を求める式として展開すると、次の式が成り立つ。

**固定費＝売上高×（1－変動費率）－利益**

来年度の予想売上高は、（設問2）で求めたとおり、本年度売上高よりも5[%]増加した4,422,255[千円]である。また、来年度の変動費率は（設問1）で算出したとおり71.0[%]である。来年度の目

---

**確認！**

★ STEP 1　損益分岐点分析【第3問】では、目標利益を達成するための売上高を求める問題を出題しています。こちらもチェックしておきましょう。

・目標利益達成売上高

$$= \frac{固定費＋目標利益}{1 - 変動費率}$$

---

**解き方のポイント**

★問題文に「計算にあたっては、（設問1）（設問2）で解答した数字を使用する」とありますので、来年度の予想売上高、変動費率とも、（設問1）（設問2）の解答のとおり、四捨五入をしたあとの数字を用いて計算します。

標経常利益は、設問文にあるとおり230[百万円]（千円単位で表すと230,000[千円]）である。

これらを上記の式に当てはめると、目標利益を達成するためには、固定費は次のようになる必要がある。

> 目標利益を達成する固定費＝来年度予想売上高×(1−変動費率)−目標経常利益
> ＝4,422,255×(1−0.71)−230,000
> ＝1,052,453.95[千円]　　　　……f

> **確認！**
> ★目標利益を達成するための目標固定費は、次の式で求められます。
>
> ・目標利益達成固定費＝目標売上高×(1−変動費率)−目標利益

以上から、目標利益を達成するための固定費削減額は、次のように求められる。

> 固定費削減額＝当初見込んだ来年度固定費(e)−目標利益を達成する来年度固定費(f)
> ＝1,065,296−1,052,453.95
> ＝12,842.05
> ＝<u>12,842[千円]</u>

## Column 6

### 図解でスッキリ理解！　損益分岐点をグラフ化してみよう

　平成22年度の事例Ⅳでは、損益分岐点のグラフを使った問題が出題されました。このコラムでは、グラフを使って損益分岐点を説明します。

　p.18の STEP 1 の損益分岐点分析【第１問】を例に考えてみます。この問題では、次のように条件が与えられていました。

[単位：百万円]

| 売上高 | 1,000 |
|---|---|
| 変動費 | 500 |
| 固定費 | 300 |
| 営業利益 | 200 |

　また、計算の結果、損益分岐点売上高は次のようになりました。

損益分岐点売上高：600［百万円］

　これをグラフにすると、次のようになります。

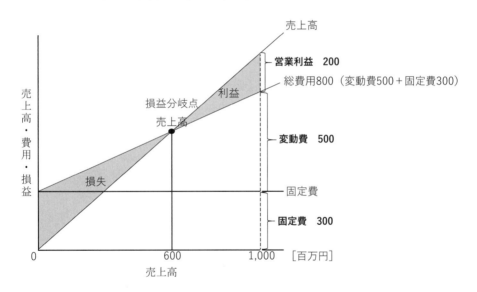

　**売上高と費用が同額になる点（グラフでは、売上高の線と総費用の線が交差する点）の売上高が損益分岐点売上高です。ここでは600［百万円］です。**

　売上高が損益分岐点を上回ると（グラフでは、損益分岐点よりも右側に移動すると）売上高の線が総費用の線を上回りますので、利益が発生します。グラフの点線が実際の売上高を表しており、売上高1,000［百万円］と総費用800［百万円］（変動費500＋固定費300）の差額が、営業利益200［百万円］となっていることがわかります。

　逆に、売上高が損益分岐点を下回ると（グラフでは、損益分岐点よりも左側に移動すると）売上高の線が総費用の線を下回りますので、損失が発生することになります。

## STEP 2
合格点突破問題
解答・解説

# セグメント別損益計算①
（事業部ごとの収益性比較）

解　答

| 事業部 X | 限界利益率 | 49.22[%] |
|---|---|---|
| | 貢献利益率 | 33.56[%] |
| 事業部 Y | 限界利益率 | 40.88[%] |
| | 貢献利益率 | 26.42[%] |
| D 社全体の利益額 | | 719,200,000[円] |

解　説

事業部別の損益をもとに、事業部ごとの収益性を分析する問題である。

① 限界利益率の計算

限界利益は、「限界利益＝売上高−変動費」で求められる。問題文にある変動売上原価と変動販売費は、いずれも売上高に比例して増減する変動費であるため、限界利益は、「限界利益＝売上高−変動売上原価−変動販売費」で求められる。

・事業部Xの限界利益＝事業部Xの売上高−事業部Xの変動売上原価−事業部Xの変動販売費

$$= 900,000,000 - 330,000,000 - 127,000,000$$
$$= 443,000,000[円]$$

・事業部Yの限界利益＝事業部Yの売上高−事業部Yの変動売上原価−事業部Yの変動販売費

$$= 1,590,000,000 - 530,000,000 - 410,000,000$$
$$= 650,000,000[円]$$

限界利益率は、$\dfrac{限界利益}{売上高} \times 100$（%）で求められる。よって、各事業部の限界利益率は次のように計算できる。

・事業部Xの限界利益率＝$\dfrac{事業部Xの限界利益}{事業部Xの売上高} \times 100$

$$= \frac{443,000,000}{900,000,000} \times 100$$

解き方のポイント

★売上高から変動費を引いて求められる利益は固定費の回収に貢献するため、「貢献利益」と呼ぶ場合もあります。

しかし中小企業診断士試験では、売上高から変動費を引いたものは「限界利益」、売上高から変動費と個別固定費を引いたものは「貢献利益」と使い分けているので注意しましょう。

確認！

★限界利益と限界利益率は、次の公式で求められます。

・限界利益
＝売上高−変動費

・限界利益率
＝$\dfrac{限界利益}{売上高} \times 100$（%）

$$= 49.222\cdots$$
$$= \underline{49.22}[\%]$$

・事業部Yの限界利益率 $= \dfrac{\text{事業部Yの限界利益}}{\text{事業部Yの売上高}} \times 100$

$$= \frac{650{,}000{,}000}{1{,}590{,}000{,}000} \times 100$$

$$= 40.880\cdots$$

$$= \underline{40.88}[\%]$$

② 貢献利益率の計算

　固定費は、各セグメントに直接関連する個別固定費と、特定のセグメントに紐づかず、全セグメントに共通して発生する共通固定費に分けられる。貢献利益は、「貢献利益＝売上高－変動費－個別固定費」で求められ、「限界利益＝売上高－変動費」のため、「貢献利益＝限界利益－個別固定費」が成り立つ。

　さらに個別固定費は、各セグメントに支出の決定権がある管理可能固定費と、決定権がない管理不能固定費に分けられる。よって本問においては、各事業部の限界利益から管理可能固定費と管理不能固定費をマイナスすることで、事業部ごとの貢献利益を求めることができる。

・事業部Xの貢献利益＝事業部Xの限界利益－事業部Xの管理可能
　　　　　　　　　固定費－事業部Xの管理不能固定費
$$= 443{,}000{,}000 - 60{,}000{,}000 - 81{,}000{,}000$$
$$= 302{,}000{,}000[\text{円}]$$

・事業部Yの貢献利益＝事業部Yの限界利益－事業部Yの管理可能
　　　　　　　　　固定費－事業部Yの管理不能固定費
$$= 650{,}000{,}000 - 94{,}000{,}000 - 136{,}000{,}000$$
$$= 420{,}000{,}000[\text{円}]$$

> **確認！**
> ★貢献利益と貢献利益率の公式は次のとおりです。
>
> ・貢献利益
> ＝売上高－変動費－個別固定費
> ＝限界利益－個別固定費
>
> ・貢献利益率
> $= \dfrac{\text{貢献利益}}{\text{売上高}} \times 100(\%)$

　貢献利益率は、$\dfrac{\text{貢献利益}}{\text{売上高}} \times 100(\%)$ で求められる。よって、各事業部の貢献利益率は次のように計算できる。

・事業部Xの貢献利益率 $= \dfrac{\text{事業部Xの貢献利益}}{\text{事業部Xの売上高}} \times 100$

$$= \frac{302{,}000{,}000}{900{,}000{,}000} \times 100$$

$$= 33.555\cdots$$
$$= 33.56[\%]$$

・事業部Yの貢献利益率 $= \dfrac{\text{事業部Yの貢献利益}}{\text{事業部Yの売上高}} \times 100$

$$= \dfrac{420,000,000}{1,590,000,000} \times 100$$

$$= 26.415\cdots$$

$$= 26.42[\%]$$

③ D社全体の利益額

　上記で求めた各製品の貢献利益は、共通固定費が考慮されていないが、D社全体の利益額を計算するためには、共通固定費も考慮する必要がある。各製品の貢献利益の合計から共通固定費を引くと、D社全体の利益額を求めることができる。

・D社全体の利益額 ＝ 事業部Xの貢献利益 ＋ 事業部Yの貢献利益 －
　　　　　　　　　共通固定費
　　　　　　　　　＝ 302,000,000 ＋ 420,000,000 － 2,800,000
　　　　　　　　　＝ 719,200,000[円]

> **解き方のポイント**
> ★共通固定費は両事業部にまたがる費用のため、各事業部の貢献利益を計算する際には考慮する必要はありません。

　これらを整理すると次のようになるので、確認しておくとよい。

[単位：円]

|  | 事業部X | 事業部Y |
|---|---|---|
| 売上高 | 900,000,000 | 1,590,000,000 |
| 変動売上原価 | 330,000,000 | 530,000,000 |
| 変動販売費 | 127,000,000 | 410,000,000 |
| 限界利益 | 443,000,000 | 650,000,000 |
| 限界利益率 | 49.22[％] | 40.88[％] |
| 管理可能固定費 | 60,000,000 | 94,000,000 |
| 管理不能固定費 | 81,000,000 | 136,000,000 |
| 貢献利益 | 302,000,000 | 420,000,000 |
| 貢献利益率 | 33.56[％] | 26.42[％] |
| 共通固定費 | 2,800,000 | |
| D社全体の利益額 | 719,200,000 | |

## STEP 2
合格点突破問題
解答・解説
# セグメント別損益計算②
（製品の製造廃止についての検討）

**解 答**

> 製品Yの製造を中止すると共通固定費を製品XとZのみで負担することとなり、営業損失が3,510,000円発生するため、製造を中止するべきではない。

## 解 説

多くの製品を製造する企業が、取扱製品を減らすことで、採算性の向上を図ることができるかを考える問題である。

製品別損益計算書を見ると、製品Xと製品Zは「営業利益・損失」がプラスで利益が出ているが、製品Yは「営業利益・損失」がマイナスで損失が発生している。製品Yの製造をやめれば業績が向上するように見えるが、この判断に間違いはないか、**製品Yの製造を続けた場合と、やめた場合の営業利益を計算し、両者を比較することで、継続可否を判断する。**

① 製品Yの製造を続けた場合のD社の営業利益

まず、製品Yをこれまでどおり製造した場合の、D社の営業利益を確認する。

製品X、Y、Zの「営業利益・損失」を合計すると、D社全体の営業利益を求めることができる。問題文の損益計算書の数字から、次のように計算できる。

「製品Xの営業利益・損失」＋「製品Yの営業利益・損失」＋「製品Zの営業利益・損失」＝5,020,000 − 21,451,000 + 22,670,000
＝6,239,000［円］

② 製品Yの製造をやめた場合のD社の営業利益

次に、製品Yの製造をやめた場合、D社全体の営業利益にどのような影響が出るかを確認する。

製品Yの製造をやめると、製品別損益計算書は次のように変化する。

■売上高、販売数量

問題文にあるとおり、製品X、Zの販売量は、製品Yの製造をや

---

**解き方のポイント**

★製品Yの製造を続ける場合の各製品への共通固定費の配賦額は、次のように計算されます。問題文の製品別損益計算書にある各製品の共通固定費と合致しています。

・製品Xの共通固定費
＝D社の共通固定費×

$$\frac{製品Xの販売個数}{製品X＋Y＋Zの販売個数}$$

＝178,200,000×

$$\frac{147[千個]}{147[千個]＋52[千個]＋98[千個]}$$

＝88,200,000［円］

・製品Yの共通固定費
＝D社の共通固定費×

$$\frac{製品Yの販売個数}{製品X＋Y＋Zの販売個数}$$

＝178,200,000×

$$\frac{52[千個]}{147[千個]＋52[千個]＋98[千個]}$$

＝31,200,000［円］

・製品Zの共通固定費
＝D社の共通固定費×

$$\frac{製品Zの販売個数}{製品X＋Y＋Zの販売個数}$$

＝178,200,000×

$$\frac{98[千個]}{147[千個]＋52[千個]＋98[千個]}$$

＝58,800,000［円］

めても変化はないため、売上高に変化は生じない。一方、製品Yは製造をやめるため、売上高はゼロとなる。

　なお、昨年度の各製品の販売量は、製品Xが147［千個］、製品Yが52［千個］、製品Zが98［千個］であったが、製品Yの製造をやめると、製品Xが147［千個］、製品Yが0［個］、製品Zが98［千個］となる。

■変動売上原価、変動販売費

　変動売上原価、変動販売費は、売上高に比例して増減する。製品XとZの売上高は変化しないため、これらの費用にも変化は生じない。一方、製品Yの売上高はゼロとなるため、これらの費用はゼロとなる。

■個別固定費

　個別固定費は、各製品の製造に必要となる固定費である。その製品を作り続ける限り、製造量にかかわらず毎期一定額が発生するが、その製品の製造をやめれば発生額はゼロとなる。よって、製品X、Zの個別固定費は問題文の数字から変化せず、製品Yの個別固定費はゼロとなる。

■共通固定費

　共通固定費は、どの製品から発生したか明確に区別はできないが、毎期一定額が発生する費用である。問題文に「共通固定費は販売量に基づいて各製品に配賦している」とあるとおり、D社では便宜的に、販売量に基づいて各製品に共通固定費を配賦している。つまり、製品Yの製造をやめても、製品Yに配賦されている共通固定費31,200,000［円］は発生し続けることとなる。

　D社で毎期発生する共通固定費は、次のように計算できる。
　　共通固定費
　　　＝製品Xの共通固定費＋製品Yの共通固定費＋製品Zの共通
　　　　固定費
　　　＝88,200,000＋31,200,000＋58,800,000
　　　＝178,200,000［円］

　この共通固定費を販売量に基づいて配賦すると次のようになる。
　　・製品Xの共通固定費

$$＝D社の共通固定費×\frac{製品Xの販売個数}{製品Xの販売個数＋製品Zの販売個数}$$

| 解き方のポイント |
|---|

★製品Yの製造をやめることによりP／Lに発生する変化をまとめると、次のようになります。

| | X、Z | Y |
|---|---|---|
| 売上高 | 変化なし | ゼロ |
| 販売量 | 変化なし | ゼロ |
| 変動売上原価 | 変化なし | ゼロ |
| 変動販売費 | 変化なし | ゼロ |
| 個別固定費 | 変化なし | ゼロ |
| 共通固定費 | 変化なし | |

| 解き方のポイント |
|---|

★本問では、共通固定費は便宜的に販売量に基づいて各製品に配賦していますが、実際はどの製品から発生したのか明確に区別することはできません。製品Yの製造をやめても製品Yに配賦されていた共通固定費はなくならず、製品XとZに追加で配賦されることになります。

$$= 178,200,000 \times \frac{147[千個]}{147[千個]+98[千個]}$$

$$= 106,920,000[円]$$

・製品Yの共通固定費 = 0 （製造をやめて販売量がゼロとなる
ため、共通固定費を負担することができない）

・製品Zの共通固定費

$$= D社の共通固定費 \times \frac{製品Zの販売個数}{製品Xの販売個数+製品Zの販売個数}$$

$$= 178,200,000 \times \frac{98[千個]}{147[千個]+98[千個]}$$

$$= 71,280,000[円]$$

以上を製品別損益計算書の形に整理すると、次のようになる。

[単位：円]

| | 製品X | 製品Y | 製品Z |
|---|---|---|---|
| 売上高 | 294,000,000 | 0 | 343,000,000 |
| 変動売上原価 | 132,300,000 | 0 | 129,360,000 |
| 変動販売費 | 51,450,000 | 0 | 85,260,000 |
| 個別固定費 | 17,030,000 | 0 | 46,910,000 |
| 共通固定費 | 106,920,000 | 0 | 71,280,000 |
| 営業利益・損失 | − 13,700,000 | 0 | 10,190,000 |

よって、D社全体の営業利益は、次のように計算できる。

「製品Xの営業利益・損失」+「製品Yの営業利益・損失」+「製
品Zの営業利益・損失」

$$= -13,700,000 + 0 + 10,190,000$$

$$= \underline{-3,510,000[円]}$$

③ 製品Yの製造を続けた場合とやめた場合の、営業利益の比較

製品Yの製造を続ける場合、D社の営業利益・損失はプラスとな
り、6,239,000[円]の利益が発生する。一方、製品Yの製造をやめる
と、製品Yが負担していた共通固定費を製品XとZで負担すること
となるため、営業利益・損失はマイナスとなり、3,510,000[円]の損
失が発生する。

よって、製品Yの製造は中止するべきではない。

---

**解き方のポイント**

★営業利益で考えると損
失が発生している製品で
あっても、貢献利益がプ
ラスであれば、共通固定
費の一部を負担している
ことになります。貢献利
益を基準に考えましょう。

## STEP2 合格点突破問題 解答・解説 標準差異分析

### 解 答

| 直接材料費差異 | +1,000,000［円］ |
|---|---|
| 価格差異 | −4,000,000［円］ |
| 数量差異 | +5,000,000［円］ |
| 直接労務費差異 | −4,000,000［円］ |
| 賃率差異 | +11,000,000［円］ |
| 作業時間差異 | −15,000,000［円］ |
| 製造間接費差異 | −2,000,000［円］ |
| 総差異 | −5,000,000［円］ |

### 解 説

標準原価とは、製品1単位を製造するための目標として設定する原価である。この標準原価と、実際にかかった原価である実際原価を比較する、標準原価差異分析の問題である。

標準原価から実際原価を引いた額がプラスであれば、目標よりも少ない原価で製造できたこととなり、これを有利差異という。逆にマイナスの場合は、実際にかかった原価が目標原価を超えてしまったこととなり、これを不利差異という。

このように、原価のどの部分に問題があるのかを分析することで、原価の低減活動に役立てることができる。

> 確認！
> ★実際原価が標準原価よりも少ない場合を有利差異、実際原価が標準原価よりも多い場合を不利差異といいます。

### ① 直接材料費差異

直接材料費差異は、材料の標準価格と実際価格の違いによる価格差異と、使用した材料の標準量と実際量の違いによる数量差異からなる。問題文にあるとおり、この半年間の製品Rの生産量は500［個］、実際に発生した直接材料費は2,400［万円］、実際の材料消費量は2,000［kg］であった。これを整理すると、以下の図のようになる。

実際(※)@1.2［万円／kg］
標準@1［万円／kg］

> 解き方のポイント
> ★標準差異分析の問題を解く際は、この解説のような図を使って考えると、情報を整理しやすくなります。

（※）材料1kg当たりの実際の材料費

　　　＝実際の直接材料費÷実際の材料消費量

　　　＝2,400［万円］÷2,000［kg］

　　　＝1.2［万円／kg］

　以上を踏まえると、価格差異、数量差異、直接材料費差異は次のように計算できる。

・　価格差異＝（標準単価－実際単価）×実際数量　◁覚える！

　　　　＝（1［万円／kg］－1.2［万円／kg］）×2,000［kg］

　　　　＝－400［万円］　〈不利差異〉

・　数量差異＝標準単価×（標準数量－実際数量）　◁覚える！

　　　　＝1［万円／kg］×（2,500［kg］－2,000［kg］）

　　　　＝500［万円］　〈有利差異〉

・　直接材料費差異＝価格差異＋数量差異　◁覚える！

　　　　＝－400［万円］＋500［万円］

　　　　＝100［万円］　〈有利差異〉

② 直接労務費差異

　直接労務費差異は、工員の賃金の標準額と実際額の違いによる賃率差異と、工員の作業時間の標準時間と実際時間の違いによる作業時間差異からなる。問題文にあるとおり、この半年間の製品Rの生産量は500［個］、実際に発生した直接労務費は15,400［万円］、工員の実際の作業時間は11,000［時間］であった。これを整理すると、以下の図のようになる。

実際（※※）@1.4［万円／時間］
標準@1.5［万円／時間］

| | 賃率差異 | |
|---|---|---|
| 標準直接労務費<br>30［万円／個］×500［個］＝15,000［万円］ | | 作業時間<br>差異 |

　　　　　　　　　　　　　　　　　　　標準　　　　　実際
　　　　20［時間］×500［個］＝10,000［時間］　11,000［時間］

（※※）作業時間1時間当たりの実際の賃率

　　　　＝実際の直接労務費÷実際の作業時間

確認！

★直接材料費差異を分析する公式を覚えておきましょう。

・直接材料費差異＝価格差異＋数量差異

・価格差異＝（標準単価－実際単価）×実際数量

・数量差異＝標準単価×（標準数量－実際数量）

★価格差異と数量差異の公式は、どちらも「標準－実際」になります。前ページの直接材料費差異の図で考えると、「内側の数値－外側の数値」になると覚えておきましょう。

確認！

★直接労務費差異を分析する公式も要チェックです。

・直接労務費差異＝賃率差異＋作業時間差異

・賃率差異＝（標準賃率－実際賃率）×実際作業時間

・作業時間差異＝標準賃率×（標準作業時間－実際作業時間）

★賃率差異と作業時間差異の公式も、「標準－実際」になります。直接労務費差異の図で考えると、こちらも「内側の数値－外側の数値」となると覚えておきましょう。

$$=15,400[万円] \div 11,000[時間]$$

$$=1.4[万円／時間]$$

以上を踏まえると、賃率差異、作業時間差異、直接労務費差異は次のように計算できる。

・| **賃率差異＝(標準賃率－実際賃率)×実際作業時間** | ◁ 覚える！

$$=(1.5[万円／時間] - 1.4[万円／時間]) \times 11,000[時間]$$

$$=\underline{1,100[万円]} \quad 〈有利差異〉$$

・| **作業時間差異＝標準賃率×(標準作業時間－実際作業時間)** | ◁ 覚える！

$$=1.5[万円／時間] \times (10,000[時間] - 11,000[時間])$$

$$=\underline{-1,500[万円]} \quad 〈不利差異〉$$

・| **直接労務費差異＝賃率差異＋作業時間差異** | ◁ 覚える！

$$=1,100[万円] - 1,500[万円]$$

$$=\underline{-400[万円]} \quad 〈不利差異〉$$

③ 製造間接費差異

製造間接費差異は、次のように計算できる。

・| **製造間接費差異＝標準製造間接費－実際製造間接費** | ◁ 覚える！

$$= 5[万円／個] \times 500[個] - 2,700[万円]$$

$$=\underline{-200[万円]} \quad 〈不利差異〉$$

> **確認！**
> ★製造間接費差異の公式は次のとおりです。
>
> ・製造間接費差異
> ＝標準製造間接費－実際製造間接費
>
> ★製造間接費差異の公式も、「標準－実際」になります。

④ 総差異

直接材料費差異、直接労務費差異、製造間接費差異の合計が総差異となる。よって、総差異は次のように計算される。

・| **総差異＝直接材料費差異＋直接労務費差異＋製造間接費差異** | ◁ 覚える！

$$=100[万円] - 400[万円] - 200[万円]$$

$$=\underline{-500[万円]} \quad 〈不利差異〉$$

> **確認！**
> ★総差異は、直接材料費差異、直接労務費差異、製造間接費差異の合計となります。

## Column 7

### 知識を整理して対応力 UP ！　いろいろな「原価計算」

　製品の原価計算には、さまざまな方法があります。平成15年度の２次筆記試験の事例Ⅳでは「どういう原価計算を行えばよいか」を解答させる問題が出題されているため、ここで知識の整理をしておきます。

○**個別原価計算と総合原価計算**

・個別原価計算

　製造指図書に基づき、製品ごとに原価を計算すること。

・総合原価計算

　１か月間に発生した原価を集計し、期間中の生産量で割って製品ごとの原価を求めること。

【ポイント】

・個別原価計算は受注生産、総合原価計算は大量生産に適した原価計算方法です。

・平成15年度の２次筆記試験では、「製品ごとの原価を算定するための原価計算方法」が問われ、「個別原価計算」が答えになりました。

○**全部原価計算と直接原価計算**

・全部原価計算

　発生した費用全額を原価計算の対象として計算すること。

・直接原価計算

　費用を変動費と固定費に分け、変動費を製品原価、固定費を期間原価（期間ごとの発生額を費用として計上する原価）として計算すること。

【ポイント】

・全部原価計算と直接原価計算は、集計の対象とする原価の範囲が異なります。全部原価計算を用いると、当期の在庫となる額が多く、製造原価が少なくなるため、結果として利益が多く算出されます。よって、経営戦略などを検討する際は、直接原価計算のほうが適していると考えられています。

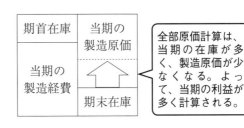

○**実際原価計算と標準原価計算**

・実際原価計算

　実際にかかった費用で原価計算を行うこと。

・標準原価計算

　「製品１単位当たりの標準的な原価」をもとに原価計算を行うこと。

【ポイント】

・「計画（標準原価）」と「実績（実際原価）」を比較することで、原価の低減活動などに役立てることができます（DAY10〈標準差異分析〉p.46もチェック）。

## DAY 11 STEP 2 合格点突破問題 解答・解説 差額原価収益

**解 答**

| 結論 | ②（Y社の打診を受けるべき） |
|---|---|
| 来月のD社の利益 | 2,300,000［円］ |

## 解 説

　生産力に余力があるなか、取引先からの特別注文を受注するべきか否かを考える問題である。

　D社は主力製品Qについて、月産15,000［個］の生産能力を有している。これに対して、X社、Y社からの特別注文がなかった場合の来月の予想受注量は10,000［個］である。つまりこの差額である5,000［個］の生産力の余剰が存在する。このような前提のもと、特別注文の受注可否を考える。

【特別注文の受注検討時のポイント】

　固定費は生産量にかかわらず一定額が発生するため、特別注文を受けて生産量を増やした場合、増加する費用は変動費のみとなる。よって、受注可否を検討するためには、**販売額（差額収益）から変動費（差額原価）を引いた利益（差額利益）に着目する必要がある。**

■X社からの打診の検討

　X社の製品1個当たりの希望購入価格は2,500［円］である。これに対し、製品1個当たりの変動費は3,000［円］である。よって、差額利益は次のように計算できる。

　　製品1個当たりの差額利益

　　　＝製品1個当たり販売額－製品1個当たり変動費

　　　＝2,500－3,000

　　　＝－500［円］

　X社の希望納入個数は5,000［個］であり、来月の生産力余剰5,000［個］に収まっているものの、差額利益がマイナスとなっているため、販売すればするほど損失額が大きくなる。

　よって、X社からの打診は受けるべきではない。

> **解き方のポイント**
>
> ★特別注文によって得られる売上だけではなく、注文を受けることによって発生する費用も考慮して、受注の可否を検討しましょう。
>
> ★費用については、売上が増えても減っても変化しない固定費は考慮せず、売上に伴って増減する変動費に着目して検討する必要があります。

■Y社からの打診の検討

　X社の打診を検討したときと同様に、差額利益に着目して考える。Y社の製品1個当たりの希望購入価格は3,500[円]である。これに対し、製品1個当たりの変動費は3,000[円]である。よって、差額利益は次のように計算できる。

　　　製品1個当たり差額利益

　　　　＝製品1個当たり販売額－製品1個当たり変動費

　　　　＝3,500－3,000

　　　　＝500[円]


　差額利益はプラスになっており、また、Y社の希望納入個数3,000[個]は、来月の生産力余剰5,000[個]に収まっているため、Y社からの打診を受けるべきである。


■来月の予想利益

　X社、Y社からの特別注文がなかった場合、来月の予想受注量は10,000[個]である。よって、特別注文がなかった場合のD社の来月の利益は次のとおりとなる。

　　　特別注文がない場合のD社の利益

　　　　＝販売単価×販売個数－1個当たり変動費×販売個数－固定費

　　　　＝4,000×10,000－3,000×10,000－(9,000,000＋200,000)

　　　　＝800,000[円]

> **解き方のポイント**
> ★減価償却費は、生産量にかかわらず、毎期一定額が発生するため、固定費として扱います。


　また、Y社からの特別注文によって発生する差額利益は次のように求められる。

　　　特別注文により発生する差額利益

　　　　＝製品1個当たりの差額利益×販売個数

　　　　＝500×3,000

　　　　＝1,500,000[円]

> **解き方のポイント**
> ★固定費は「特別注文がない場合のD社の利益」を計算する際にすべて考慮されています。よって、「特別注文により発生する差額利益」の計算では固定費を考慮する必要はありません。


　よって、来月のD社の利益は次のようになる。

　　　来月のD社の利益

　　　　＝特別注文がない場合のD社の利益＋特別注文により発生する差額利益

　　　　＝800,000＋1,500,000

　　　　＝2,300,000[円]

STEP 2
合格点突破問題
解答・解説

# プロダクトミックス①
## （利益を最大にする生産量）

### 解 答

（設問1）

| | |
|---|---:|
| 製品Pの生産量 | 9,800［個］ |
| 製品Qの生産量 | 5,800［個］ |
| 製品Rの生産量 | 4,400［個］ |
| 営業利益 | 13,090,000［円］ |

（設問2）

| | |
|---|---:|
| 製品Pの生産量 | 9,800［個］ |
| 製品Qの生産量 | 6,500［個］ |
| 製品Rの生産量 | 0［個］ |
| 営業利益 | 14,870,000［円］ |

### 解 説

　複数の製品を製造している企業が、制約条件のもとで、どの製品をいくつ作れば利益を最大にできるかを考える問題である。

　来年度の需要量は、製品Pは9,800［個］、製品Qは6,500［個］、製品Rは4,400［個］と見込まれている。需要量の上限まで製造すれば最大の利益を得ることができるが、機械Xの年間の稼働可能時間という制約条件を考慮する必要がある。

　すべての製品を需要量の上限まで製造すると、機械Xの稼働時間は次のようになる。

　　需要量の上限まで製造した場合の機械X稼働時間
　　＝9,800［個］×0.5［時間］＋6,500［個］×1.5［時間］＋4,400［個］×
　　　1［時間］
　　＝19,050［時間］

　以上のとおり、需要量の上限まで製造すると、機械Xの年間の稼働可能時間18,000［時間］を超えてしまう。よって、機械の稼働可能時間の範囲内で利益が最大になるように、製品P、Q、Rの生産量を検討する必要がある。

> 解き方のポイント
> ★生産するための制約条件があるときは、制約条件1単位当たりの限界利益が最大になる製品を優先する形で生産量を決定しましょう。

（設問1）

（設問1）を解くためのポイントは、**制約条件（本問の場合は機械稼働時間）当たりの限界利益を基準に、生産する製品の優先順位を決めることである。**

製造にかかる費用のうち固定費は、生産を完全にやめない限り一定額が発生する。一方で変動費は、生産量に比例して増減する。よって営業利益を最大にするためには、売上高から変動費を引いた限界利益を基準に生産優先順位を考える。

具体的には、①製品P、Q、Rの生産優先順位を決定し、②優先順位、需要量、機械稼働時間を踏まえて生産量を決め、③営業利益を計算する、というプロセスで進める。

① 製品P、Q、Rの生産優先順位の決定

製品P、Q、Rの1個当たり限界利益は、次のとおりとなる。

製品Pの1個当たり限界利益

$$=2,900-1,250=1,650[円／個]$$

製品Qの1個当たり限界利益

$$=3,600-1,800=1,800[円／個]$$

製品Rの1個当たり限界利益

$$=4,300-2,600=1,700[円／個]$$

各製品を1つ作るために必要となる機械Xの稼働時間は、製品Pは0.5時間、製品Qは1.5時間、製品Rは1時間である。よって、機械Xを1時間稼働することで各製品から得られる限界利益は、次のとおりとなる。

製品Pの機械X1時間当たり限界利益

$$=1,650÷0.5=3,300[円／時間]$$

製品Qの機械X1時間当たり限界利益

$$=1,800÷1.5=1,200[円／時間]$$

製品Rの機械X1時間当たり限界利益

$$=1,700÷1=1,700[円／時間]$$

以上から、稼働時間1時間当たりの限界利益が大きくなる製品を優先し、**製品P、製品R、製品Qの順に機械Xの使用時間を割り付ければ、最大の利益が得られることになる。**

**解き方のポイント**

★本問では機械Xの稼働可能時間が制約条件となりますので、稼働時間1単位当たりの限界利益が高い製品を優先に製造すれば、最大の利益が得られることになります。

**確認！**

★限界利益を求める公式は次のとおりです。

・限界利益
＝売上高－変動費

**解き方のポイント**

★機械X1時間当たりの各製品の限界利益は次のように求めます。

・機械X1時間当たり限界利益
＝製品1個当たり限界利益÷製品1個当たり機械X稼働時間

② 製品P、Q、Rの生産量の決定

製品Pの需要量は9,800[個]である。需要量の上限まで製造すると、機械Xの使用時間は次のようになる。

製品Pのための機械X使用時間＝9,800[個]×0.5[時間／個]
＝4,900[時間]

なお、製品Pを需要量上限まで製造したときの機械Xの残りの稼働可能時間は次のようになる。

18,000−4,900＝13,100[時間]

製品Rの需要量は4,400[個]である。需要量の上限まで製造すると、機械Xの使用時間は次のようになる。

製品Rのための機械X使用時間＝4,400[個]×1[時間／個]
＝4,400[時間]

なお、製品Rを需要量上限まで製造したときの機械Xの残りの稼働可能時間は次のようになる。

13,100−4,400＝8,700[時間]

製品Qの需要量は6,500[個]である。需要量の上限まで製造すると、機械Xの使用時間は次のようになる。

製品Qのための機械X使用時間＝6,500[個]×1.5[時間／個]
＝9,750[時間]

製品PとRを需要量上限まで製造すると、機械Xの稼働可能時間は8,700[時間]しか残っておらず、製品Qは需要量上限まで製造することはできない。よって、機械Xの稼働時間8,700[時間]の範囲で最大となるように、製品Qの生産量を決定する必要がある。

8,700時間で製造できる製品Qの個数＝8,700[時間]÷1.5[時間／個]
＝5,800[個]

以上のとおり、製品P、Rは需要量上限まで生産し、製品Qは、機械稼働時間に合わせて生産する。よって生産量は、製品P：9,800[個]、製品Q：5,800[個]、製品R：4,400[個]となる。

③ D社の営業利益の計算

上記で計算した生産量に基づくと、限界利益の合計額は次のようになる。

D社の限界利益合計
＝製品P1個当たり限界利益×製品P製造数

---

**解き方のポイント**
★生産する製品の優先度を決めたあとは、制約条件である機械Xの稼働可能時間を踏まえて、各製品の生産量を決定します。

**解き方のポイント**
★機械Xの稼働可能時間の各製品への割り付けと、生産量の関係は次のように整理できます。

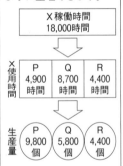

$$+ 製品Q1個当たり限界利益 \times 製品Q製造数$$
$$+ 製品R1個当たり限界利益 \times 製品R製造数$$
$$= 1,650 \times 9,800 + 1,800 \times 5,800 + 1,700 \times 4,400$$
$$= 34,090,000[円]$$

よって、D社の営業利益は次のように計算できる。

D社の営業利益＝D社の限界利益合計－固定費
$$= 34,090,000 - 21,000,000$$
$$= \underline{13,090,000[円]}$$

（設問2）

（設問2）を解くためのポイントは、**貢献利益がマイナスとなる製品は作らない**ことである。よって本問は、①各製品の貢献利益を求めて製造可否を検討してから、②制約条件を踏まえて各製品の生産量を決め、③営業利益を計算する、というプロセスで考える。

**解き方のポイント**
★個別固定費が判明している場合は、各製品の貢献利益に着目して生産する製品の優先順位を考えましょう。

① 製品P、Q、Rの貢献利益と製造可否の検討

すべての製品を需要量どおりに製造した場合、各製品の売上高と費用の関係は以下のようになる。製品ごとの売上高から変動費と個別固定費を引いた製品別の貢献利益は、製品P、Qはプラスであるが、製品Rはマイナスとなり、損失が発生している。

**確認！**
★貢献利益は次の公式で求めることができます。

貢献利益
＝売上高－変動費－個別固定費
＝限界利益－個別固定費

[単位：円]

| | 製品P | 製品Q | 製品R |
|---|---|---|---|
| 売上高 | $2,900 \times 9,800$ $= 28,420,000$ | $3,600 \times 6,500$ $= 23,400,000$ | $4,300 \times 4,400$ $= 18,920,000$ |
| 変動費 | $1,250 \times 9,800$ $= 12,250,000$ | $1,800 \times 6,500$ $= 11,700,000$ | $2,600 \times 4,400$ $= 11,440,000$ |
| 限界利益 | $28,420,000 -$ $12,250,000$ $= 16,170,000$ | $23,400,000 -$ $11,700,000$ $= 11,700,000$ | $18,920,000 -$ $11,440,000$ $= 7,480,000$ |
| 個別固定費 | 6,000,000 | 3,000,000 | 8,000,000 |
| 貢献利益 | $16,170,000 -$ $6,000,000$ $= \mathbf{10,170,000}$ | $11,700,000 -$ $3,000,000$ $= \mathbf{8,700,000}$ | $7,480,000 -$ $8,000,000$ $= \mathbf{-520,000}$ |
| 共通固定費 | 4,000,000 | | |
| 営業利益 | $(10,170,000 + 8,700,000 - 520,000) - 4,000,000 = 14,350,000$ | | |

共通固定費は、各製品に共通して発生する固定費であり、生産量

にかかわらず一定額が発生する。一方で個別固定費は、ある特定の製品の製造のみに必要となる固定費である。その製品の製造を行う限り一定額が発生するが、その製品の製造をやめた場合は、発生額はゼロとなる。

つまり、**製品Rの製造をやめれば製品Rに関する売上高、変動費、個別固定費がすべてゼロとなり、貢献利益のマイナスも発生しないため、製品Rを製造しないほうがD社全体の利益は大きくなること**になる。

② 制約条件を踏まえた各製品の生産量の決定

機械Xの稼働可能時間の制約について検討する。製品P、Qを需要量の上限まで製造した場合、機械Xの使用時間は次のようになる。

製品P、Qの製造に必要な機械X使用時間

　＝製品Pの製造数×製品P1個当たりの機械X稼働時間

　　＋製品Qの製造数×製品Q1個当たりの機械X稼働時間

　＝9,800×0.5＋6,500×1.5

　＝14,650[時間]

これは、機械Xの稼働可能時間18,000[時間]に収まっている。

以上より、営業利益が最大となる製品P、Q、Rの生産量は、それぞれ<u>9,800</u>[個]、<u>6,500</u>[個]、<u>0</u>[個]となる。

③ D社の営業利益の計算

上記で計算した生産量に基づくと、製品別の貢献利益の合計額は次のようになる。

製品Pの貢献利益＋製品Qの貢献利益＋製品Rの貢献利益

　＝10,170,000＋8,700,000＋0

　＝18,870,000[円]

ここから共通固定費を引くと、次のようにD社の営業利益が求められる。

D社の営業利益＝製品別貢献利益の合計－共通固定費

　　　　　　　＝18,870,000－4,000,000

　　　　　　　＝<u>14,870,000[円]</u>

---

**解き方のポイント**

★製品別貢献利益は共通固定費を負担する前の利益です。共通固定費は特定の製品に紐づく費用ではないため、全製品の製品別貢献利益によって賄われます。

★製品別貢献利益がプラスの製品は共通固定費を負担することができ、会社全体の利益を大きくします。一方、マイナスの製品は共通固定費を負担せず、むしろ損失を大きくします。

★したがって、製品別貢献利益がマイナスとなる製品は、製造しないほうが、会社全体の利益が大きくなります。

**解き方のポイント**

★すべての製品を需要量どおり製造した場合の営業利益は、(設問2)①の表にあるとおり、14,350,000円です。これは、製品Rの製造をやめた場合の営業利益14,870,000円を下回っています。ここからも、貢献利益がマイナスとなる製品Rは製造しないほうが、会社全体の利益が大きくなることがわかります。

## STEP 2　プロダクトミックス②

合格点突破問題
解答・解説

（線形計画法）

**解　答**

| 紳士用鞄の生産量 | 1,240［個］ |
|---|---|
| 婦人用鞄の生産量 | 640［個］ |
| 営業利益 | 12,496,000［円］ |

**解　説**

　複数の製品を製造している企業が、制約条件のもとで、どの製品をいくつ作れば、利益を最大にできるかの組み合わせを考えるプロダクトミックスの問題である。

　製造にかかる費用のうち、固定費は、生産を完全にやめない限り、生産量にかかわらず一定額が発生する。一方で変動費は、生産量に比例して増減する。よって、制約条件のもとで製造する製品の優先順位を検討する際は、固定費は考慮せず、売上高から変動費を引いた限界利益に着目する。

> **解き方のポイント**
> ★プロダクトミックスを検討するときは、まずは各製品の限界利益に着目しましょう。

　p.48の DAY 12〈プロダクトミックス①〉では、制約条件が1つ与えられており、制約条件当たりの限界利益を基準に、優先して製造する製品を決定した。本問では、制約条件として、「直接作業の年間生産能力」と、「機械作業の年間作業能力」の2つが与えられている。p.48の DAY 12〈プロダクトミックス①〉と同様に、各製品の制約条件当たりの限界利益を算出すると次のようになる。

| | 紳士用鞄 | 婦人用鞄 |
|---|---|---|
| （a）1個当たりの販売価格 | 10,000円 | 12,000円 |
| （b）1個当たりの変動費 | 2,800円 | 3,300円 |
| （c）1個当たりの限界利益（（a）－（b）） | 7,200円 | 8,700円 |
| （d）1個当たりの直接作業時間 | 2時間 | 1時間 |
| （e）直接作業1時間当たりの限界利益（（c）÷（d）） | 3,600円 | 8,700円 |
| （f）1個当たりの機械作業時間 | 1時間 | 2時間 |
| （g）機械作業1時間当たりの限界利益（（c）÷（f）） | 7,200円 | 4,350円 |

　「直接作業1時間当たりの限界利益」で考えると、婦人用鞄を優先して製造するほうが利益率は高いが、「機械作業1時間当たりの限界利益」を基準とすると、紳士用鞄のほうが利益率は高くなる。つまり、本問では、どちらの制約条件を選ぶかで、優先する製品が異なってしまう。このような場合は、線形計画法を使って最適なプ

ロダクトミックスを考えることになる。

## ■線形計画法によるプロダクトミックスの検討

線形計画法を使った最適なプロダクトミックスの検討は、次のプロセスで行う。

> (1) 問題文から情報を集め、「目的関数」「制約条件」「非負条件」の3つを数式化する。
> (2) 数式をもとに、どのような生産個数の組み合わせがあり得るか、どのような組み合わせであれば利益を最大にする可能性があるかを算出する。
> (3) 上記(2)で算出した組み合わせを目的関数に当てはめ、どの組み合わせのときに目的関数が最大になるかを検討する。

解き方のポイント

★制約条件が複数あるときは、線形計画法を使って、最適なプロダクトミックスを考えましょう。

## (1) 問題文から情報を集め、「目的関数」「制約条件」「非負条件」の3つを数式化する。

○目的関数

目的関数とは、本問で最大にすることを目指している限界利益と、各製品の販売量との関係を表すものである。紳士用鞄の販売個数をA個、婦人用鞄の販売個数をB個、限界利益をZとすると、目的関数は次のようになる。

$$MaxZ = Max（紳士用鞄1個の限界利益 \times A + 婦人用鞄の限界利益 \times B）$$
$$= Max（7,200A + 8,700B）$$

確認！

線形計画法では、「目的関数」「制約条件」「非負条件」の3つを数式化します。

解き方のポイント

★MaxZ は、「Z が最大になるAとBの組み合わせ」を意味します。

○制約条件

本問の制約条件にはまず、前述した直接作業時間と機械作業時間がある。またこれ以外に、紳士用鞄と婦人用鞄の販売可能量にも制約がある。これらを式で表すと次のようになる。

・直接作業時間の制約

紳士用鞄の1個当たりの直接作業時間 × A + 婦人用鞄の1個当たりの直接作業時間 × B ≦ 直接作業の年間生産能力

$$2A + B ≦ 3,120［時間］ \quad ……a$$

・機械作業時間の制約

紳士用鞄の1個当たりの機械作業時間 × A + 婦人用鞄の1個当たりの機械作業時間 × B ≦ 機械作業の年間生産能力

$$A + 2B ≦ 2,520［時間］ \quad ……b$$

・紳士用鞄の販売可能量の制約

$$A ≦ 1,400［個］ \quad ……c$$

・婦人用鞄の販売可能量の制約
　B≦1,100［個］　……d

○非負条件
　非負条件とは、「生産量はマイナスにはならない」ということを示したものであり、次のように表すことができる。
　A≧0，B≧0

## (2) 数式をもとに、どのような生産個数の組み合わせがあり得るか、どのような組み合わせであれば利益を最大にする可能性があるかを算出する。

制約条件と非負条件をグラフにすると、次のようになる。紳士用鞄の生産量Aと、婦人用鞄の生産量Bは、上記の制約条件の数式a〜dをすべて満たす必要がある。また、非負条件に基づき、0よりも小さくなることはない。つまりグラフ上では、これらの直線で囲まれた「可能領域」のなかのいずれの点が、D社で取りうる、紳士用鞄と婦人用鞄の販売個数の組み合わせになる。

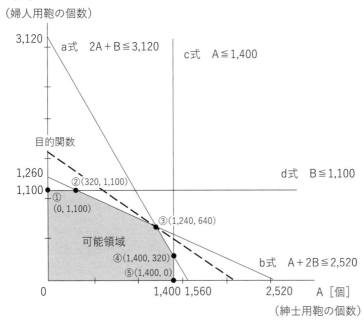

B［個］
（婦人用鞄の個数）

3,120　a式　2A＋B≦3,120　　c式　A≦1,400

目的関数

1,260
②（320, 1,100）
1,100 ①（0, 1,100）　　　　　　　　　　　　d式　B≦1,100

③（1,240, 640）

可能領域

④（1,400, 320）
⑤（1,400, 0）　　　　　　　　　b式　A＋2B≦2,520

0　　　　　　　　1,400 1,560　　　2,520　A［個］
（紳士用鞄の個数）

> **解き方のポイント**
>
> ★点①〜⑤の座標は連立方程式で求めます。a式（2A＋B≦3,120）とb式（A＋2B≦2,520）の交点である点③を例にすると、次のようになります。
> ・Aの係数にそろえるためb式の両辺に2を掛け、2つの式を連立させてBを求める。
>
> $$2A+\ B=3,120$$
> $$-)\ 2A+4B=5,040$$
> $$\overline{\ \ \ -3B=-1,920}$$
> $$B=640$$
>
> ・上記で求めたBをa式に代入して、Aを求める。
>
> $$2A+640=3,120$$
> $$A=1,240$$

「可能領域」のなかで、利益が最も大きくなる点が、最適なプロダクトミックスである。つまり、「可能領域」のなかで目的関数を最も大きくする点が、最適なプロダクトミックスとなる。グラフで考えると、目的関数が原点0から遠ざかるほど、婦人用鞄と紳士用鞄の製造個数は大きくなる。よって、可能領域を囲む点①〜⑤のい

ずれかが、目的関数を最大にする点ということになる。

点①〜⑤の座標は、次のようになる。
・点①：縦軸とd式の交点（紳士用鞄0個、婦人用鞄1,100個）
・点②：b式とd式の交点（紳士用鞄320個、婦人用鞄1,100個）
・点③：a式とb式の交点（紳士用鞄1,240個、婦人用鞄640個）
・点④：a式とc式の交点（紳士用鞄1,400個、婦人用鞄320個）
・点⑤：横軸とc式の交点（紳士用鞄1,400個、婦人用鞄0個）

**(3) 上記(2)で算出した組み合わせを目的関数に当てはめ、どの組み合わせのときに目的関数が最大になるかを検討する。**

目的関数は $\mathrm{MaxZ} = \mathrm{Max}(7{,}200\mathrm{A} + 8{,}700\mathrm{B})$ のため、上記で求めた生産量を当てはめると、各点における限界利益は次のようになる。

・点①
$7{,}200[円] \times 0[個] + 8{,}700[円] \times 1{,}100[個] = 9{,}570{,}000[円]$
・点②
$7{,}200[円] \times 320[個] + 8{,}700[円] \times 1{,}100[個] = 11{,}874{,}000[円]$
・点③
$7{,}200[円] \times 1{,}240[個] + 8{,}700[円] \times 640[個] = 14{,}496{,}000[円]$
・点④
$7{,}200[円] \times 1{,}400[個] + 8{,}700[円] \times 320[個] = 12{,}864{,}000[円]$
・点⑤
$7{,}200[円] \times 1{,}400[個] + 8{,}700[円] \times 0[個] = 10{,}080{,}000[円]$

目的関数が最大になるのは、限界利益が14,496,000[円]となる点③である。よって、最適なプロダクトミックスは、紳士用鞄1,240[個]、婦人用鞄640[個]となる。

※グラフを使った解法については、p.149〜p.150の「解き方のポイント」参照。

**■来年度の営業利益**

上記のとおり、紳士用鞄1,240個、婦人用鞄640個を製造すると、限界利益は14,496,000[円]である。このときの営業利益は、次のように計算できる。

営業利益＝限界利益−固定費
$= 14{,}496{,}000 - 2{,}000{,}000$
$= 12{,}496{,}000[円]$

---

**解き方のポイント**

★解説では、すべての交点の座標を求めて最適なプロダクトミックスを導き出していますが、すべての座標は求めず、グラフを使って検討する方法もあります。

【グラフを使った解法】
★目的関数の両辺を8,700で割り、式を「B＝」の形にすると、次のようになります。

$$B = -\frac{7{,}200}{8{,}700}A + \frac{Z}{8{,}700}$$
$$B = -\frac{24}{29}A + \frac{Z}{8{,}700}$$

上記のとおり、目的関数は、傾きが $-\dfrac{24}{29}$、切片が $\dfrac{Z}{8{,}700}$ の直線となります。Zが最大になる点が最適なプロダクトミックスですので、可能領域の範囲内で、切片 $\dfrac{Z}{8{,}700}$ が最大になる点が、最適なプロダクトミックスとなります。

傾きが $-\dfrac{24}{29}$ の線を原点から外側に平行移動すると、グラフの点線が可能領域の範囲内で切片が最大となる目的関数の直線となります。目的関数と可能領域が点③で接しているため、ここでプロダクトミックスが最大となることがわかります。

**解き方のポイント**

★売上高から変動費を引いたものが限界利益ですので、そこからさらに固定費を引くと、営業利益を算出できます。

## Column 8

### 確実に得点するための計算ミス防止法

　事例Ⅳでは、解き方を理解していたのに計算でうっかりミスをしてしまい、悔しい思いをしたことのある人も多いのではないでしょうか。どんなに気をつけても計算ミスは発生してしまうものです。しかし工夫によってミスを減らすことはできます。ここでは、計算ミスを防ぐためのアイディアを紹介します。

**【計算ミスをしないようにするための対応】**
**・計算練習を繰り返す**
　計算は、練習を繰り返せば、早く、正しい解答を導くことができるようになります。本書を活用して、しっかり練習を繰り返しましょう。

**・パターン化する**
　計算プロセスや、与件文から必要な情報を探して整理する方法、図式化の方法などを、自分なりにパターン化しましょう。たとえば、損益分岐点分析では「最初に固定費と変動費を分ける固変分解を行う」というプロセスをパターンにします。また、投資の経済性分析やデシジョンツリー、キャッシュフロー計算書などは、与件文から集める情報や、図に整理する方法などをパターン化します。パターン化すれば、必要なプロセスや情報を漏らすことなく、正しく素早く解答を導き出すことができます。

**・電卓を使いこなす**
　電卓の機能を使いこなすと、計算がグッと楽になります。電卓を使いこなして計算ミスを減らしましょう（「事例Ⅳ　得点上乗せコラム」の〈素早く正しく計算できる！　効果的な電卓の使い方〉p.65を参照）。

**・見直しをする**
　うっかりミスを防ぐためには、見直しが重要です。2次筆記試験の80分間の時間配分を考えるときには、見直しの時間もきちんと確保しましょう。なお、キャッシュフロー計算書などは、検算のコツがありますので活用してください（「事例Ⅳ　得点上乗せコラム」の〈計算ミス防止に役立つ！　キャッシュフロー計算書の検算方法〉p.167を参照）。

**【計算ミスをしてしまった後の対応】**
**・なぜミスをしたかを分析し、計算方法を見直す**
　計算ミスをしたときは、「うっかり間違えた」で片づけず、どうしてミスをしたのかを分析しましょう。原因がわかれば、同じミスを防ぐための対策ができます。電卓を打ち間違えたのであれば、電卓に数字を打ち込んだあと間違いがないかをチェックする。与件文の設定を読み落としたのであれば、重要な部分に蛍光マーカーで色付けして読み落としを防ぐ、などです。
　また、どんなミスをしたのか、分析ノートを作っておくのもよいでしょう。定期的に見直せば、自分がどのようなミスをしがちなのかがわかるので、似たような間違いを防ぐことができます。

## STEP 2
合格点突破問題
解答・解説

# 内外製分析

**解　答**

> 部品Aの製造を続けるべき。

---

## 解　説

　社内で製造している部品を外注するべきか、それとも内製を続けるべきかを考える内外製分析の問題である。

　部品AをQ社に外注する場合、部品Aにかかる費用がいくらとなるかを算出し、内製を続けた場合の費用と比較することで、外注可否を判断する。

① 外注を行った場合の部品Aにかかる費用

　Q社からは「1個32,000円（千円単位で表記すると、32［千円］）で1,800個の納品が可能」との回答を受けているため、外注によって発生する費用は次のようになる。

　　外注費用 = 32［千円］× 1,800［個］

　　　　　　 = 57,600［千円］　……a

　一方、外注をすると、機械ZをP社に貸与することができるため、年間25［百万円］（千円単位で表記すると、25,000［千円］）の収入を得ることができる。　……b

　外注にかかる費用（上記a）から機械の貸与によって発生する収入（上記b）を引くと、部品Aの外注によって新たに発生する費用を求めることができる。

　　外注によって新たに発生する費用 = 57,600 − 25,000

　　　　　　　　　　　　　　　　　 = 32,600［千円］　……c

> **解き方のポイント**
> ★内製をやめても、すべての製造費用が削減できるわけではないので、注意しましょう。

　これは、これまで部品Aの製造にかかっていた製造原価合計85,410［千円］を大きく下回っており、一見すると外注のほうが望ましいように見える。しかし、ここで注意が必要である。

　変動費は生産量に比例して増減する。よって、これまで部品Aの

生産にかかっていた費用のうち、変動費である直接材料費と変動間接費は、部品Aの製造をやめると発生額がゼロとなる。一方、固定費は製造量が増減しても変わらない。そのため、固定費である直接労務費37,800[千円]と固定間接費19,710[千円]は、たとえ部品Aの製造をやめても変わらずに発生することになる。

解き方のポイント<br>★内製をやめると製造量に比例して増減する変動費はゼロとなります。一方、製造量にかかわらず固定費は、変わらずに発生します。

　よって、外注を行った場合に部品Aにかかる費用は、上記cに製造をやめても削減できない固定費を加えた額となり、次のように計算できる。

　　　外注した場合に部品Aにかかる費用
　　　　＝上記cの費用＋固定費
　　　　＝32,600＋37,800＋19,710＝90,110[千円]

② 外注を行った場合と、内製を続けた場合の費用の比較

　部品Aの内製にかかる費用は、問題文にあるとおり85,410[千円]である。一方、外注を行った場合の費用は、上記で計算したとおり90,110[千円]となる。これを整理すると次のようになる。

[単位：千円]

|  | 内製を続ける場合 | 外注を行う場合 |
|---|---|---|
| 直接材料費 | 16,200 | 0 |
| 直接労務費 | 37,800 | 37,800 |
| 変動間接費 | 11,700 | 0 |
| 固定間接費 | 19,710 | 19,710 |
| 外注により発生する費用 | 0 | (57,600－25,000＝) 32,600 |
| 合　計 | 85,410 | 90,110 |

　以上のとおり、外注を行った場合の費用が、内製を続けた場合の費用を上回るため、D社は<u>外注は行わず、部品Aの製造を続けるべき</u>である。

**STEP 2**
合格点突破問題
解答・解説

## 活動基準原価計算
（Activity Based Costing）

### 解 答

（設問1）

| | |
|---|---|
| 量産品 | 22,528,000［円］ |
| 特注品 | 8,778,000［円］ |

（設問2）

| | |
|---|---|
| 量産品 | 17,952,500［円］ |
| 特注品 | 13,353,500［円］ |

### 解 説

活動基準原価計算（Activity Based Costing；以下ABC）とは、各製品の原価を正確に把握するため、活動を中心に製造間接費の管理を行う原価計算方法である。本問では、活動に基づいて製造間接費の配賦を行うことで、配賦額を適正化することが検討されている。

> **解き方のポイント**
> ★ABCは、これまで2次筆記試験での出題実績はありませんが、今後の出題が予想されますので、本問を通じて対策をしておきましょう。

（設問1）

ABCを導入せず、これまでどおり売上高に基づいて製造間接費を配賦した場合、製造原価がどのようになるかを考える。

事業部制に移行して最初の年度の各製品の売上高と費用については、問題文に記載されている。これを整理すると次のようになる。

| | 量産品 | 特注品 |
|---|---|---|
| 売上高 | 25,600,000［円］ | 11,400,000［円］ |
| 直接材料費 | 7,680,000［円］ | 2,280,000［円］ |
| 直接労務費 | 5,888,000［円］ | 2,508,000［円］ |
| 製造間接費 | 12,950,000［円］ | |

売上高を基準とすると、各製品への製造間接費の配賦額は次のとおりとなる。

量産品への製造間接費配賦額

$$= 製造間接費 \times \frac{量産品の売上高}{量産品の売上高 + 特注品の売上高}$$

$$= 12,950,000 \times \frac{25,600,000}{25,600,000 + 11,400,000}$$

$$= 8,960,000 [円]$$

特注品への製造間接費配賦額

$$= 製造間接費 \times \frac{特注品の売上高}{量産品の売上高 + 特注品の売上高}$$

$$= 12,950,000 \times \frac{11,400,000}{25,600,000 + 11,400,000}$$

$$= 3,990,000 [円]$$

よって、売上高に基づいて製造間接費を配賦した場合、各製品の製造原価は次のとおりとなる。

量産品の製造原価＝直接材料費＋直接労務費＋製造間接費
$$= 7,680,000 + 5,888,000 + 8,960,000$$
$$= 22,528,000 [円]$$

特注品の製造原価＝直接材料費＋直接労務費＋製造間接費
$$= 2,280,000 + 2,508,000 + 3,990,000$$
$$= 8,778,000 [円]$$

（設問2）

ABCを導入して製造間接費の配賦を行った場合、製造原価がどのようになるかを求める問題である。

コスト・プールとコスト・ドライバーは問題文で与えられているため、まずは、コスト・ドライバー1単位当たりの製造原価であるドライバー率を求める。各コスト・プールの製造間接費を各製品のコスト・ドライバー合計で割ると、次のようにドライバー率を求めることができる。

設計コスト・プールのドライバー率
＝設計コスト・プールの製造間接費÷各製品のコスト・ドライバー合計

**確認！**

★ ABCで使われる特徴的な用語をチェックしておきましょう。

・コスト・プール
コストを集計する単位となる活動のことです。本問では「設計」「調達」「加工」「機械保全」がコスト・プールとなっています。よって、たとえば設計に関連して発生した製造間接費は、「設計」コスト・プールに集計されることとなります。

・コスト・ドライバー
製造間接費を配賦する基準のことです。たとえば本問の「設計」コスト・プールのコスト・ドライバーは設計件数と設定されているため、設計コスト・プールに集計された製造間接費は、設計件数をもとに各製品に配賦されます。

・ドライバー率
コスト・ドライバー1単位当たりの製造原価のことです。ドライバー率は次のように求めることができます。

ドライバー率
＝各コスト・プールの製造間接費÷各製品のコスト・ドライバー合計

**解き方のポイント**

★「設計」コスト・プールのコスト・ドライバーである設計件数は、量産品10[件]、特注品60[件]、合計70[件]です。ドライバー率はコスト・ドライバー1単位当たりの製造原価であるため、製造原価を設計件数合計である70[件]で割ることで求めます。他のコスト・プールのドライバー率も、考え方は同様です。

$$=4,662,000[円]÷(10[件]+60[件])=66,600[円/件]$$

調達コスト・プールのドライバー率
　　＝調達コスト・プールの製造間接費÷各製品のコスト・ドライバー合計
$$=2,590,000[円]÷(100[回]+250[回])=7,400[円/回]$$

加工コスト・プールのドライバー率
　　＝加工コスト・プールの製造間接費÷各製品のコスト・ドライバー合計
$$=3,885,000[円]÷(120[時間]+80[時間])=19,425[円/時間]$$

機械保全コスト・プールのドライバー率
　　＝機械保全コスト・プールの製造間接費÷各製品のコスト・ドライバー合計
$$=1,813,000[円]÷(25[時間]+45[時間])=25,900[円/時間]$$

コスト・ドライバー1単位当たりの製造原価であるドライバー率に、製造間接費の配賦基準であるコスト・ドライバーを掛けると、次のように各製品の製造間接費を求めることができる。

○量産品の製造間接費

設計コスト・プールの製造間接費
$$=66,600[円/件]×10[件]=666,000[円]$$

調達コスト・プールの製造間接費
$$=7,400[円/回]×100[回]=740,000[円]$$

加工コスト・プールの製造間接費
$$=19,425[円/時間]×120[時間]=2,331,000[円]$$

機械保全コスト・プールの製造間接費
$$=25,900[円/時間]×25[時間]=647,500[円]$$

量産品の製造間接費合計
$$=666,000+740,000+2,331,000+647,500=4,384,500[円]$$

> **確認！**
> ★ABCで各製品に配賦する製造間接費を求める方法は次のとおりです。
>
> 各製品に配賦する製造間接費
> ＝ドライバー率×
> 　各製品のコスト・ドライバー

> **解き方のポイント**
> 各製品に配賦する製造間接費を求めるときは、各製品のコスト・ドライバーを用いて計算します。

○特注品の製造間接費

設計コスト・プールの製造間接費

　　＝66,600[円／件]×60[件]＝3,996,000[円]

調達コスト・プールの製造間接費

　　＝7,400[円／回]×250[回]＝1,850,000[円]

加工コスト・プールの製造間接費

　　＝19,425[円／時間]×80[時間]＝1,554,000[円]

機械保全コスト・プールの製造間接費

　　＝25,900[円／時間]×45[時間]＝1,165,500[円]

特注品の製造間接費合計

　　＝3,996,000＋1,850,000＋1,554,000＋1,165,500＝8,565,500[円]

　以上から、活動基準原価計算を採用した場合の各製品の製造原価は次のとおりに計算される。

量産品の製造原価＝直接材料費＋直接労務費＋製造間接費

　　　　　　　　　＝7,680,000＋5,888,000＋4,384,500

　　　　　　　　　＝17,952,500[円]

特注品の製造原価＝直接材料費＋直接労務費＋製造間接費

　　　　　　　　　＝2,280,000＋2,508,000＋8,565,500

　　　　　　　　　＝13,353,500[円]

参考として、配賦基準別の製造間接費を比較する。

[単位：円]

| | 売上高に基づき配賦した場合 | ABCに基づき配賦した場合 |
|---|---|---|
| 量産品 | 8,960,000 | 4,384,500 |
| 特注品 | 3,990,000 | 8,565,500 |
| 合　計 | 12,950,000 | 12,950,000 |

（量産品への配賦が多い）

（特注品への配賦が多い）

**解き方のポイント**

★（設問1）、（設問2）の結果から、売上高に基づいて製造間接費を配賦すると量産品への配賦額が多くなりますが、活動基準原価計算を採用すると量産品への配賦額は減少し、特注品により多くの製造間接費が配賦されることがわかります。

## STEP 2 | キャッシュフロー計算書①
合格点突破問題
解答・解説
（間接法）

DAY 16

解答

営業活動キャッシュフロー

［単位：百万円］

| 項　　　目 | 金額 |
|---|---|
| 税引前当期純利益 | ＋160 |
| 減価償却費 | ＋5 |
| 営業外収益 | －59 |
| 営業外費用 | ＋226 |
| 特別利益 | －36 |
| 売上債権の増減額 | －1,496 |
| 棚卸資産の増減額 | －220 |
| 仕入債務の増減額 | ＋48 |
| 小　　　計 | －1,372 |
| 営業外収支 | －167 |
| 特別利益 | ＋36 |
| 法人税等の支払額 | －64 |
| 営業活動キャッシュフロー合計 | －1,567 |

投資活動キャッシュフロー

［単位：百万円］

| 項　　　目 | 金額 |
|---|---|
| 投資有価証券の購入による支出 | －22 |
| その他固定資産の購入による支出 | －23 |
| 投資活動キャッシュフロー合計 | －45 |

財務活動キャッシュフロー

［単位：百万円］

| 項　　　目 | 金額 |
|---|---|
| 短期借入金の借入による収入 | ＋1,509 |
| 長期借入金の借入による収入 | ＋83 |
| 財務活動キャッシュフロー合計 | ＋1,592 |

## 解　説

　キャッシュフロー計算書（間接法）を作成する問題である。問題に迅速に対応できるようにキャッシュフロー計算書の直接法、間接法のひな型は正確に覚えておきたい。

　キャッシュフロー計算書では、損益は本来総額で表示するのが原則であるが、この問題では解答欄の都合上合算している（営業活動キャッシュフローの営業外収支が該当）。2次筆記試験ではこのよう

確認！
★2次筆記試験では迷っている時間はないので、キャッシュフロー計算書の直接法、間接法のひな型は正確に覚えておきましょう！　特に間接法は重要です。

に解答欄に制約のある問題も出題されるので、本問で慣れておきたい。

与えられた貸借対照表（B／Sとする）、X2年度の損益計算書（P／Lとする）の数値を使って、キャッシュフロー計算書を作成すると次のようになる。

営業活動キャッシュフロー

[単位：百万円]

| 項　目 | 金額 | 算出詳細 |
|---|---|---|
| 税引前当期純利益 | +160 | 損益計算書（P／L）の税引前当期純利益(160)より |
| 減価償却費 | +5 | P／Lの減価償却費(5)より |
| 営業外収益 | −59 | P／Lの営業外収益(59)より |
| 営業外費用 | +226 | P／Lの営業外費用(226)より |
| 特別利益 | −36 | P／Lの特別利益(36)より |
| 売上債権の増減額 | −1,496 | 貸借対照表（B／S）の受取手形・売掛金の増減（3,650−2,154＝1,496）より |
| 棚卸資産の増減額 | −220 | B／Sの商品の増加（837−617＝220）より |
| 仕入債務の増減額 | +48 | B／Sの支払手形・買掛金の増減（1,288−1,240＝48）より |
| 小　　計 | −1,372 | |
| 営業外収支※ | −167 | P／Lの営業外収益(59)−P／Lの営業外費用(226)より |
| 特別利益 | +36 | P／Lの特別利益(36)より |
| 法人税等の支払額 | −64 | P／Lの法人税等(64)より |
| 営業活動キャッシュフロー合計 | −1,567 | |

※解答欄の表の都合上、営業外収益・費用を営業外収支として合算している。

投資活動キャッシュフロー

[単位：百万円]

| 項　目 | 金額 | 算出詳細 |
|---|---|---|
| 投資有価証券の購入による支出 | −22 | B／Sの投資有価証券の増加（1,182−1,160＝22）より |
| その他固定資産の購入による支出 | −23 | B／Sのその他固定資産の増加（553−530＝23）より |
| 投資活動キャッシュフロー合計 | −45 | |

財務活動キャッシュフロー

[単位：百万円]

| 項　目 | 金額 | 算出詳細 |
|---|---|---|
| 短期借入金の借入による収入 | +1,509 | B／Sの短期借入金の増加（4,139−2,630＝1,509）より |
| 長期借入金の借入による収入 | +83 | B／Sの長期借入金の増加（1,007−924＝83）より |
| 財務活動キャッシュフロー合計 | +1,592 | |

時間に余裕があれば、「事例Ⅳ　得点上乗せコラム」の〈計算ミス防止に役立つ！　キャッシュフロー計算書の検算方法〉p.167をチェックしておくことが望ましい。

【検算】

最後に、キャッシュフロー計算書が正確に作成できているか検算をする。営業活動キャッシュフローと投資活動キャッシュフローと財務活動キャッシュフローの和とB／Sの「現金等」のX1年度とX2年度の差が等しくなるか、確認する。

営業活動キャッシュフロー＋投資活動キャッシュフロー＋財務活動キャッシュフロー
＝−1,567＋（−45）＋1,592＝−20［百万円］

X2年度の「現金等」−X1年度の「現金等」＝860−880＝−20［百万円］

数値が等しいことより、正しくキャッシュフロー計算書が作成できていることが確認できる。

STEP 2
合格点突破問題
解答・解説

# キャッシュフロー計算書②
（製造原価報告書を含む）

解　答

営業活動キャッシュフロー

[単位：百万円]

| 項　　目 | 金額 |
|---|---|
| 税引前当期純利益 | ＋30 |
| 減価償却費 | ＋173 |
| 営業外収益 | －34 |
| 営業外費用 | ＋124 |
| 売上債権の増減額 | －33 |
| 棚卸資産の増減額 | ＋19 |
| 仕入債務の増減額 | ＋10 |
| 小　　計 | ＋289 |
| 利息の受取額 | ＋34 |
| 利息の支払額 | －124 |
| 法人税等の支払額 | －12 |
| 営業活動キャッシュフロー合計 | ＋187 |

投資活動キャッシュフロー

[単位：百万円]

| 項　　目 | 金額 |
|---|---|
| 機械装置の購入による支出 | －39 |
| 投資有価証券の購入による支出 | －18 |
| 投資活動キャッシュフロー合計 | －57 |

財務活動キャッシュフロー

[単位：百万円]

| 項　　目 | 金額 |
|---|---|
| 短期借入金の返済による支出 | －82 |
| 長期借入金の返済による支出 | －43 |
| 配当金の支払額 | －2 |
| 財務活動キャッシュフロー合計 | －127 |

解　説

　キャッシュフロー計算書（間接法）を作成する問題である。
　与えられた貸借対照表（B／Sとする）、損益計算書（P／Lとする）
の数値を使って、キャッシュフロー計算書を作成する。ただし、本
問では2期分のB／Sはなく、X1年度からの増減見込みの情報があ
る。この値を使って解答をしていくと次のようになる。

解き方のポイント
★キャッシュフロー計算
書の間接法のひな型を書
いてから、抜け漏れなく
正確に数値を算出しま
しょう！

営業活動キャッシュフロー　　　　　　　　　　　　　　　　　　　［単位：百万円］

| 項　　目 | 金額 | 算出詳細 |
|---|---|---|
| 税引前当期純利益 | ＋30 | 損益計算書（P／L）の税引前当期純利益（30）より |
| 減価償却費 | ＋173 | P／Lの減価償却費（50）＋製造原価報告書の減価償却費（123）より |
| 営業外収益 | －34 | P／Lの営業外収益（34）より |
| 営業外費用 | ＋124 | P／Lの営業外費用（124）より |
| 売上債権の増減額 | －33 | 貸借対照表（B／S）の受取手形・売掛金の増減（33）より |
| 棚卸資産の増減額 | ＋19 | B／Sの棚卸資産の増減（－19）より |
| 仕入債務の増減額 | ＋10 | B／Sの支払手形・買掛金の増減（10）より |
| 小　　計 | ＋289 | |
| 利息の受取額 | ＋34 | P／Lの営業外収益（34）より |
| 利息の支払額 | －124 | P／Lの営業外費用（124）より |
| 法人税等の支払額 | －12 | P／Lの法人税等（12）より |
| 営業活動キャッシュフロー合計 | ＋187 | |

投資活動キャッシュフロー　　　　　　　　　　　　　　　　　　　［単位：百万円］

| 項　　目 | 金額 | 算出詳細 |
|---|---|---|
| 機械装置の購入による支出 | －39 | 解説参照 |
| 投資有価証券の購入による支出 | －18 | B／Sの投資有価証券の増減（18）より |
| 投資活動キャッシュフロー合計 | －57 | |

財務活動キャッシュフロー　　　　　　　　　　　　　　　　　　　［単位：百万円］

| 項　　目 | 金額 | 算出詳細 |
|---|---|---|
| 短期借入金の返済による支出 | －82 | B／Sの短期借入金の増減（－82）より |
| 長期借入金の返済による支出 | －43 | B／Sの長期借入金の増減（－43）より |
| 配当金の支払額 | －2 | 解説参照 |
| 財務活動キャッシュフロー合計 | －127 | |

**【機械装置の購入による支出】**
・損益計算書、製造原価報告書の減価償却費
　　⇒50＋123＝173［百万円］
・貸借対照表の有形固定資産（土地・建物および機械装置）の減少額
　　⇒34＋100＝134［百万円］
・上記の差額
　　⇒173－134＝39［百万円］
　これが問題文に書かれていた「なお、現在の設備の稼働率を維持するためには、毎年3,900万円の機械装置の追加購入の投資が必要である。」の意味する機械装置の購入支出である。本来、損益計算書、製造原価報告書の減価償却費が173［百万円］とあるので、有形固定資産も173［百万円］減少する。しかし、134［百万円］しか減少していない。このことから、差額の39［百万円］の追加の投資を行ったと判断できる。

**【配当金の支払額】**
　問題文に「D社はX2年度の期中に株主に対して2百万円の配当を行う予定である。」とあることから、2［百万円］の配当を行ったと判断できる。

**【検算】**
　最後に、キャッシュフロー計算書が正確に作成できているか検算をする。営業活動キャッシュフローと投資活動キャッシュフローと財務活動キャッシュフローの和とB／Sの「現金等」のX1年度からの増減見込みの数値とが等しくなるか、確認する。
　　営業活動キャッシュフロー＋投資活動キャッシュフロー＋財務活動キャッシュフロー＝187＋（－57）＋（－127）＝3［百万円］
　　B／Sの現金等のX1年度からの増減見込みの数値＝3［百万円］
　数値が等しいことより、正しくキャッシュフロー計算書が作成できていることが確認できる。

---

**解き方のポイント**

★機械装置の購入による支出を求めるときは、減価償却費とB／S上の有形固定資産の減少額から算出しましょう。焦らずに計算することがポイントです。

**STEP 2**
合格点突破問題
解答・解説

# キャッシュフロー計算書③
（長期借入金から短期借入金への振替を含む）

**解　答**

営業活動キャッシュフロー

［単位：百万円］

| 項　　目 | 金額 |
|---|---|
| 税引前当期純利益 | ＋250 |
| 減価償却費 | ＋150 |
| 営業外収益 | －75 |
| 営業外費用 | ＋145 |
| 特別利益 | －20 |
| 売上債権の増減額 | －500 |
| 棚卸資産の増減額 | －50 |
| 仕入債務の増減額 | ＋220 |
| 小　　計 | ＋120 |
| 利息の受取額 | ＋75 |
| 利息の支払額 | －145 |
| 法人税等の支払額 | －110 |
| 営業活動キャッシュフロー合計 | －60 |

投資活動キャッシュフロー

［単位：百万円］

| 項　　目 | 金額 |
|---|---|
| 土地・建物の売却による収入 | 410 |
| 投資有価証券の購入による支出 | －50 |
| 投資活動キャッシュフロー合計 | 360 |

財務活動キャッシュフロー

［単位：百万円］

| 項　　目 | 金額 |
|---|---|
| 短期借入金の返済による支出 | －100 |
| 長期借入金の返済による支出 | －160 |
| 配当金の支払額 | －20 |
| 財務活動キャッシュフロー合計 | －280 |

**解　説**

　キャッシュフロー計算書（間接法）を作成する問題である。

　与えられた貸借対照表（B／Sとする）、損益計算書（P／Lとする）
の数値を使って、キャッシュフロー計算書を作成すると次のように
なる。

**解き方のポイント**

★キャッシュフロー計算
書の間接法のひな型を書
いてから、抜け漏れなく
正確に数値を算出してい
きましょう！

営業活動キャッシュフロー

[単位：百万円]

| 項　　目 | 金額 | 算出詳細 |
|---|---|---|
| 税引前当期純利益 | +250 | 損益計算書（P／L）の税引前当期純利益（250）より |
| 減価償却費 | +150 | P／Lの減価償却費（150）より |
| 営業外収益 | −75 | P／Lの営業外収益（75）より |
| 営業外費用 | +145 | P／Lの営業外費用（145）より |
| 特別利益 | −20 | P／Lの特別利益（20）より |
| 売上債権の増減額 | −500 | 貸借対照表（B／S）の受取手形・売掛金の増減（2,100−1,600＝500）より |
| 棚卸資産の増減額 | −50 | B／Sの棚卸資産の増減（600−550＝50）より |
| 仕入債務の増減額 | +220 | B／Sの支払手形・買掛金の増減（1,500−1,280＝220）より |
| 小　　計 | +120 | |
| 利息の受取額 | +75 | P／Lの営業外収益（75）より |
| 利息の支払額 | −145 | P／Lの営業外費用（145）より |
| 法人税等の支払額 | −110 | P／Lの法人税等（100）＋B／Sの未払法人税等の減少額（10）より |
| 営業活動キャッシュフロー合計 | −60 | |

投資活動キャッシュフロー

[単位：百万円]

| 項　　目 | 金額 | 算出詳細 |
|---|---|---|
| 土地・建物の売却による収入 | 410 | 解説参照 |
| 投資有価証券の購入による支出 | −50 | B／Sの投資有価証券の増減（150−100＝50）より |
| 投資活動キャッシュフロー合計 | 360 | |

財務活動キャッシュフロー

[単位：百万円]

| 項　　目 | 金額 | 算出詳細 |
|---|---|---|
| 短期借入金の返済による支出 | −100 | 解説参照 |
| 長期借入金の返済による支出 | −160 | 解説参照 |
| 配当金の支払額 | −20 | 解説参照 |
| 財務活動キャッシュフロー合計 | −280 | |

【土地・建物の売却による収入】

土地・建物の売却による収入を求めるには、売却した土地・建物の簿価と売却した土地・建物の売却益（または売却損）がわかればよい。

> 土地・建物の売却収入＝売却した土地・建物の簿価＋売却益（または−売却損）

**覚える！**

> **解き方のポイント**
> ★土地・建物の売却による収入を求めるときには、必ず売却した土地・建物の簿価を求めましょう。

これより、売却した土地・建物の簿価と売却した土地・建物による売却益を求める。売却した土地・建物の簿価は以下のように求められる。

売却した土地・建物の簿価＝貸借対照表の土地・建物の減少額
−売却した土地・建物に対する減価償却累計額

・貸借対照表の土地・建物の減少額
⇒5,240（X1年度期末・X2年度期首）−4,800（X2年度期末）
＝440［百万円］

・売却した土地・建物に対する減価償却累計額
⇒1,200(X2年度期首)＋150(減価償却費)－1,300(X2年度期末)＝
50[百万円]
これより、売却した土地・建物の簿価は以下のようになる。
売却した土地・建物の簿価＝440－50＝390[百万円]

土地・建物の売却による収入は、売却した土地・建物の簿価と売却益の和になる。売却益はP／Lの特別利益であるため、土地・建物の売却による収入は以下のように求められる。
土地・建物の売却による収入＝390(売却した土地・建物の簿価)
＋20(売却益)＝410[百万円]

【短期借入金の返済による支出、長期借入金の返済による支出】
短期借入金の返済による支出、長期借入金の返済による支出を求めるには、長期借入金から短期借入金への振替額を考慮する必要がある。まず、短期借入金と長期借入金に期中の借入や返済がない場合を考えるとX2年度期末の短期借入金と長期借入金は次のようになる。
・短期借入金(X2年度期末)＝1,200(X2年度期首)＋300(長期借入金から短期借入金への振替額)＝1,500[百万円]
・長期借入金(X2年度期末)＝2,800(X2年度期首)－300(長期借入金から短期借入金への振替額)＝2,500[百万円]
しかし、B／Sの短期借入金と長期借入金のX2年度期末の額は、短期借入金1,400[百万円]、長期借入金2,340[百万円]である。上記で計算した長期借入金から短期借入金への振替だけを考慮した額と比較すると、B／Sの短期借入金は100[百万円]少なく、長期借入金は160[百万円]少ない。つまり、短期借入金は100[百万円]返済、長期借入金は160[百万円]返済したと考えられる。

【配当金の支払額】
問題文に「X2年度の期中に株主に対して20百万円の配当を行う予定である。」とあることから、20[百万円]の配当を行ったと判断できる。

【検算】
最後に、キャッシュフロー計算書が正確に作成できているか検算をする。営業活動キャッシュフローと投資活動キャッシュフローと財務活動キャッシュフローの和とB／Sの「現金預金」のX1年度とX2年度の差が等しくなるか、確認する。
営業活動キャッシュフロー＋投資活動キャッシュフロー＋財務活動キャッシュフロー＝－60＋360＋（－280）＝20[百万円]
X2年度の現金預金－X1年度の現金預金＝930－910＝20[百万円]
数値が等しいことより、正しくキャッシュフロー計算書が作成できていることが確認できる。

## STEP 2
合格点突破問題
解答・解説

# キャッシュフロー計算書④
（貸借対照表と損益計算書作成を含む）

### 解 答

| 営業活動キャッシュフロー | 2,604［千円］ |
|---|---|

（参考）

| 項　目 | 金　額 |
|---|---|
| 税引前当期純利益 | +3,810 |
| 減価償却費 | +3,100 |
| 営業外費用 | +1,250 |
| 売上債権の増減額 | −567 |
| 棚卸資産の増減額 | −740 |
| 仕入債務の増減額 | +525 |
| その他流動資産の増減 | −2,000 |
| 小　計 | +5,378 |
| 利息の支払額 | −1,250 |
| 法人税等の支払額 | −1,524 |
| 営業活動キャッシュフロー合計 | +2,604 |

### 解 説

　営業活動キャッシュフローを求める問題である。

　与えられた条件より、X2年度の予想貸借対照表（B／Sとする）
とX2年度の予想損益計算書（P／Lとする）を作成し、その数値を
使って、営業活動キャッシュフローを求める。X2年度の予想B／S
とX2年度の予想P／Lは以下のようになる。なお、本問の数値は
DAY 3の経営分析③（p.35）と同じ設定になっているため、詳し
い求め方はDAY 3の解答・解説（p.109）を参照。

> **解き方のポイント**
> ★キャッシュフロー計算
> 書の間接法のひな型を書
> いてから、抜け漏れなく
> 正確に数値を算出してい
> きましょう！

X1年度の貸借対照表とX2年度の予想貸借対照表　　　　　　　　　　　　［単位：千円］

| | X1年度 | X2年度 | | X1年度 | X2年度 |
|---|---|---|---|---|---|
| 資産の部 | | | 負債の部 | | |
| 流動資産 | 9,280 | 15,191 | 流動負債 | 4,000 | 4,525 |
| 　現金・預金 | 5,500 | 8,104 | 　支払手形・買掛金 | 1,500 | 2,025 |
| 　受取手形・売掛金 | 1,620 | 2,187 | 　短期借入金 | 2,000 | 2,000 |
| 　棚卸資産 | 1,160 | 1,900 | 　その他流動負債 | 500 | 500 |
| 　その他流動資産 | 1,000 | 3,000 | 固定負債 | 5,000 | 20,000 |
| | | | 　長期借入金 | 5,000 | 20,000 |
| 固定資産 | 8,680 | 20,580 | 負債合計 | 9,000 | 24,525 |
| 　土地・建物 | 3,000 | 3,000 | 純資産の部 | | |
| 　機械装置・運搬具 | 5,000 | 16,900 | 　資本金 | 8,000 | 8,000 |
| 　その他固定資産 | 680 | 680 | 　繰越利益剰余金 | 960 | 3,246 |
| | | | 　純資産合計 | 8,960 | 11,246 |
| 資産合計 | 17,960 | 35,771 | 負債・純資産合計 | 17,960 | 35,771 |

X2年度の予想損益計算書 ［単位：千円］

| | X2年度見込み |
|---|---|
| 売上高 | 54,000 |
| 売上原価 | 18,900 |
| 売上総利益 | 35,100 |
| 販売費・一般管理費 | 30,040 |
| （内）店舗賃借料 | 1,200 |
| （内）水道光熱費 | 5,040 |
| （内）広告宣伝費 | 1,500 |
| （内）修繕費 | 1,500 |
| （内）人件費（運送費込み） | 12,000 |
| （内）減価償却費 | 3,100 |
| 営業利益 | 5,060 |
| 営業外収益 | 0 |
| 営業外費用 | 1,250 |
| 経常利益 | 3,810 |
| 特別利益 | 0 |
| 特別損失 | 0 |
| 税引前当期純利益 | 3,810 |
| 法人税等 | 1,524 |
| 当期純利益 | 2,286 |

**解き方のポイント**
★ X1年度、X2年度の2期分のP／Lがありますが、X2年度のキャッシュフロー計算書を作成する際は、X2年度のP／Lを使います。

**解き方のポイント**
★（内）と記載があるため、（内)の項目をすべて足しても販売費・一般管理費の合計にはなりません。

　これより、営業活動キャッシュフローを求めると以下のようになる。

| 項　　目 | 金額 | 算出詳細 |
|---|---|---|
| 税引前当期純利益 | +3,810 | 損益計算書（P／L）の税引前当期純利益(3,810)より |
| 減価償却費 | +3,100 | P／Lの減価償却費(3,100)より |
| 営業外費用 | +1,250 | P／Lの営業外費用(1,250)より |
| 売上債権の増減額 | -567 | 貸借対照表（B／S）の受取手形・売掛金の増減(2,187-1,620=567)より |
| 棚卸資産の増減額 | -740 | B／Sの棚卸資産の増減(1,900-1,160=740)より |
| 仕入債務の増減額 | +525 | B／Sの支払手形・買掛金の増減(2,025-1,500=525)より |
| その他流動資産の増減 | -2,000 | B／Sのその他流動資産の増減(3,000-1,000=2,000)より |
| 小　　計 | +5,378 | |
| 利息の支払額 | -1,250 | P／Lの営業外費用(1,250)より |
| 法人税等の支払額 | -1,524 | P／Lの法人税等(1,524)より |
| 営業活動キャッシュフロー合計 | +2,604 | |

　よって、営業活動キャッシュフローは2,604[千円]と求められる。

## Column 9

### 計算ミス防止に役立つ！　キャッシュフロー計算書の検算方法

　キャッシュフロー計算書は頻出の論点ではあるものの、計算ミスを起こしやすい論点でもあります。繰り返し練習し、スピードと正確性を高めておくことで検算する時間を確保しましょう。

　ここでは、キャッシュフロー計算書の検算方法を紹介します。

#### ●キャッシュフロー計算書全体の検算

　キャッシュフロー計算書が正しい場合、キャッシュフロー計算書の営業活動キャッシュフロー（CF）、投資活動キャッシュフロー、財務活動キャッシュフローの和が貸借対照表（B／S）上の現金及び現金同等物の増減額と等しくなります。

> ・営業活動 CF ＋投資活動 CF ＋財務活動 CF
> 　＝B／S上の「現金及び現金同等物」の増減額

　等しくならなかった場合、どこかで計算ミスをしていることになるので見直しが必要です。次の手順で、見直しをするのが効率的です。

・営業活動キャッシュフロー（間接法の場合）
① 営業活動 CF の逆算過程（小計の手前まで）を確認
② 営業活動 CF の逆算過程より後を確認
　⇒与件の使い漏れ（注記の見落とし）、符号の誤りや転記ミスがないかをチェック

・投資活動キャッシュフロー
① 固定資産の取得、売却があるか確認
② 有価証券の取得、売却があるか確認
　⇒与件の使い漏れ（注記の見落とし）、符号の誤りや転記ミスがないかをチェック

・財務活動キャッシュフロー
① 借入金の借入、返済があるか確認
② 配当金の支払いがあるか確認
　⇒与件の使い漏れ（注記の見落とし）、符号の誤りや転記ミスがないかをチェック

　このようにミスがないかチェックする練習をしておきましょう。本番でもきちんと確認するようにしましょう。

## STEP 2
合格点突破問題
解答・解説

# 投資の経済性分析①
（新規投資の場合）

### 解 答

（設問1）
[単位：千円]

| | 投資時点 | 第1年度 | 第2年度 | 第3年度 | 第4年度 | 第5年度 | 第6年度 |
|---|---|---|---|---|---|---|---|
| CF | −30,000 | 5,520 | 6,170 | 6,170 | 6,540 | 6,540 | 6,540 |

（設問2）

| (a) | 1,560.98［千円］ |
|---|---|
| (b) | 本投資の正味現在価値は1,560.98千円と正になり、投資回収の可能性があり経済性は高いため、本投資は実施すべきであると評価する。 |

### 解 説

新規設備投資における投資の経済性分析を、正味現在価値（NPV：Net Present Value）法を用いて行う問題である。

与えられた条件より将来得られる各年度末のキャッシュフロー（以下 CF）を求め、投資時点へ割り戻した現在価値の総和と初期投資支出の差から正味現在価値を求める。

2次筆記試験における投資の経済性分析の問題は、難問の部類に入ることが多い。正解を導くためには、与件文に記載された条件をしっかり整理し解き方の方針を決めてから、解答作成に取りかかる必要がある。

**【アプローチ方法：問題の整理と解き方の方針】**

Ⅰ．問題の整理

問題文の解答要素は以下のように整理できる。

（毎年の損益に関して）

・毎期の営業利益の予測値が提示されている（表中）

・毎期の運転資本の予測値が提示されている（表中）

・設備投資は30［百万円］（＝30,000［千円］①）、6年間の稼働後残存価額ゼロ、減価償却は定額法より

減価償却費＝30,000（投資額）÷6（耐用年数）＝5,000［千円］②

・税率は40％、資本コストは5％

（毎年の投資の収支に関して）

・売却収入等の投資に関する現金収支はなし

---

確認！

★ NPV は以下の式から求められます。

NPV
＝将来 CF の現在価値総和−初期投資支出

---

解き方のポイント

★ NPV は「どの時点の現在価値で計算するか」を意識することが重要です。

本問は設備投資実施時点を投資時点として比較するタイミングとします。したがって、将来得られる各年度末の CF を投資時点に割り戻すことになります。

Ⅱ．解き方の方針
（設問１）　将来得られる毎年度の CF は営業 CF と投資 CF の
　　　　　　和から求める。本問では稼働中の投資 CF はなく営業
　　　　　　CF のみであること、運転資本の増減を考慮する必要
　　　　　　があることから、
　　　　　　営業 CF
　　　　　　　　＝営業利益×（１−税率）＋減価償却費−運転資本増減額
　　　　　　から求める。
（設問２）　正味現在価値を以下の式より求め、投資の経済性を
　　　　　　評価する。
　　　　　　NPV（正味現在価値）
　　　　　　　　＝将来得られる毎年度の CF の現在価値の総和−初期投資支出

（設問１）
　毎年度の予想営業 CF は以下のとおりである。

[単位：千円]

|  | 1 年度 | 2 年度 | 3 年度 | 4 年度 | 5 年度 | 6 年度 |
|---|---|---|---|---|---|---|
| a．営業利益 | 1,000 | 2,000 | 2,000 | 2,500 | 2,500 | 2,500 |
| b．税引後営業利益(a.×0.6) | 600 | 1,200 | 1,200 | 1,500 | 1,500 | 1,500 |
| c．減価償却費[2] | 5,000 | 5,000 | 5,000 | 5,000 | 5,000 | 5,000 |
| d．運転資本増減額 | 80<br>(80−0) | 30<br>(110−80) | 30<br>(140−110) | −40<br>(100−140) | −40<br>(60−100) | −40<br>(20−60) |
| 営業 CF(b+c−d) | 5,520 | 6,170 | 6,170 | 6,540 | 6,540 | 6,540 |

　初期投資支出は以下のとおりである。

[単位：千円]

|  | 投資時点 | 1〜6 年度 |
|---|---|---|
| 投資支出 | −30,000[1] | — |

　よって、本設備投資から得られる毎年度の CF は、以下のとおり
である。

[単位：千円]

|  | 投資時点 | 1 年度 | 2 年度 | 3 年度 | 4 年度 | 5 年度 | 6 年度 |
|---|---|---|---|---|---|---|---|
| 営業 CF |  | 5,520 | 6,170 | 6,170 | 6,540 | 6,540 | 6,540 |
| 投資支出 | −30,000 | — | — | — | — | — | — |
| （解答）CF | −30,000 | 5,520 | 6,170 | 6,170 | 6,540 | 6,540 | 6,540 |

（設問２）（a）
　【問題の整理と解き方の方針】に記載したように、各年度末の
CF を投資時点に割り戻した値の総和から、初期投資支出の額を差
し引いて正味現在価値を求める。

① 1年度：投資時点へ直接割り戻す（1年度複利現価係数）
② 2・3年度：合算して1年度末へ割り戻し（2年の年金現価係数）、その後、投資時点へ割り戻す（1年度複利現価係数）
③ 4～6年度：合算して3年度末へ割り戻し（3年の年金現価係数）、その後、投資時点へ割り戻す（3年度複利現価係数）
として、分割して求める。

これを図で表すと、以下のようになる。

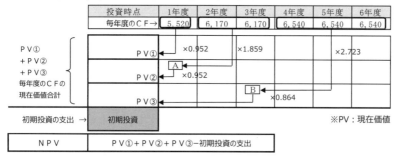

① 1年度CFの投資時点での現在価値PV①
PV① ＝ 5,520 × 0.952（1年度複利現価係数）＝ 5,255.04［千円］
② 2・3年度CFの投資時点での現在価値PV②
1年度末の現在価値の合計Ⓐ ＝ 6,170 × 1.859（2年の年金現価係数）
PV② ＝ Ⓐ(6,170×1.859) × 0.952（1年度複利現価係数）
＝ 10,919.468… ＝ 10,919.47［千円］
③ 4～6年度CFの投資時点での現在価値PV③
3年度末の現在価値の合計Ⓑ ＝ 6,540 × 2.723（3年の年金現価係数）
PV③ ＝ Ⓑ(6,540×2.723) × 0.864（3年度複利現価係数）
＝ 15,386.474… ＝ 15,386.47［千円］

よって、投資時点での本投資の正味現在価値（NPV）は、以下のとおり。

NPV ＝ PV① ＋ PV② ＋ PV③ － 30,000
＝ 5,255.04 ＋ 10,919.47 ＋ 15,386.47 － 30,000
＝ 1,560.98［千円］

（設問2）（b）
（a）において正味現在価値（NPV）の計算を行っているため、その結果に基づいた評価を簡潔に述べればよい。すなわち、（ⅰ）何についての評価か、（ⅱ）NPVの正負と数値、（ⅲ）経済性についての評価、（ⅳ）投資の実施可否、について記述すればよい。

---

**解き方のポイント**

★時間の割戻しをする際、複利現価係数・年金現価係数の情報が問題にあるときは、極力問題で与えられている数値を使いましょう（基本的にそのように問題が作られています）。

★多段階に分けてCFを割り戻す場合、「どの時点に割り戻すか」をしっかり意識しましょう。
本問では、たとえば、2・3年度の一定額のCFを2年の年金現価係数を用いて割り戻すと、1年度末の価値を算出できます。
これに1年度複利現価係数を用いて1年分を割り戻し、投資時点の現在価値を求めます。

★なるべく図を描いて、割戻しの全体像が理解できてから計算に入りましょう。

## STEP 2
合格点突破問題
解答・解説

# 投資の経済性分析②
（増分投資の場合）

### 解　答

> 本投資の正味現在価値は1,821.44千円と正になり、投資回収の可能性が
> あり投資の経済性が高い。よって本投資は実施すべきである。

### 解　説

　現有設備に対して追加投資（改造投資）をすることで、製造原価
低減や売上増によるキャッシュフロー（CF）の増加が得られると
きの投資の経済性を問う、「増分投資」問題である。

【アプローチ方法：問題の整理と解き方の方針】

> **Ⅰ．問題の整理**
> 　問題文を整理すると解答要素を以下のように整理できる。
> ・現状製造原価（問題文の表中計算）
> ・現状営業利益（問題文の表中計算）
> ・増分投資への支出は3,500［千円］①
> ・税率は40％、資本コストは7％
> ・毎年度得られるCFの増加分（増分CF）は、販売個数の増加、
> 　変動製造原価の低減による営業利益の増加により求められる
> ・増分CFは初年度と2～5年度で別々に求まる（表条件）

> **Ⅱ．解き方の方針**
> ①増分投資の問題であることからNPV（Net Present Value）は、
> 　**NPV＝毎年度の増分CFの現在価値の総和－投資支出の増加分**
> 　より得られる。
> ②本問では増分CFは増分営業CFのみであるため、
> 　**増分CF＝増分営業CF**
> 　　　　**＝増分営業利益×（1－税率）＋増分減価償却費**
> 　から求める。
> ③増分営業利益は、販売個数の増加、変動製造原価の低減によ
> 　る営業利益の増加による影響を整理し、初年度、2～5年度
> 　の簡易損益計算書を作成して求める（併せて増分減価償却費
> 　を求める）。

④初年度、2～5年度の増分CF（増分営業CF）をそれぞれ投資時点に割り戻し合計する。

解答は、③→②→④→①の順で求める。

以下、③→②→④→①の順で解答を作成する。

③ 初年度、2～5年度の簡易損益計算書を作成し、増分営業利益を求める

D社の今期の製造原価報告書、損益計算書の順に空欄を埋めると以下のとおりになる。製造原価報告書の製造原価が損益計算書の売上原価に用いられる。

損益計算書　　　　　　［単位：千円］

| 売上高 | 15,000 |
|---|---|
| 売上原価 | (10,500) |
| 売上総利益 | 4,500 |
| 販売費及び一般管理費 | 3,100 |
| 営業利益 | (1,400) |

製造原価報告書　　　　　　［単位：千円］

| 労務費 | 2,500 |
|---|---|
| 製造経費 | 8,000 |
| (うち、変動製造経費) | (*1) (6,000) |
| 減価償却費 | 0 |
| 製造原価 | (10,500) |

(*1)　6,000［千円］＝40円／個×150,000個

投資後に変動製造経費が低減し、また減価償却費が発生する。よって、初年度、2～5年度の製造原価報告書は以下のとおりとなる。

製造原価報告書（Δは今期からの変化分（増分）を表す）　　　　　　［単位：千円］

|  | 初年度 | 2～5年度 |
|---|---|---|
| Δ労務費 | 0 | 0 |
| Δ製造経費 | 270 | 417 |
| (うち、変動製造経費変化分) | (*2) (270) | (*3) (417) |
| (うち、固定製造経費変化分) | (0) | (0) |
| Δ減価償却費（増分減価償却費） | (*4) 700 [4] | (*4) 700 [4] |
| Δ製造原価 | 970 [2] | 1,117 [3] |

(*2)　初年度の変動製造経費＝(40×0.95)×(150,000×1.1)＝6,270,000［円］＝6,270［千円］
　　　初年度の変動製造経費変化分＝6,270－6,000＝270［千円］

(*3)　2～5年度の変動製造経費＝(40×0.93)×(150,000×1.15)＝6,417,000［円］＝6,417［千円］
　　　2～5年度の変動製造経費変化分＝6,417－6,000＝417［千円］

(*4)　Δ減価償却費＝3,500 [1] (投資額)÷5 (耐用年数)＝700［千円］ [4]

また、投資後に製造原価が変化することと販売個数が増加することにより、初年度、2～5年度の損益計算書は以下のとおりとなる。これにより、増分営業利益が求められる。

損益計算書（Δは今期からの変化分（増分）を表す）　　　　　　［単位：千円］

|  | 初年度 | 2～5年度 |
|---|---|---|
| Δ売上高 | (15,000×0.1＝) 1,500 | (15,000×0.15＝) 2,250 |
| Δ売上原価 | 970 [2] | 1,117 [3] |
| Δ販売費及び一般管理費 | 0 | 0 |
| Δ営業利益（増分営業利益） | 530 | 1,133 |

② 初年度、2～5年度の増分 CF（本問では増分営業 CF）を求める

増分 CF＝増分営業 CF

＝増分営業利益×（1－税率）＋増分減価償却費

より、以下のとおりに得られる。

［単位：千円］

| | 初年度 | 2～5年度 |
|---|---|---|
| a．増分営業利益 | 530 | 1,133 |
| b．a×0.6 | 318 | 679.8 |
| c．増分減価償却費 | 700④ | 700④ |
| d．増分 CF＝増分営業 CF：b＋c | 1,018 | 1,379.8 |

④ 初年度、2～5年度の増分 CF をそれぞれ投資時点に割り戻し合計する

初年度から5年度までの毎年度の増分 CF を投資時点の現在価値に割り戻す様子を以下に示す。

初年度の増分 CF の投資時点での現在価値 Δ PV ①

Δ PV ①＝1,018×0.935（1年度複利現価係数＝1年の年金現価係数）＝951.83［千円］

2～5年度の増分 CF の投資時点での現在価値 Δ PV ②

初年度末の現在価値の合計Ａ＝1,379.8×3.387（4年の年金現価係数）

Δ PV ②＝Ａ（1,379.8×3.387）×0.935（1年度複利現価係数＝1年の年金現価係数）＝4,369.612…＝4,369.61［千円］

① NPV の計算

NPV＝毎年度の増分 CF の現在価値の総和－投資支出の増加分

　　＝Δ PV ①＋Δ PV ②－3,500①

　　＝951.83＋4,369.61－3,500＝1,821.44［千円］

解答は、正味現在価値（NPV）の計算結果に基づいた評価を簡潔に述べればよい。すなわち、（ⅰ）何についての評価か、（ⅱ）NPV の正負と数値、（ⅲ）経済性の評価、（ⅳ）投資の実施可否、について記載すればよい。

---

**解き方のポイント**

★毎年度の増分 CF を投資時点に割り戻し合計を求めます。割戻しに関しては DAY 20〈投資の経済性分析①〉と同様、多段階で割り戻す考え方（本問では2段階）が必要であり、その場合「どの時点に割り戻すか」に注意が必要です。

　本問では、たとえば2～5年度の一定額の CF を4年の年金現価係数を用いて割り戻すと、初年度末の価値を算出できます。これに1年度複利現価係数を用いて1年分を割り戻し、投資時点の現在価値を得ます。

★なるべく図を描いて割戻しの全体像が理解できてから計算に入りましょう。

## STEP 2
合格点突破問題
解答・解説

# 投資の経済性分析③
（取替投資の場合）

### 解 答

（設問1）

| 20,400［千円］ |
|---|

（設問2）

本投資の正味現在価値は31,305.85千円と正になり、投資回収の可能性があり投資の経済性が高い。よって本投資は実施すべきである。

### 解 説

旧設備を処分し、新設備を購入することでキャッシュフロー（CF）の増加が得られる場合の投資の経済性を問う、「取替投資」の問題である。

【機会原価（費用）】

排他的な（両方を同時に選択できない）投資案の経済性分析において、ある投資案を採用したとき、採択しなかった案から得られたであろう利益のうち最大のものを機会原価（費用）といい、費用として扱う。

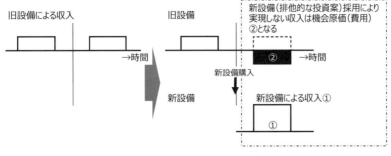

※新設備導入後の収支＝①－②

本問においては、新設備の導入による経済性を分析する際に、旧設備を使い続けたとき（採択しなかった排他的な投資案）に得られたであろう収入を費用として計算に含める必要がある。

【アプローチ方法：問題の整理と解き方の方針】

> Ⅰ．問題の整理
> 　旧設備を用いる全期間の現金収入（Cash In Flow：CIF）と現金支出（Cash Out Flow：COF）、減価償却費を算出する

---

**解き方のポイント**

★取替投資の経済性を正味現在価値法で評価する問題において発生する項目は、
・旧設備を購入する
　ａ．減価償却費が発生する
　ｂ．営業活動による現金収支が発生する
・新規設備を購入する
　ｃ．減価償却費が発生する
　ｄ．運転資本が変化する
　ｅ．営業活動による現金収支が発生する
・旧設備を処分する（新規設備購入時）
　ｆ．売却益（損）が発生する
　ｇ．売却益課税（売却損への税戻し）が発生する
・新設備を処分する（新設備稼働終了時）
　ｈ．売却益（損）が発生する
　ｉ．売却益課税（売却損への税戻し）が発生する

これらの条件を書き出して整理しましょう。

・４年前に40,000[千円]で購入（COF）

・税率40%、資本コストは５％

・耐用年数終了後（現時点より４年後）の残存価額10%より

　　残存価額

　　　　＝40,000（投資額）×0.1（10%）＝4,000[千円]

　　減価償却費

　　　　＝40,000（投資額）×0.9÷8（耐用年数）＝4,500[千円]　[1]

・耐用年数終了後の除却により残存価額と同額の除却損が発生し、その次年度（現時点より５年後）に除却損に対する税戻し（CIF）が発生

　　税戻し額＝4,000（除却額）×0.4（税率）＝1,600[千円]　[2]

・旧設備稼働中の現金費用支出（COF）は毎年60,000[千円]　[3]


新設備導入に関するCIFとCOF、減価償却費を算出する

・現時点に新設備を60,000[千円]で購入（COF）　[4]

・現時点に旧設備を10,000[千円]で売却（CIF）　[5]

・現時点に売却損益が発生、その次年度（現時点より１年後）に税調整が発生

　　現時点における旧設備の残存価額

　　　　＝40,000（投資額）－4,500×4（４年間の減価償却費）

　　　　＝22,000[千円]

　　売却損＝22,000（残存価額）－10,000（売却価格）

　　　　＝12,000[千円]

　　現時点より１年後に売却損に対する税戻し額（CIF）が発生するため、

　　税戻し額＝12,000（売却損）×0.4（税率）＝4,800[千円]　[6]

・新設備稼働中の現金費用支出（COF）は毎年32,000[千円]　[7]

・耐用年数終了後（現時点より４年後）の残存価額10%より

　　残存価額

　　　　＝60,000（投資額）×0.1（10%）＝6,000[千円]

　　減価償却費

　　　　＝60,000（投資額）×0.9÷4（耐用年数）＝13,500[千円]　[8]

・耐用年数終了後（現時点より４年後）に7,400[千円]で売却（CIF）　[9]

・耐用年数後に売却益（7,400（売却価額）－6,000（残存価額）＝）1,400[千円]が発生

　　その次年度（現時点より５年後）に売却益に対する課税（COF）が発生

　　課税額＝1,400（売却益）×0.4（税率）＝560[千円]　[10]

## Ⅱ．解き方の方針

問われているのは、新設備導入後の「毎年の生産活動によって生じる CF の増加額」であり、毎年の損益計算書（P／L）の変化分から増分営業 CF を求める

① 取替投資の問題は、増分投資と同様に投資に伴う変化分が問題となる。NPV（Net Present Value）は、

**NPV ＝毎年度の増分 CF の現在価値の総和－投資支出の増加分**から得られ、増分 CF は投資 CF と増分営業 CF からなる。

② 投資 CF は、各時点の CIF、COF の一覧を作成して整理する
売却益への課税、除却損への税の戻しは、次年度に発生するため、発生年度へ1年割り戻して計算する。

③ 毎年度の増分営業 CF は、旧設備稼働時と新設備導入後の簡易損益計算書を作成して求める。

④ 1～4年度の増分 CF（増分営業 CF）をそれぞれ投資時点に割り戻し、合計する

解答は、③→②→④→①の順で求める。

### 確認！

★取替投資問題において、正味現在価値（NPV）は以下の式になります。

NPV
＝毎年度の増分 CF の現在価値の総和－投資支出の増加分

増分の考え方、すなわち毎年度の増分 CF
＝新設備稼働時の CF －旧設備稼働時の CF
のなかで、旧設備稼働時の CF を差し引くことに機会原価の考え方が入っています。

### 解き方のポイント

★取替投資の問題においては考慮すべき条件が多数あるため、条件を漏らさないよう、注意しながら解答作成を行いましょう。具体的には、
・まずは、「問題の整理」で示したように、与件文の条件を箇条書きで整理し、必要な計算を実施し解答要素となる数値を導き出しておきます。
・次に、「解き方の方針」で示したように、解答の最終目標となる NPV の式の各項目を求めるための解答要素を、「そのためには」を繰り返しながら抽出していきます。
・以上より、実際の解答を求めるための順序を定めます。

以下、「解き方の方針」における、③（設問1）→②→④→①（設問2）の順で解答を作成する。

（設問1）

③ 問われているのは、新設備導入後の「毎年の生産活動によって生じる CF の増加額」であり、毎年の増分営業 CF である。旧設備稼働時の簡易損益計算書（P／L）と新設備稼働時の P／L を作成し、その差分から増分営業利益を求める。

売上高は問題文に与えられていないが、旧設備稼働時と新設備稼働後で変化はないため X［千円］とおき、以下のように作成することができる。

［単位：千円］

| | 旧設備稼働時 | 新設備稼働後 |
|---|---|---|
| a．売上高 | X | X |
| b．現金費用支出 | 60,000③ | 32,000⑦ |
| c．減価償却費 | 4,500① | 13,500⑧ |
| d．営業利益：a－b－c | X－64,500（ⅰ） | X－45,500（ⅱ） |
| e．増分営業利益：（ⅱ）－（ⅰ） | （64,500－45,500＝）19,000 | |

毎年度の増分 CF は毎年度の増分営業 CF に等しく、以下の式で得られる。

増分 CF ＝増分営業 CF
　　　　 ＝増分営業利益×（1－税率）＋増分減価償却費

よって、
$$毎年度の増分営業CF = 19,000 \times (1 - 0.4) + (13,500\boxed{8} - 4,500\boxed{1})$$
$$= \underline{20,400}[千円]$$

となる。

（設問2）

②　本問における各年度の投資に関わる投資 CF を表にまとめる

　　CIF は正、COF は負の符号とし、新設備を導入する現時点を「投資時点（現時点）」とし、以降の各年度の CIF、COF の一覧を作成する。

[単位：千円]

| | 投資時点 | 1年度 | 〜 | 4年度 | 5年度 |
|---|---|---|---|---|---|
| 旧設備売却収入 | 10,000\boxed{5} | | | | |
| 旧設備売却の税調整(*1) | 4,569.60 ← (4,800)\boxed{6}<br>(×0.952) | | | | |
| 4年後新設備売却収入 | | | | 7,400\boxed{9} | |
| 4年後新設備売却の税調整(*2) | | | | −533.12 ← (−560)<br>(×0.952)　\boxed{10} | |
| 4年後旧設備除却 | | | | 0 | |
| 4年後旧設備除却の税調整(*3) | | | | −1,523.20 ← (−1,600)<br>(×0.952)　\boxed{2} | |
| 投資CF（合計） | (*4)<br>14,569.60 | | | (*5)<br>5,343.68 | |

(*1) 旧設備売却の税調整：

　　投資時点における旧設備の売却損12,000[千円]に対して、1年後の1年度に税戻し額4,800[千円]の CIF が発生する。これを1年分割り戻し、
　　投資時点にて CIF = 4,800\boxed{6} × 0.952 = 4,569.60[千円]
　　発生とする。

(*2) 4年後新設備売却の税調整：

　　4年後における新設備の売却益1,400[千円]に対し、1年後の5年度に課税額発生560[千円]の COF が発生する。これを1年分割り戻し、
　　4年度時点にて COF = −560\boxed{10} × 0.952 = −533.12[千円]
　　発生とする。

(*3) 4年後旧設備除却の税調整

　　4年後における旧設備の残存価額4,000[千円]を除却し、4年度末に除却損が発生する。除却損に対する税調整は次年度末に発生することから、5度末に税戻り4,000 × 0.4 = 1,600[千円]の CIF が発生する予定であった。

　　しかしながら、本 CIF は取替投資実施により実現しなかった機会費用であることから、CF は −1,600\boxed{2}[千円]と考える。これを1年分割り戻し、4年度末時点に、
　　機会費用（COF）として CF = −1,600 × 0.952 = −1,523.20[千円]
　　発生とする。

**解き方のポイント**

★解答を求める順序までを明確にした後、初めて詳細な解答作成に入ります。その際、「問題の整理」にて抽出・計算した解答要素は、使ったときにチェックを入れておきます。これにより、解答要素の使い漏れがないかの確認を同時に行っていきます。

**解き方のポイント**

★問題文の条件に「売却損益、除却損に関わる税調整は次年度末に発生する」とあることから、

・投資時に発生する旧設備売却損益の税調整は1年度末に発生

・4年度末に発生する新設備の売却損益の税調整は5年度末に発生

・4年度末に発生する予定であった旧設備の除却の税調整は5年度末に発生、となります。

(*4)　投資時点に発生する正味の投資CF

$$= 10,000 + 4,569.60 = 14,569.60 [千円]$$

(*5)　4年度末に発生する正味の投資CF

$$= 7,400 - 533.12 - 1,523.20 = 5,343.68 [千円]$$

④　本取替投資に関して発生する各年度のCFを表にまとめ、それぞれを投資時点に割り戻す

| | 投資時点 | 1年度 | 2年度 | 3年度 | 4年度 |
|---|---|---|---|---|---|
| a.投資CF | 14,569.60 | | | | 5,343.68 |
| b.増分営業CF | | 20,400 | 20,400 | 20,400 | 20,400 |
| 増分CF：a+b | 14,569.60 | 20,400 | 20,400 | 20,400 | 25,743.68 |
| ΔPV① | | | | ×2.723 | |
| ΔPV② | | | | | ×0.823 |

投資時点CF
+ΔPV①
+ΔPV②
毎年度の増分CF
の現在価値合計

取替投資
の支出→　　取替投資　　　　　　　　　　　※PV：現在価値

| NPV | 投資時点CF+ΔPV①+ΔPV②−取替投資の支出 |
|---|---|

　　1〜3年度の増分CFの投資時点での現在価値ΔPV①

　　　ΔPV①＝20,400×2.723（3年の年金現価係数）

　　　　　　＝55,549.20[千円]

　　4年度の増分CFの投資時点での現在価値ΔPV②

　　　ΔPV②＝25,743.68×0.823（4年度複利現価係数）

　　　　　　＝21,187.048…＝21,187.05[千円]

①　NPVを計算する

　NPV（正味現在価値）

　　　＝毎年の増分CFの現在価値の総和−投資支出の増加分

　　　＝投資時点のCF＋ΔPV①＋ΔPV②−取替投資の支出

　　　＝14,569.60＋55,549.20＋21,187.05−60,000　4

　　　＝31,305.85[千円]

となる。

　正味現在価値（NPV）の計算が終了したため、その結果に基づいた評価を簡潔に述べればよい。すなわち、（ⅰ）何についての評価か、（ⅱ）NPVの正負と数値、（ⅲ）経済性についての評価、（ⅳ）投資の実施可否について記述すればよい。

**解き方のポイント**

★NPVを計算する際は、毎年度の増分CFを投資時点に割り戻して合計を求めます。割戻しに関してはDAY 20〈投資の経済性分析①〉、DAY 21〈投資の経済性分析②〉と同様、「どの時点に割り戻すか」に注意が必要です。

　本問では、1〜3年度の一定額のCFを3年の年金現価係数を用いて投資時点に割り戻し、4年度のCFは4年度複利現価係数を用いて投資時点に割り戻し、それぞれ投資時点の現在価値を求めます。

★なるべく図を描いて割戻しの全体像が理解できてから計算に入りましょう。

★Δは変化分を表す符号として用いています。簿記では負の符号として△を用いることもありますので、混同しないように注意しましょう。

# Column 10

## 絶対迷わない！　デシジョンツリーの描き方

　デシジョンツリーは枝と点で構成され、スタート地点から枝が伸び、意思決定点で枝分かれしていきます。またデシジョンツリーは、意思決定者が取り得る選択行動と、事象の発生確率の分岐が多段にわたる際に、分岐点を階層化（ツリー化）して描いたものです。起こり得るすべての事象の結論と各々の期待値を算出し、期待効用が最大となる選択の経路を求めます。

　デシジョンツリーは、ツリー構造（樹木図）の形で描きます。分岐節には意思決定ノード、確率ノードなどがあります。

・意思決定ノード（decision node）　※行動分岐ノードともいう。
　意思決定者がコントロールできる変数や行動を示します。一般的に四角で描きます。

・確率ノード（chance node）
　意思決定者がコントロールできず、偶然や他者の行動などによって決まる事象を示します。一般的に円形で描きます。

【例】研究投資を実行すべきかを意思決定するためのデシジョンツリーを描いてみましょう。
〈条件〉
研究投資に10億円（成功する確率は60％）
研究が成功するとキャッシュインフローが100億円見込める（成功しない場合、0円）

　この条件でデシジョンツリーを描きます。研究投資すべきかどうかは意思決定者がコントロールできるので、意思決定ノード「□」で描き、「投資する」と「投資しない」の2つの選択肢に分岐させます。

　次に、投資するほうの分岐には、研究が成功するかどうかの分岐が発生します。これは意思決定者がコントロールできないので、確率ノード「○」で描き、「成功する」と「成功しない」の2つの結果を分岐させます。すると、以下のデシジョンツリーが描けます。

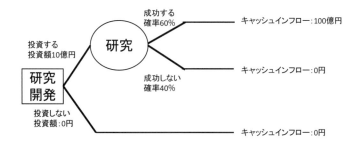

## STEP 2
合格点突破問題
解答・解説

# 期待値①
（期待値と標準偏差を用いた評価）

### 解 答

（設問 1 ）

| 高 | 級 | 家 | 具 | 販 | 売 | 事 | 業 | の | 期 | 待 | 値 | が | 2 | . | 0 | ％ | 、 | カ | ジ | ュ |
|---|---|---|---|---|---|---|---|---|---|---|---|---|---|---|---|---|---|---|---|---|
| ア | ル | 家 | 具 | 販 | 売 | 事 | 業 | の | 期 | 待 | 値 | が | 1 | . | 95 | ％ | 、 | | 中 | 古 | 家 |
| 具 | 販 | 売 | 事 | 業 | が | 1 | . | 5 | ％ | と | な | り | 、 | 期 | 待 | 値 | が | 最 | も | 高 |
| く | な | る | 高 | 級 | 家 | 具 | 販 | 売 | 事 | 業 | が | 最 | も | 有 | 望 | で | あ | る | 。 | |

（設問 2 ）

| 高 | 級 | 家 | 具 | 販 | 売 | 事 | 業 | の | 分 | 散 | が | 13 | 、 | カ | ジ | ュ | ア | ル | 家 |
|---|---|---|---|---|---|---|---|---|---|---|---|---|---|---|---|---|---|---|---|
| 具 | 販 | 売 | 事 | 業 | の | 分 | 散 | が | 0 | . | 57 | 、 | 中 | 古 | 家 | 具 | 販 | 売 | 事 | 業 |
| の | 分 | 散 | が | 0 | . | 75 | と | な | り | 、 | 既 | 存 | 事 | 業 | の | 高 | 級 | 家 | 具 | 販 |
| 売 | 事 | 業 | は | 期 | 待 | 値 | と | 分 | 散 | が | 最 | も | 大 | き | く | ハ | イ | リ | ス |
| ク | 、 | ハ | イ | リ | タ | ー | ン | で | あ | る | 。 | | | | | | | | |

（設問 3 ）

| 相 | 関 | 係 | 数 | が | − | 0 | . | 96 | と | な | る | 高 | 級 | 家 | 具 | 販 | 売 | 事 | 業 | と |
|---|---|---|---|---|---|---|---|---|---|---|---|---|---|---|---|---|---|---|---|---|
| 中 | 古 | 家 | 具 | 販 | 売 | 事 | 業 | の | 組 | み | 合 | わ | せ | が | リ | ス | ク | 分 | 散 | |
| で | き | る | た | め | 、 | 望 | ま | し | い | 。 | | | | | | | | | | |

### 解 説

（設問 1 ）

　3 つの事業の予想売上高営業利益率を期待値（リターン）で評価するとあるので、まずは期待値を算出すればよい。表の数値より、3 つの事業の期待値を算出する。

- ・高級家具販売事業の期待値＝ $7.0 \times 0.3 + 1.0 \times 0.5 + (-3.0) \times 0.2$
  $= 2.0$ ［％］
- ・カジュアル家具販売事業の期待値＝ $2.0 \times 0.3 + 2.5 \times 0.5 + 0.5 \times 0.2$
  $= 1.95$ ［％］
- ・中古家具販売事業の期待値＝ $0.5 \times 0.3 + 1.5 \times 0.5 + 3.0 \times 0.2 = 1.5$ ［％］

　予想売上高営業利益率を得られた期待値（リターン）で評価すると、期待値が最も高い事業が有望となるので、2.0［％］と最も期待値が高い高級家具販売事業が有望と判断する。

> ┌ 確認！ ─────
> ★期待値を求める公式は必ず覚えておきましょう！
>
> 期待値
> ＝収益率①×発生確率①
> 　＋収益率②×発生確率②＋収益率③×発生確率③
> ※発生確率①〜③の和は 1 となります。

（設問 2 ）

　期待値（リターン）だけでなく、リスクも考慮するとあるので、分散または標準偏差を求めて判断する。どちらで評価しても大小関係

> ┌ 確認！ ─────
> ★標準偏差は分散の平方根になります。
> 標準偏差＝√分散

は同じになるので、平方根（√）計算をせずに済む分散で評価する。
分散は次の式で求められる。

> **分散＝（収益率①－期待収益率）²×発生確率①＋（収益率②－期待収益率）²×発生確率②＋（収益率③－期待収益率）²×発生確率③** ※発生確率①～③の和は1となる ◁覚える！

（設問1）で求めた期待値が期待収益率となるので、高級家具販売事業、カジュアル家具販売事業、中古家具販売事業の分散は次のように求められる。

- 高級家具販売事業の分散 $= (7-2)^2 \times 0.3 + (1-2)^2 \times 0.5 + (-3-2)^2 \times 0.2 = 13$
- カジュアル家具販売事業の分散 $= (2-1.95)^2 \times 0.3 + (2.5-1.95)^2 \times 0.5 + (0.5-1.95)^2 \times 0.2 = 0.572\cdots = 0.57$
- 中古家具販売事業の分散 $= (0.5-1.5)^2 \times 0.3 + (1.5-1.5)^2 \times 0.5 + (3-1.5)^2 \times 0.2 = 0.75$

得られた分散より、予想売上高営業利益率を期待値（リターン）だけでなくリスクも考慮して評価すると、<u>高級家具販売事業は期待値が最も高い一方、分散（リスク）も高い事業</u>となる。よって、高級家具販売事業はハイリターン、ハイリスクの事業となる。

> **確認！**
> 分散
> $=$（収益率①－期待収益率）²× 発生確率①＋（収益率②－期待収益率）²× 発生確率②＋（収益率③－期待収益率）²× 発生確率③
> ※発生確率①～③の和は1となります。

（設問3）

個人向けの高級家具販売事業をカバーできるリスク低減効果の高い事業はカジュアル家具販売事業か、中古家具販売事業なのか、相関係数より判断する問題である。高級家具販売事業を補完する新規事業は、相関係数が－1に近くなる事業である。

相関係数は、共分散を2つの事業案の標準偏差の積で割ることにより求められるので、高級家具販売事業とカジュアル家具販売事業の相関係数は次のようになる。

> **相関係数＝ 共分散 ／ 高級家具販売事業の標準偏差×カジュアル家具販売事業の標準偏差**

> **覚える！**

また、共分散は各事業の偏差の積の期待値となる。高級家具販売事業とカジュアル家具販売事業の偏差を求めると次のようになる。

| 確率 | 高級家具販売事業の予想売上高営業利益率 | 高級家具販売事業の期待値 | 高級家具販売事業の偏差 | カジュアル家具販売事業の予想売上高営業利益率 | カジュアル家具販売事業の期待値 | カジュアル家具販売事業の偏差 |
|---|---|---|---|---|---|---|
| 0.3 | 7.0 | | $7.0-2.0=5.0$ | 2.0 | | $2.0-1.95=0.05$ |
| 0.5 | 1.0 | 2.0 | $1.0-2.0=-1.0$ | 2.5 | 1.95 | $2.5-1.95=0.55$ |
| 0.2 | -3.0 | | $-3.0-2.0=-5.0$ | 0.5 | | $0.5-1.95=-1.45$ |

これより、各確率での偏差の積を求める。

好景気（確率0.3）のとき：偏差の積 $= 5.0 \times 0.05 = 0.25$

標準の景気(確率0.5)のとき：偏差の積＝－1.0×0.55＝－0.55
不景気(確率0.2)のとき：偏差の積＝－5.0×－1.45＝7.25

これらの偏差の積を用いて、各事業の偏差の積の期待値となる共分散を求めると、

共分散＝好景気のときの偏差の積×好景気の確率＋標準の景気のときの偏差の積×標準の景気の確率＋不景気のときの偏差の積×不景気の確率
＝0.25×0.3＋(－0.55)×0.5＋7.25×0.2＝1.25

よって、高級家具販売業事業とカジュアル家具販売事業の相関係数は次の式で求められる。

$$相関係数＝\frac{共分散}{高級家具販売事業の標準偏差×カジュアル家具販売事業の標準偏差}$$

$$＝\frac{1.25}{3.605×0.756}＝0.458…＝0.46$$

次に高級家具販売事業と中古家具販売事業の偏差を求めると次のようになる。

| 確率 | 高級家具販売事業の予想売上高営業利益率 | 高級家具販売事業の期待値 | 高級家具販売事業の偏差 | 中古家具販売事業の予想売上高営業利益率 | 中古家具販売事業の期待値 | 中古家具販売事業の偏差 |
|---|---|---|---|---|---|---|
| 0.3 | 7.0 | | 7.0－2.0＝5.0 | 0.5 | | 0.5－1.5＝－1.0 |
| 0.5 | 1.0 | 2.0 | 1.0－2.0＝－1.0 | 1.5 | 1.5 | 1.5－1.5＝0 |
| 0.2 | －3.0 | | －3.0－2.0＝－5.0 | 3.0 | | 3.0－1.5＝1.5 |

これより、各確率での偏差の積を求める。

確率0.3のとき：偏差の積＝5.0×－1.0＝－5.0
確率0.5のとき：偏差の積＝－1.0×0＝0
確率0.2のとき：偏差の積＝－5.0×1.5＝－7.5

これらの偏差の積を用いて、各事業の偏差の積の期待値となる共分散を求めると、

共分散＝好景気のときの偏差の積×好景気の確率
＋標準の景気のときの偏差の積×標準の景気の確率
＋不景気のときの偏差の積×不景気の確率
＝－5.0×0.3＋0×0.5＋(－7.5)×0.2＝－3.0

よって、高級家具販売事業と中古家具販売事業の相関係数は次の式で求められる。

$$相関係数＝\frac{共分散}{高級家具販売事業の標準偏差×中古家具販売事業の標準偏差}$$

$$＝\frac{－3.0}{3.605×0.866}＝－0.960…＝－0.96$$

以上より、相関係数が－0.96と－1の値に最も近くなる中古家具販売事業が高級家具販売事業と反対の動きをすると判断できる。よって、<u>リスク低減効果が高く補完効果が見込める中古家具販売事業が望ましい</u>と判断できる。

解き方のポイント
★(設問2)の分散より、標準偏差を求めます。
高級家具の標準偏差＝$\sqrt{13}$＝3.605
カジュアル家具の標準偏差＝$\sqrt{0.572}$＝0.756
中古家具の標準偏差＝$\sqrt{0.75}$＝0.866

# STEP 2 期待値②
合格点突破問題
解答・解説 （デシジョンツリー）

**DAY 24**

## 解答

（設問1）

> 30[百万円]

（設問2）

| X1 | 年 | 度 | に | 追 | 加 | 投 | 資 | を | 行 | い | 、 | X2 | 年 | 度 | に | 追 | 加 | 投 | 資 |
|---|---|---|---|---|---|---|---|---|---|---|---|---|---|---|---|---|---|---|---|
| を | 行 | わ | な | い | 案 | の | 期 | 待 | 値 | が | 37 | 百 | 万 | 円 | と | 最 | も | 投 | 資 |
| 効 | 果 | が | 高 | く | 、 | 望 | ま | し | い | 。 | | | | | | | | | |

## 解説

2次筆記試験の問題は与件文や設問文が長く、計算に使う数値や条件を漏らしたり、間違えたりしやすい。最初に、与えられた条件を整理してから問題を解いて、ミスを防いでいきたい。

【与えられた条件の整理】

① X1年度、X2年度ともに各年度の需要が順調に伸びる確率は70%、伸びない確率は30%と予測される（【需要予測の確率】参照）。

⇒各年度の需要が順調に伸びる確率：70%
　各年度の需要が順調に伸びない確率：30%

② X1年度に全額投資する場合、投資額は8千万円であるが、X1年度とX2年度に分割投資する場合、各年度の投資額は4.5千万円となる（【投資額】参照）。

⇒全額投資する場合の投資額：8[千万円]
　分割投資する場合の各年度の投資額：4.5[千万円]

③ 投資全体を完了すれば、投資額を除く毎年度のネットキャッシュフローは、投資した年度を含め、需要が順調に伸びる年度は7千万円、伸びない年度は2千万円が得られる（【投資後に得られるネットキャッシュフロー】参照）。

⇒順調に伸びる年度のネットキャッシュフロー：7[千万円]
　順調に伸びない年度のネットキャッシュフロー：2[千万円]

> **解き方のポイント**
>
> ★デシジョンツリーだけでなく、NPVやCVPなど、設定が複雑な問題は、計算を始める前に一度情報を整理してから解くと計算ミスを防ぐことができます。整理するクセをつけましょう。

④ **X1年度の分割投資**によって生じる、投資額を除く毎年度のネットキャッシュフローとして、投資した年度を含め、需要が**順調に伸びる年度は5千万円、伸びない年度は2千万円**が得られる（【投資後に得られるネットキャッシュフロー】参照）。

⇒順調に伸びる年度のネットキャッシュフロー：5［千万円］

順調に伸びない年度のネットキャッシュフロー：2［千万円］

（設問1）

X1年度に全額投資した場合の投資額を含めたネットキャッシュフロー（NCF とする）の期待値を求める問題である。

NCF は、投資額と各年度の NCF の期待値の合計との差額になるので、次の式で求められる。

> **NCF＝－投資額＋各年度の NCF の期待値の和** ◁ 覚える！

X1年度に全額投資した場合の各年度の NCF とそのときの確率は以下のとおりである。

| 各年度 | 全額投資時 | | |
|---|---|---|---|
| | 需要が伸びるときの NCF（確率） | 需要が伸びないときの NCF（確率） | 各年度の NCF の期待値 |
| X1年度 | 7［千万円］(70%) | 2［千万円］(30%) | $7 \times 0.7 + 2 \times 0.3 = 5.5$［千万円］ |
| X2年度 | 7［千万円］(70%) | 2［千万円］(30%) | $7 \times 0.7 + 2 \times 0.3 = 5.5$［千万円］ |

これより NCF を求めると次のようになる。

NCF ＝ －投資額＋各年度の NCF の期待値の和

$\quad = -8 + \{(7 \times 0.7 + 2 \times 0.3) + (7 \times 0.7 + 2 \times 0.3)\}$

$\quad = -8 + 11$

$\quad = 3$［千万円］＝ <u>30［百万円］</u>

> 確認！
> ★この問題では各年度に得られるキャッシュフローを現在価値に割り戻していませんが、問題によっては割り戻してから計算する場合もあるので、必ず問題設定を確認しましょう。

（設問2）

X1年度に全額投資する案、X1年度と X2年度に分けて分割投資する案のうち、採算性の高い投資案を計算して解答する問題である。

整理すると投資案は3つになる。

① X1年度に全額投資する

② X1年度に分割投資を行い、X2年度も投資を行う

③ X1年度に分割投資を行い、X2年度は投資を行わない

X1年度に全額投資する案の NCF の期待値は（設問1）で計算済

みなので、分割投資をする案を検討する。分割投資した場合の各年
度の NCF とそのときの生起確率は以下となる。

② X1年度に分割投資を行い、X2年度も投資を行う

| 各年度 | 分割投資時（X2年度の投資実施） | | |
|---|---|---|---|
| | 需要が伸びるときの NCF（確率） | 需要が伸びないときの NCF（確率） | 各年度の NCF の期待値 |
| X1年度 | 5［千万円］(70%) | 2［千万円］(30%) | 5×0.7＋2×0.3＝4.1［千万円］ |
| X2年度 | 7［千万円］(70%) | 2［千万円］(30%) | 7×0.7＋2×0.3＝5.5［千万円］ |

これより、X2年度に投資を実施する NCF を求めると次のように
なる。

NCF ＝－投資額＋各年度の NCF の期待値の和

$$= -(4.5+4.5) + \{(5\times0.7+2\times0.3) + (7\times0.7+2\times0.3)\}$$

$$= -9+9.6$$

$$= 0.6[千万円] = \underline{6［百万円］}$$

③ X1年度に分割投資を行い、X2年度は投資を行わない

| 各年度 | 分割投資時（X2年度の投資未実施） | | |
|---|---|---|---|
| | 需要が伸びるときの NCF（確率） | 需要が伸びないときの NCF（確率） | 各年度の NCF の期待値 |
| X1年度 | 5［千万円］(70%) | 2［千万円］(30%) | 5×0.7＋2×0.3＝4.1［千万円］ |
| X2年度 | 5［千万円］(70%) | 2［千万円］(30%) | 5×0.7＋2×0.3＝4.1［千万円］ |

これより、X2年度に投資を実施しない NCF を求めると次のよう
になる。

NCF ＝－投資額＋各年度の NCF の期待値の和

$$= -(4.5+0) + \{(5\times0.7+2\times0.3) + (5\times0.7+2\times0.3)\}$$

$$= -4.5+8.2$$

$$= 3.7[千万円] = \underline{37[百万円]}$$

以上より、X1年度に分割投資を行い、X2年度に追加投資を行わ
ない案の NCF の期待値が37［百万円］と３案の中で最も投資効果が
高いため、X1年度に分割投資を行い X2年度に追加投資を実施しな
い案で新規事業を進めることが望ましい。

## STEP 2
合格点突破問題
解答・解説

# 期待値③
（デシジョンツリー）

**解　答**

| 初 | 年 | 度 | に | 全 | 額 | 投 | 資 | す | る | 案 | の | N | P | V | の | 期 | 待 | 値 | が |
|---|---|---|---|---|---|---|---|---|---|---|---|---|---|---|---|---|---|---|---|
| 1. | 9 | 億 | 円 | と | な | り | 、 | | 追 | 加 | 投 | 資 | す | る | 案 | の | 期 | 待 | 値 0. |
| 76 | 億 | 円 | を | 上 | 回 | る | た | め | 、 | | 初 | 年 | 度 | に | 全 | 額 | 投 | 資 | す る |
| 案 | が | 望 | ま | し | い | 。 | | | | | | | | | | | | | |

**解　説**

　この問題のように条件によって追加投資をするシナリオと追加投資をしないシナリオが考えられる場合は、デシジョンツリーを描き、整理しながら問題を解くことが望ましい。また、投資を評価する場合、すべて現在価値に直して計算する。

　まず、初年度（X0年度）に全額投資（9億円）する場合をデシジョンツリーにすると下図のようになる。

**解き方のポイント**
★デシジョンツリーは、生起確率のパターン数により、場合分けして描きます。描く際は、ミスをしないように慎重に描きましょう。「事例Ⅳ　得点上乗せコラム」の〈絶対迷わない！　デシジョンツリーの描き方〉p.179を参照。

初年度に全額投資した場合のデシジョンツリー
（↑はキャッシュイン、↓はキャッシュアウトを示している。）

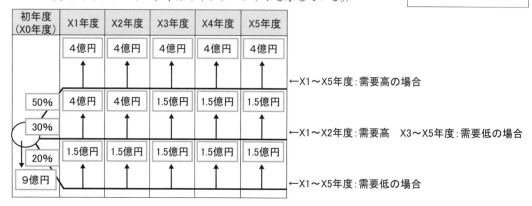

　これより、初年度に全額投資する場合の正味現在価値（NPVとする）の期待値は、各年度のキャッシュインの数値を複利現価係数を使って初年度の数値に直し、次のように求められる。

　　初年度に全額投資する場合のNPVの期待値

　　＝－投資額＋0.5×（需要高の場合のX1～X5年度のキャッシュフローの現在価値の和）＋0.3×（X1～X2年度需要高、X3～X5年度需要低の場合のキャッシュフローの現在価値の和）＋

0.2×(X1〜 X5年度需要低の場合のキャッシュフローの現在価値の和)

$= -9+0.5×(4×0.9+4×0.8+4×0.7+4×0.6+4×0.5)+0.3×$
$(4×0.9+4×0.8+1.5×0.7+1.5×0.6+1.5×0.5)+0.2×(1.5×$
$0.9+1.5×0.8+1.5×0.7+1.5×0.6+1.5×0.5)$

$= -9+7+2.85+1.05$

$= \underline{1.9}[億円]$

　次に X2年度末に 5 億円を追加投資する段階的投資案の正味現在価値（NPV とする）の期待値を求める。こちらは最初の 2 年間需要が高い状態が続いた場合のみ、追加投資の判断を行うので、追加投資をする場合と追加投資をしない場合の場合分けが発生する。これを踏まえてデシジョンツリーを描くと次のようになる。

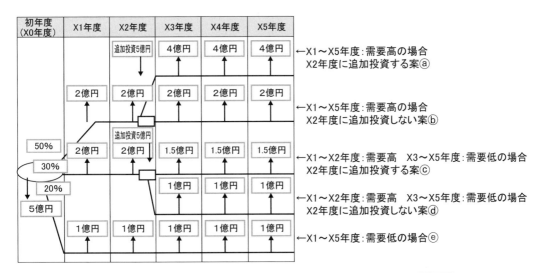

　追加投資案は段階的投資になるため、X2年度末に追加投資する場合と X2年度末に追加投資しない場合のどちらを選択するか、決定する必要がある。X2年度末に追加投資する場合（デシジョンツリーの@と©）と X2年度末に追加投資しない場合（デシジョンツリーの⑥と⑥）それぞれの NPV の期待値を求める。

●X2年度末に追加投資する場合の NPV の期待値（@と©）

$= 0.5×(-5+2×0.9+2×0.8-5×0.8+4×0.7+4×0.6+4×0.5)$
$+0.3×(-5+2×0.9+2×0.8-5×0.8+1.5×0.7+1.5×0.6+$
$1.5×0.5)$

$= 0.8+(-0.87)$

$= -0.07[億円]$

確認 !
★段階的投資の場合、どちらの案が経済的に望ましいか判断し、有利なほうを採用して投資案全体の NPV を計算をすることを必ず覚えておきましょう。

● X2年度末に追加投資しない場合のNPVの期待値（ⓑとⓓ）

$$= 0.5 \times (-5 + 2 \times 0.9 + 2 \times 0.8 + 2 \times 0.7 + 2 \times 0.6 + 2 \times 0.5) + 0.3 \times$$
$$(-5 + 2 \times 0.9 + 2 \times 0.8 + 1 \times 0.7 + 1 \times 0.6 + 1 \times 0.5)$$
$$= 1 + 0.06$$
$$= 1.06 [億円]$$

　以上より、X2年度末に追加投資しない場合のNPVの期待値がX2年度末に追加投資する場合のNPVの期待値を上回るため、X2年度末に追加投資しない案を採用する。

　これより、X2年度末に追加投資しない案を用いて、段階的投資案のNPVの期待値を求める。

　段階的投資案のNPVの期待値（X2年度末に追加投資をしない場合）（デシジョンツリーⓑとⓓとⓔ）

$$= -5 + 0.5 \times (2 \times 0.9 + 2 \times 0.8 + 2 \times 0.7 + 2 \times 0.6 + 2 \times 0.5)$$
$$+ 0.3 \times (2 \times 0.9 + 2 \times 0.8 + 1 \times 0.7 + 1 \times 0.6 + 1 \times 0.5)$$
$$+ 0.2 \times (1 \times 0.9 + 1 \times 0.8 + 1 \times 0.7 + 1 \times 0.6 + 1 \times 0.5)$$
$$= -5 + 3.5 + 1.56 + 0.7$$
$$= \underline{0.76 [億円]}$$

　よって、初年度に全額投資する案と段階的投資案のNPVの期待値を比較してどちらの案が経済的に望ましいかを判断する。

　　初年度に全額投資する場合のNPVの期待値＝1.9[億円]

　　段階的投資案のNPVの期待値＝0.76[億円]

　この場合、初年度に全額投資する場合のNPVの期待値が段階的投資案のNPVの期待値を上回るため、初年度に全額投資する案を採用するほうが経済的に望ましいと判断できる。

┌─ 解き方のポイント ─┐

★段階的投資案を採用し、X2年度末の追加投資をしない場合のNPVの期待値は以下のように求めることもできます。

段階的投資案のNPVの期待値＝1.06＋0.2×（−5＋1×0.9＋1×0.8＋1×0.7＋1×0.6＋1×0.5）＝0.76[億円]

STEP 2
合格点突破問題
解答・解説

## 期待値④
（デシジョンツリー）

### 解　答

（設問1）

| 正 | 味 | 現 | 在 | 価 | 値 | の | 期 | 待 | 値 | が | − | 2 | . | 5 | 百 | 万 | 円 | と | マ | イ | ナ |
|---|---|---|---|---|---|---|---|---|---|---|---|---|---|---|---|---|---|---|---|---|---|
| ス | と | な | り | 投 | 資 | 効 | 果 | が | 低 | い | た | め | 、 | 投 | 資 | し | な | い | 。 | | |

（設問2）

| R | & | D | を | 行 | う | 場 | 合 | の | 正 | 味 | 現 | 在 | 価 | 値 | の | 期 | 待 | 値 | は |
|---|---|---|---|---|---|---|---|---|---|---|---|---|---|---|---|---|---|---|---|
| 22 | . | 5 | 百 | 万 | 円 | と | プ | ラ | ス | と | な | り | 、 | 新 | 規 | 事 | 業 | は | 投 資 |
| 効 | 果 | が | 見 | 込 | ま | れ | る | た | め | 、 | 投 | 資 | を | 行 | う | 。 | | | |

### 解　説

　この問題も問題文や設問文が長いため、最初に与えられた条件を
整理してから問題を解いていく。

【与えられた条件の整理】

　「今後3年間の売上高は、新規事業が好調に推移する場合と不調
に推移する場合の2つが想定されており、毎年、確率50％で生じる
と予測している。また、コストについては、毎年低コストになる場
合と高コストになる場合の2通りを予測しており、こちらも確率
50％で生じると予測している。」

　　⇒新規事業の売上高が好調に推移する確率：50％
　　　新規事業の売上高が不調に推移する確率：50％
　　⇒毎年低コストになる確率：50％
　　　毎年高コストになる確率：50％

> **解き方のポイント**
> ★デシジョンツリーだけ
> でなく、NPVやCVPな
> ど、設定が複雑な問題
> は、計算を始める前に一
> 度情報を整理してから解
> くと計算ミスを防ぐこと
> ができます。整理するク
> セをつけましょう。

①　投資額は70百万円と見込まれている。
　⇒投資額：70［百万円］

②　売上予測は以下のように見込まれている。

売上予測　　　　［単位：百万円］

| | 販売好調 | 販売不調 |
|---|---|---|
| 1年目 | 100 | 50 |
| 2年目 | 200 | 70 |
| 3年目 | 250 | 100 |

③　コスト予測は以下のように見込まれている。

コスト予測　　　［単位：百万円］

|  | 低コスト | 高コスト |
|---|---|---|
| 1年目 | 80 | 150 |
| 2年目 | 70 | 135 |
| 3年目 | 70 | 130 |

（設問1）

各年の期待売上高と期待コストを求めると、次のようになる。

|  | 期待売上高 | 期待コスト |
|---|---|---|
| 1年目 | $100 \times 0.5 + 50 \times 0.5 = 75$［百万円］ | $80 \times 0.5 + 150 \times 0.5 = 115$［百万円］ |
| 2年目 | $200 \times 0.5 + 70 \times 0.5 = 135$［百万円］ | $70 \times 0.5 + 135 \times 0.5 = 102.5$［百万円］ |
| 3年目 | $250 \times 0.5 + 100 \times 0.5 = 175$［百万円］ | $70 \times 0.5 + 130 \times 0.5 = 100$［百万円］ |

これより、各年の期待キャッシュフロー（以下、CF とする）を求める。各年の CF は、各年の期待売上高から期待コストを引くことで求められる。

　　1年目の期待 CF：$75 - 115 = -40$［百万円］

　　2年目の期待 CF：$135 - 102.5 = 32.5$［百万円］

　　3年目の期待 CF：$175 - 100 = 75$［百万円］

投資額は70百万円なので、正味現在価値の期待値を求めると次のようになる。

> **正味現在価値の期待値＝－投資額＋1年目の期待 CF ＋2年目の期待 CF ＋3年目の期待 CF**　〈 覚える！

　　$= -70 + (-40 + 32.5 + 75)$

　　$= -2.5$［百万円］

以上より、<u>正味現在価値の期待値が$-2.5$［百万円］とマイナスとなり、投資効果が低くなるため投資を行わない</u>と判断する。

（設問2）

今回の新規事業の投資に先立ち、R&D 費用として25［百万円］を投資することにより、コストの高低が判明すると仮定した場合を考える。これは段階的意思決定なので、デシジョンツリーを描くと次のようになる。

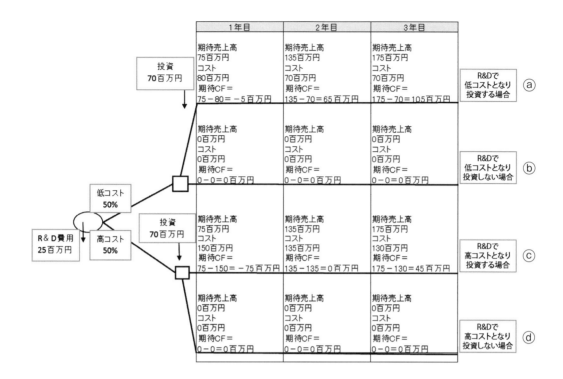

デシジョンツリーより、低コスト時と高コスト時に投資を行うか
を判断する。つまり、各正味現在価値の期待値を求めて判断する。

【低コスト時】

・投資する@：$-70+(-5+65+105)=95[百万円]$

・投資しない$ⓑ$：$0+0+0=0[百万円]$

⇒投資をすると正味現在価値がプラスになるので、低コスト時
は投資を行う。

【高コスト時】

・投資する$ⓒ$：$-70+(-75+0+45)=-100[百万円]$

・投資しない$ⓓ$：$0+0+0=0[百万円]$

⇒投資をすると正味現在価値がマイナスになるので、高コスト
時は投資を行わない。

これより、低コスト時は投資を行い（@）、高コスト時は投資を行
わない（$ⓓ$）と判断できるので、R&D を行う場合の正味現在価値の
期待値を求めると以下のようになる。

R&D を行う場合の正味現在価値の期待値＝ $-$ R&D 費用＋低コ
ストになる確率(0.5)×低コスト時の正味現在価値の期待値＋高コ
ストになる確率(0.5)×高コスト時の正味現在価値の期待値

　　＝$-25+0.5×95+0.5×0=$ <u>22.5[百万円]</u>

以上より、<u>R&D を行う場合の正味現在価値の期待値は22.5[百万
円]</u>とプラスとなり、投資効果が見込まれるため投資を行う。

---

**解き方のポイント**

★段階的意思決定の場合
は、分岐したシナリオの
どちらを採用するかを判
断してから、正味現在価
値の期待値を求めましょ
う。

**DAY 27**

STEP 2
合格点突破問題
解答・解説

# デリバティブ①
## （輸出入における為替リスクへの対応方法）

## 解　答

（設問1）

| （a）方法 | | （b）メリット・デメリット |
|---|---|---|
| ドル売りの為替予約をする | 円高 | 為替予約の時点で為替レートを確定させるため、為替差損を回避できるメリットがある。 |
| | 円安 | 為替予約の時点で為替レートを確定させるため、為替差益を享受できないデメリットがある。 |
| ドルのプット・オプションを購入する | 円高 | 権利行使により、為替差損を回避できるメリットがあるが、オプション・プレミアムが必要となるデメリットがある。 |
| | 円安 | 権利放棄により為替差益が享受できるメリットがあるが、オプション・プレミアムが必要となるデメリットがある。 |

（設問2）

| （a）方法 | | （b）メリット・デメリット |
|---|---|---|
| ドル買いの為替予約をする | 円高 | 為替予約の時点で為替レートを確定させるため、為替差益を享受できないデメリットがある。 |
| | 円安 | 為替予約の時点で為替レートを確定させるため、為替差損を回避できるメリットがある。 |
| ドルのコール・オプションを購入する | 円高 | 権利放棄により為替差益が享受できるメリットがあるが、オプション・プレミアムが必要となるデメリットがある。 |
| | 円安 | 権利行使により、為替差損を回避できるメリットがあるが、オプション・プレミアムが必要となるデメリットがある。 |

## 解　説

　輸出・輸入業者における為替リスクのヘッジ（回避）手段を問う問題である。輸入・輸出、円高・円安、売り・買い、コール・プットなどさまざまな言葉が組み合わされて使われるので当初は複雑に感じるかもしれない。しかし、中小企業診断士の2次筆記試験であることの制約や身の回りの知識を用いることで、考え違いを防ぐことができる。

> **解き方のポイント**
> ★企業の為替リスクのヘッジ対応については、過去、複数回出題されています。

・試験問題として対象になるのは国内企業の輸出・輸入である。
・相手国は米国、通貨をドルで考えてよい。他の国であっても通貨の種類が異なるのみで、考え方に差はないためである。

・2つの時点を考える。為替予約やオプションなどの「契約時」と「決済時」である。決済時とは、対象とする国内企業の円での収支を確定するタイミングのことである。

・輸出においては決済時に受け取る販売代金のドルを売り（プット）、その時点での為替レートでの円にする決済が発生し、輸入においては決済時に支払う購入代金のドルをその時点での為替レートでの円で買う（コール）決済が発生する。

・輸入において為替差益は決済時点で円が高い（円高）ときに発生し、輸出において為替差益は決済時点で円が安い（円安）ときに発生する（差損はその逆となる）。

**解き方のポイント**

★（設問1）は輸出業者の場合の定型的な解答となるため、パターン化して覚えておきましょう。

簡略化のために左記のとおり、外貨はドル、契約時のレートを100円／ドル、決済時のレートを円安時110円／ドル、円高時90円／ドル、商品売買を1ドル分とします。輸出業者は、ある期間の輸出（商品の販売）によって得られたドルを決済時に売り、円を得ます。

為替予約

・為替リスクの回避手段として契約時に「1ドルを100円／ドルで売る為替予約」をします。

・為替レートを確定したため、決済時90円／ドルの円高になったとしても1ドルを100円で交換することができ、為替差損を回避できます。

・一方、決済時に円安となり1ドルが110円で交換できる状況になったとしても1ドルを100円で交換することが必要であり、為替差益を享受することはできません。

簡略化のために、指定がない場合は為替レート100円／ドルを基準とし、輸出は値段1ドルの商品を売り1ドル受け取り、輸入は値段1ドルの商品を買い1ドル支払うと考え、決済時に円安のときは110円／ドル、円高のときは90円／ドルとして考えるとわかりやすい。

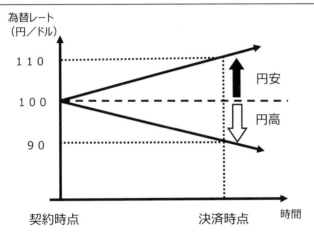

| 契約時に対する<br>決済時点の為替環境 | 円高 | 円安 |
|---|---|---|
| 輸出企業<br>（1ドルを受け取る） | 受け取った<br>1ドル＝90円<br>であり10円の差損 | 受け取った<br>1ドル＝110円<br>であり10円の差益 |
| 輸入企業<br>（1ドルを支払う） | 支払う<br>1ドル＝90円<br>であり10円の差益 | 支払う<br>1ドル＝110円<br>であり10円の差損 |

・為替リスクのヘッジ手段は、為替予約とオプションである。

・円高時にはガソリンなど輸入品が安くなること、円安時には自動車会社など輸出型産業の会社の業績が良いことなど、身の回りの

知識を対応させて考えると理解しやすい。

その他の応用ケースが問われる可能性はあるが、上記の基本パターンを押さえておけば、対応は概ね可能である。

（設問1）

輸出業者の為替リスクのヘッジについての問題である。輸出した商品の代金をドルで受け取るため、これを将来円に換える必要がある。すなわち、ドル売り（円買い）である。現時点の円相場が決済時点で円高に振れると購入できる円が減るため差損が生じ、反対に円安に振れると購入できる円が増え、差益が生じる。

この為替リスクを回避する方法には、①為替予約と②オプションとがある。

① 為替予約

為替予約とは、将来の為替レートを現時点で決めるものであり、現時点で決めた為替レートで将来時点も決済することである。決済時点で円高に振れても差損は発生しないメリットがあるが、円安に振れても差益を享受できないデメリットがある。

② オプション

オプションとは、ドルなどの売買取引を実際には行わずに、将来のある時点で定めたレートで「売買する権利」を取引するものである。現物の商品や紙幣等が必要でないため、機動的な対応が可能である。

本問においては、将来の決済時のドルを売る「プット・オプションを購入する」ことになる。為替差損が発生する円高時にはオプションを行使して契約時点に定めた為替レートを適用することで為替差損を回避できる。為替差益が発生する円安時にはオプションを放棄し、その時点の円相場で決済することで為替差益を得ることができる。

オプションには売り手側（銀行など）が存在し、オプション・プレミアムという料金を取ってオプションを販売する。権利を行使してもしなくてもオプション・プレミアムの支払いが必要である。

解き方のポイント

オプション
（輸出業者の場合）
・為替リスクの回避手段として、契約時に下図太線の損益となるドルのプット（売り）オプションを銀行からオプション・プレミアム5円／ドルで買います。

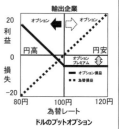

ドルのプットオプション

・上図のとおり横軸を為替レート、縦軸を損益とします。
・オプションを考えない場合の損益は図中の太破線となり、100円／ドル以上で差益が発生し、100円／ドル以下で差損が発生します。
・100円／ドル以下でオプション権を行使することで太線と太破線は相殺し、為替差損は発生しません。
・一方、100円／ドル以上ではオプションを棄却し市中の為替レートを適用することで差益を享受することができます。
・ただし、実際にはオプション・プレミアムの5円／ドル分だけ損益線は下方（損失側）にシフトすることになります。
　すなわち、為替リスクをオプション・プレミアム以下に抑えつつ為替差益も享受することが可能になります。

（設問２）

　輸入業者の為替リスクのヘッジについての問題である。将来的に輸入した商品の代金をドルで支払うため、円をドルに換える必要がある。すなわち、ドル買い（円売り）である。現時点の円相場が決済時点で円安に振れると支払う円が増えるため差損が生じ、反対に円高に振れると支払う円が減り、差益が生じる。

　この為替リスクを回避する方法には、輸出の場合と同じく為替予約とオプションとがある。

① 　為替予約

　（設問１）同様、為替予約とは、将来の為替レートを現時点で決めるものである。決済時点で円安に振れても差損は発生しないメリットがあるが、円高に振れても差益を享受できないデメリットがある。

② 　オプション

　本問においては、将来の決済時のドルを買う「コール・オプションを購入する」ことになる。為替差損が発生する円安時にはオプションを行使して契約時に定めた為替レートを適用することで為替差損を回避できる。為替差益が発生する円高時にはオプションを放棄し、その時点の円相場で決済することで為替差益を得ることができる。（設問１）同様、オプション・プレミアムを売り手側（銀行など）に支払う必要がある。

　※　各々の解答文については解答例を参照。

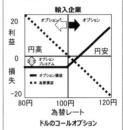

**STEP 2**
合格点突破問題
解答・解説

# デリバティブ②
（先物予約時の売上と為替変動）

## 解　答

（設問1）

> 400万円の差益が発生する。

（設問2）

| (a) | 1ドル110円で300万ドルを購入するコール・オプションを購入するべきである。 |
|---|---|
| (b) | 長所は、円安のときには1ドル110円で300万ドルを購入する権利を行使し為替差損を回避できること。また円高のときには権利を放棄し、市中レートで300万ドルを購入することで、為替差益を得られること。<br>短所は、円安・円高にかかわらず、オプション・プレミアムが必要なこと。 |

## 解　説

　輸入業者の為替予約の契約時における内容に対して、決済時において為替レートと予想輸入額がともに変動したときの損益を計算し、ヘッジ（回避）方法およびその長所と短所を提示する問題である。

（設問1）

　輸入商社であるD社は、契約時（今半期首）において決済時（今半期末）に110円／ドルの為替レートで300万ドルの決済を行う契約を行った。すなわち、先物予約の契約先（銀行と考えて構わない）に対して、決済時に①契約時の契約レート（110円／ドル）に基づき33,000［万円］（＝300×110）を支払い、②300万ドルを受け取る、こととなっている。

　しかしながら、本問では契約時に想定した①②の契約事項に対して決済時にそれぞれ変化が生じている。すなわち、

①決済時の為替レートが（110円／ドルから）115円／ドルと5円／ドルの円安になった

②決済時に必要なドルは220万ドルでよいこととなった。

　決済時に、D社が契約時想定した33,000［万円］の支払いに対してどのような変化が生じるか、が求められている。すなわち、

・　決済時にD社は、契約に基づき33,000［万円］支払い300万ドルを受け取る。これは輸入額の220万ドルに対して80万ドル余剰で

┌─ 解き方のポイント ─┐
★先物予約（為替先物予約）は契約行為であり、3つの内容を契約することを認識しましょう。
　すなわち、
①決済時期
②決済時点の為替レート
③契約対象額面
契約時点にこれらを決定し、変更はできません。

③の額面に過不足があるときには、決済時点の市中レート（スポットレート）で調達し、調整します。

ある。

・　D社は決済時に、余剰の80万ドルに対して契約レート（110円／ドル）ではなく決済時点のレート115円／ドルでドルを売って円を受け取る。すなわち、この差分が差益となる。

差益額＝80[万ドル]×(115－110)[円／ドル]＝<u>400[万円]</u>

である。

これを図に表すと以下のようになる。

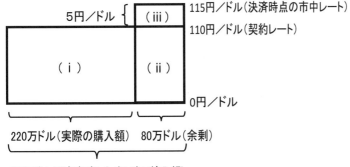

（i）＋（ii）：想定した円の決済額

（ii）　　　：余剰ドル(80万ドル)の契約レートでの円受け取り額

（ii）＋（iii）：余剰ドル(80万ドル)の決済時点の市中レートでの円受け取り額

（iii）　　　：差益

（設問２）

解答文については解答例を参照。

解き方のポイント

★２次筆記試験に出題されると想定されるオプション取引は、基本的には以下の２種類と考えて差し支えありません。

①輸入業者

＝支払いのドルを調達（ドル買い：コール）

＝ドルのコール・オプション

②輸出業者

＝受け取ったドルを売却し（ドル売り：プット）、円に換える

＝ドルのプット・オプション

## STEP 2
合格点突破問題
解答・解説

# 企業価値①
（DCF 法）

解　答

4,872.38[万円]

---

解　説

ディスカウント・キャッシュフロー(DCF)法の基本的な考え方は、「すべての資産価値は、その資産の運用によってもたらされるキャッシュフロー(以下 CF)の期待値を必要な収益率(資本コスト)で割り引いた現在価値で表す。」というものであり、企業価値を算出する際にも適用される。

本問においては、①初年度の200[万円]から5年度まで毎年5%で一定成長する毎年度の CF の現在価値と、②6年度以降一定額250[万円]で永続する CF の現在価値の総和が企業価値となる。

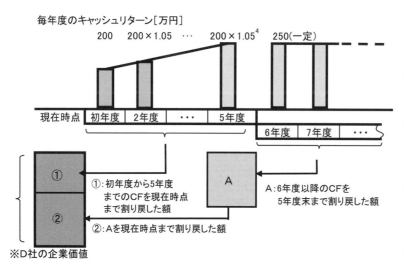

毎年度のキャッシュリターン[万円]

①：初年度から5年度までのCFを現在時点まで割り戻した額

②：Aを現在時点まで割り戻した額

A：6年度以降のCFを5年度末まで割り戻した額

※D社の企業価値

① 初年度から5年度までの CF の現在価値

毎年度の CF を、それぞれ資本コスト5%で現在時点に割り戻す。

n 年度の $CF_n$ を割引率 r にて n 年間割り戻して現在価値 $PV_n$ を求める式は、

$$PV_n = \frac{CF_n}{(1+r)^n}$$

覚える！

となる。

したがって、各年度の CF とその現在価値は次のとおりとなる。

---

**解き方のポイント**

★ DCF 法に関する計算には以下の3つがあります。

①個別年度の CF の現在価値

$$PV_n = \frac{CF_n}{(1+r)^n} \quad \cdots (\text{i})$$

$PV_n$：現在価値
$CF_n$：n 年度の CF
r：割引率

②毎年度一定の CF が永続して得られる場合の CF の現在価値の総和（ゼロ成長モデル）

$$PV_a = \frac{CF}{r} \quad \cdots (\text{ii})$$

$PV_a$：現在価値
CF：毎年の一定の CF
r：割引率

③毎年度一定率で成長する CF が永続して得られる場合の CF の現在価値の総和（一定成長モデル）

$$PV_b = \frac{CF_0}{r-g} \quad \cdots (\text{iii})$$

$PV_b$：現在価値
$CF_0$：初年度の CF
r：割引率
g：成長率

［単位：万円］

| | 初年度 | ２年度 | … | ５年度 |
|---|---|---|---|---|
| 毎年度の CF | 200 | $200 \times 1.05$ | … | $200 \times 1.05^4$ |
| CF の現在価値 | $\dfrac{200}{1.05}$ | $\dfrac{200 \times 1.05}{1.05^2}$ $=\dfrac{200}{1.05}$ | … | $\dfrac{200 \times 1.05^4}{1.05^5}$ $=\dfrac{200}{1.05}$ |

すなわち、５年間の CF の現在価値はすべて一定となり、以下のように得られる。

初年度から５年度の CF の現在価値の総和

$$= \frac{200}{1.05} \times 5 = 952.380 \cdots$$

$$= 952.38 [万円]$$

② 　６年度以降一定で永続する CF の現在価値

初年度以降、毎年度一定額の CF が永続して得られる場合、それぞれの CF を割引率 r にて割り戻した現在価値の総和 PV を求める式は、

$$PV = \frac{CF}{r}$$

＜覚える！

となる。

したがって、６年度以降永続して250［万円］の CF が得られる場合において、それぞれの CF を割引率（資本コスト）５％で５年度末に割り戻した価値の総和は、$5{,}000\left(=\dfrac{250}{0.05}\right)$［万円］となる（p.198の図の A に該当）。

これをさらに５年割り戻すことで CF の現在価値（６年度以降の CF の現時点での価値の総和）が求められる。問題文にある５年度の複利現価係数を使い、次のように計算できる。

６年度以降の CF の現在価値

$= 5{,}000 \times 0.784$（５年度の複利現価係数）

$= 3{,}920$［万円］

---

確認！

★ p198「解き方のポイント」の（ⅱ）式は（ⅰ）式より以下のように得られます。

$$PV_a = \frac{CF}{(1+r)}$$

$$+ \frac{CF}{(1+r)^2} + \cdots \quad (a)$$

両辺に ×（1＋r）をすると

$$PV_a(1+r)$$

$$= CF + \frac{CF}{(1+r)} + \cdots \quad (b)$$

（b）−（a）より、

$$PV_a \times r = CF$$

よって（ⅱ）式、

$$PV_a = \frac{CF}{r}$$

となります。

★ DCF 法は資産価値算出の方法であるため、
PV を（理論）株価
CF を配当値
r を期待する収益率
とすれば、株価モデルとしても使用できます。

---

解き方のポイント

★割戻し計算を行う場合は、「どの時点に割り戻すか」に注意しましょう。

本問では、６年度以降一定額の CF を割り戻す先は５年度（末）になります。

これに複利現価係数を用いて現時点に割り戻し、現在価値の総和を求めます。

これらを表にまとめると以下のようになる。

[単位：万円]

|  | 初年度 | 5年度 | 6年度以降 |
|---|---|---|---|
| 毎年度のCF | ― | ― | 250<br>（一定額で永続） |
| 6年度以降永続する<br>CFの5年度時点で<br>の価値（下図A） | ― | $5{,}000\left(=\dfrac{250}{0.05}\right)$ | |
| 下図Aの現在価値<br>② | 3,920<br>$(=5{,}000\times0.784)$ | | |

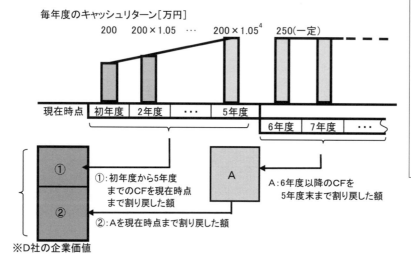

毎年度のキャッシュリターン[万円]

①：初年度から5年度<br>までのCFを現在時点<br>まで割り戻した額

②：Aを現在時点まで割り戻した額

A：6年度以降のCFを<br>5年度末まで割り戻した額

※D社の企業価値

以上より、D社が買収金額とすべき金額は、買収事業により得られるキャッシュフローの現在価値の総和であり、①②より、

$$952.38+3{,}920=\underline{4{,}872.38}[万円]$$

となる。

**解き方のポイント**

★企業価値の算出にはさまざまな方法がありますが、大きく2つの方法を押さえておきましょう。

①資金調達、すなわちB／Sの右側から企業価値を求める方法：

これは、有利子負債の現在価値と株主資本の現在価値をそれぞれ求め、合計することにより得られます。

②事業が生み出すCFから企業価値を求める方法：

事業が生み出すフリーCFを必要な収益率で割り引いた現在価値を企業価値とするもので、これがディスカウント・キャッシュフロー（DCF）法です。

## STEP 2
合格点突破問題
解答・解説

# 企業価値②
（企業価値の算定）

### 解 答

| (a) | 2,866.24[百万円] | (b) | 2,313.62[百万円] |
|---|---|---|---|
| (c) | 提示額はいずれの算出企業価値をも上回り、D社は買収提案を受けるべきである。 | | |

### 解 説

　与えられた条件に基づいて、D社のX2年度の損益計算書、製造原価報告書の穴埋めを行うと以下のとおりとなる。

| 損益計算書 | ［単位：百万円］ |
|---|---|
| 売上高 | 4,800 |
| 製造原価 | (3,654) |
| 売上総利益 | (1,146) |
| 販売費・一般管理費 | 986 |
| （うち減価償却費） | (40)②  |
| 営業利益 | (160)① |
| 営業外収益 | 12 |
| 営業外費用 | 47 |
| 経常利益 | (125) |
| 法人税等 | (*3)(50) |
| 当期純利益 | (75) |

| 製造原価報告書 | ［単位：百万円］ |
|---|---|
| 材料費 | (*1)(1,440) |
| 労務費 | 1,200 |
| 製造経費 | (994) |
| 　変動製造経費 | (*2)(384) |
| 　固定製造経費 | 610 |
| 　（うち減価償却費） | (50)③ |
| 当期製造費用 | (3,634) |
| 期首仕掛品棚卸高 | 220 |
| 期末仕掛品棚卸高 | 200 |
| 当期製品製造原価 | (3,654) |

(*1) $4,800 \times 0.3 = 1,440$　(*2) $4,800 \times 0.08 = 384$　(*3) $125 \times 0.4 = 50$

　本問の(a)(b)ではディスカウント・キャッシュフロー(DCF)法を用いて企業価値を算出することが求められている。(c)では(a)(b)の結果と買収提案価格との大小を比較し本案件を評価することとなる。

　DCF法において企業価値は、企業が将来獲得すると予想するフリー・キャッシュフロー(以下フリーCF)を一定の割引率で割り引いて求めた現在価値の総和として得られる。すなわち、

> $$企業価値 = \frac{フリー・キャッシュフロー(フリーCF)}{割引率} \qquad \cdots (\mathrm{i})$$

◁ 覚える！

となる。

> **確認！**
>
> ★ディスカウント・キャッシュフロー(DCF)法における企業価値の算出式は、
>
> $$企業価値 = \frac{フリーCF}{割引率}$$
>
> となります。
>
> ★フリーCFの計算式は、
>
> フリーCF
> ＝営業利益×(1－税率)
> 　＋減価償却費
> 　－運転資本増減額
> 　－投資額
>
> となります。

ここで、フリー CF は以下の式より得られる。

> **フリー CF ＝営業利益×（1－税率）＋減価償却費**
> **　　　　　－運転資本増減額－投資額**
> 　　　　　　　　　　　　　　　　　　　…（ⅱ）

◁ 覚える！

また、割引率として加重平均資本コスト（WACC）を用いる。WACC は以下の式により得られる。

> $$WACC = \frac{負債の価値}{負債の価値＋株主資本の価値} \times 負債コスト \times (1-税率)$$
> $$+ \frac{株主資本の価値}{負債の価値＋株主資本の価値} \times 株主資本コスト$$
> 　　　　　　　　　　　　　　　　　　　…（ⅲ）

◁ 覚える！

（a）平均的な負債資本コストを4％とする場合の D 社の企業価値

　　フリー CF は、（ⅱ）式に損益計算書、製造原価報告書の値を代入して以下のように得られる。

　　フリー CF ＝160（営業利益[1]）×｛1－0.4（税率）｝
　　　　　　　　＋90（[2]＋[3]）－51（運転資本増加額）$^{(※)}$
　　　　　　　　$- \dfrac{90（[2]＋[3]）}{2}$ $^{(※※)}$

　　　　　　　＝160×0.6＋90－51－45＝90［百万円］

（※）運転資本＝売上債権＋棚卸資産－仕入債務　より、

　　　運転資本増加額＝（772＋244－611）－（655＋230－531）

　　　　　　　　　　　＝405－354＝51［百万円］

（※※）貸借対照表の注記に「毎年、減価償却費の半額の維持的投資を行っている」とあることから、

　　　投資額＝$\dfrac{90（[2]＋[3]）}{2}$＝45［百万円］

次に（ⅲ）式を用いて WACC を求める。

　　ここで、「平均的な負債資本コストを4％とする場合」とあることから、負債は無利子の負債を含む負債全体額を代入する。

　　よって、貸借対照表の数値から以下のように計算できる。

$$WACC = \frac{\text{X2年度の負債全体}^{※1}}{\text{X2年度の負債全体＋X2年度の株主資本}^{※2}} \times 負債コスト^{※3} \times (1-税率)$$
$$+ \frac{\text{X2年度の株主資本}}{\text{X2年度の負債全体＋X2年度の株主資本}} \times 株主資本コスト^{※4}$$

---

**解き方のポイント**

★企業価値の算出に用いる割引率は出資者が企業に期待する収益率になります。企業の出資は借入金による出資と株式による出資に分けられます。これらを加重平均したものが WACC（加重平均資本コスト）であり、次のように表すことができます。

WACC
$$= \frac{D}{D+E} \times rD \times (1-t)$$
$$+ \frac{E}{D+E} \times rE$$

ここで、
D：負債の価値
E：株主資本の価値
rD：負債コスト
rE：株主資本コスト
t：税率

---

**解き方のポイント**

★企業価値の算出において負債をどのように取り扱うかには2つの考え方があります。ひとつは負債全体を考慮するものであり、もうひとつは有利子負債のみを考慮するというものです。本問の(a)と(b)で説明します。

★(a)「平均的な負債資本コストが4％」とは、すべての負債コストを対象として平均したことを示しています。企業価値を算出するにあたり、負債全体＝無利子負債＋有利子負債を考慮することになります（(b)は p.203 を参照）。

$$= \frac{2,800}{2,800+535} \times 4 \times (1-0.4) + \frac{535}{2,800+535} \times 7 = 3.137\cdots = 3.14[\%]$$

※1　X2年度の負債全体

　　　＝1,350（流動負債）＋1,450（固定負債）＝2,800［百万円］

※2　X2年度の株主資本（の価値）＝535［百万円］

※3　負債コスト＝4％　　※4　株主資本コスト＝7％

したがって企業価値は、（ⅰ）式を用いて以下のように得られる。

$$企業価値 = \frac{フリーCF}{WACC}$$

$$= \frac{90}{0.0314} = 2,866.242\cdots = 2,866.24[百万円]$$

| 解き方のポイント |
★(b)「有利子負債の負債コストが5％」とは、有利子負債の負債コストのみを対象とすることを示しています。企業価値を算出するにあたり、負債として有利子負債のみを考慮することになります。

★負債の取り扱いをどちらにするかは、問題文の設定から判断しましょう。

(b) 有利子負債の負債コストを5％とする場合のD社の企業価値

フリーCFは(a)と同じく、90［百万円］となる。

加重平均資本コスト（WACC）は（ⅲ）式を用いて算出する。ここで、「有利子負債の負債コストを5％とする場合」とあることから、負債は有利子負債の額のみを代入する。

$$WACC = \frac{X2年度の有利子負債^{※1}}{X2年度の有利子負債 + X2年度の株主資本^{※2}} \times 負債コスト^{※3} \times (1-税率)$$

$$+ \frac{X2年度の株主資本}{X2年度の有利子負債 + X2年度の株主資本} \times 株主資本コスト^{※4}$$

$$= \frac{1,865}{1,865+535} \times 5 \times (1-0.4) + \frac{535}{1,865+535} \times 7$$

$$= 3.891\cdots = 3.89[\%]$$

※1　X2年度の有利子負債

　　　＝415（短期借入金）＋1,450（長期借入金）＝1,865［百万円］

※2　X2年度の株主資本（の価値）＝535［百万円］

※3　負債コスト＝5％　　※4　株主資本コスト＝7％

したがって企業価値は、（ⅰ）式を用いて以下のように得られる。

$$企業価値 = \frac{フリーCF}{WACC}$$

$$= \frac{90}{0.0389} = 2,313.624\cdots = 2,313.62[百万円]$$

(c) (a)、(b)いずれの場合も提示額は算出企業価値を上回り、D社は買収提案を受けるべきである。

## Column 11

### 得点に結びつくデリバティブの知識①

「デリバティブ」は「金融派生商品」と訳され、比較的最近登場した金融取引に関する手法の総称です。日常接することのない用語が使われるために、「難しい」と感じる受験生も多いようですが、過去の2次筆記試験問題での問われ方は基礎知識で十分得点可能なレベルです。本問題集を繰り返し解いて合格ラインを確保しましょう。

**【2次筆記試験における「デリバティブ」への対応】**

受験生として「2次筆記試験において合格ラインを確保する」ことを目標とすると、以下のように割り切ることで試験準備の効率化を図ることができます。

- ■国内企業の立場から考える（国内中小企業の診断事例であるため）
- ■輸出入の相手国は米国、外貨はドル、為替レートは100円／ドルとする
- ■為替リスクの低減を目的とする（投資分野は扱わない）
- ■「為替予約」と「オプション取引」を理解する（手を広げず合格ラインを確保するため）
- ■考え方の「対称性」を利用する（他の条件が同一であれば円高と円安、輸出と輸入では結果は逆になるなど）
- ■身の回りで起きている事象に当てはめる（円高時に輸入品が安くなり、円安時には自動車や電機産業などの輸出型企業の業績が良くなるなど）
- ■その他の場合は類推により処理する

このように割り切ると、試験準備に関して相当な効率化が可能です。すなわち、

「輸出入を行う国内企業D社が将来発生する為替リスクを低減する手段として、為替予約もしくはオプション取引を行うこと」

に関する対応を押さえた後、知識を拡大していくように進めるとよいでしょう。

**ポイント①【為替予約】**

為替予約は、「将来の決済時における為替レートを契約時において決定する」契約行為です。よって、将来為替レートが不利側に振れた場合の損失リスクをなくすことができる一方、将来為替レートが有利側に振れた場合に収益を得る可能性もなくなります。

また、契約では、決済時期、為替レートおよび金額を決めます。たとえば、「輸出企業D社が半年後に100円／ドルで1万ドルを決済する（売上1万ドルを円に換える）」などです（ここで決済は「銀行に支払う」と考えて差し支えありません）。契約であるということは、必ず履行されなくてはなりません。すなわち、D社の半年間の売上が1万ドルに届かない（たとえば売上8千ドルであった）場合、その差額（2千ドル）はその時点の市中為替レート（スポットレート）で調達して1万ドルを用意する必要があります。そして、この2千ドルには為替リスクが発生します。

# Column 12

## 得点に結びつくデリバティブの知識②

**ポイント②【オプション取引】**

オプション取引の「オプション」とは、「選択肢」の意味です。為替予約では決済時点の為替レートを契約時点で固定するため、為替リスクがない反面、為替による収益も得られません。しかしオプション取引は、「**市中為替レートが有利（収益が出る）側に振れたときに市中為替レートを選択できる権利（オプション）を提供する**」契約になります。これだけ聞くと何とも都合のよい契約のように思えますが、オプション取引契約の相手（銀行と考えて差し支えありません）はこんな不利な契約をするでしょうか？　そこで取引契約には、「オプション・プレミアム」と呼ばれる契約料が設けられています。すなわち、為替変動による収益がオプション・プレミアム以下であれば、収益を得るのはオプション取引契約の相手（銀行）側になります。

ここで、用語を整理しておきます。

- ■「コール・オプション」：取り決めた資産を契約時点に設定した為替レートで「買う」権利
- ■「プット・オプション」：取り決めた資産を契約時点に設定した為替レートで「売る」権利
- ■「オプションの売り手、買い手」：買い手はこの契約を買う側（D社になります）、売り手は銀行と考えて差し支えありません
- ■「オプション・プレミアム」：オプションの契約料（オプションの価格）
- ■「アメリカンタイプのオプション」：オプション権の行使はいつでも可能なもの
- ■「ヨーロピアンタイプのオプション」：オプション権の行使はあらかじめ設定した時点（満期時）のみ可能なもの

〈得点に結びつくデリバティブの知識①〉で考えた割り切りをここでも適用すると、

> 「国内輸入企業D社が輸入対価のドルを円で購入するドルのコール（買い）・オプションを契約する」
> 「国内輸出企業D社が売り上げたドルを円に換えるためドルのプット（売り）・オプションを契約する」

に関する考え方を押さえ、その後知識を拡大していくように進めましょう。

以下は、DAY 27〈デリバティブ①〉p.194、195で説明した、100円／ドル、オプションプレミアム5円／ドルにおける、コール・オプションとプット・オプションのグラフです。

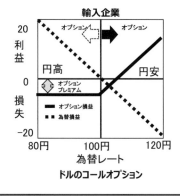

ドルのコールオプション

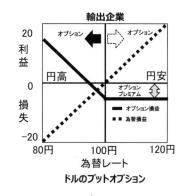

ドルのプットオプション

# Column 13

## 確実に得点につなげる！ 長文論述問題への対応法

**【論述問題の種類】**

2次筆記試験事例Ⅳの過去問における論述問題は、以下のように分類できます。

> ① 経営分析を踏まえ、D社の経営状況などを説明するもの【毎年出題】（40～60字程度）
> ② 長文の論述問題【平成24・25年度など】（90～200字程度）
> ③ 特定のテーマに関する論述問題【平成19・20・29・30年度など】（40～70字程度）

ここでは、長文の論述問題に戸惑った受験生が多かったと思われる②のパターンへの対応のしかたを考えましょう。

**【長文論述問題の解答方法】**

試験要項によると2次筆記試験は、「中小企業の診断及び助言に関する実務の事例並びに助言に関する能力について、短答式または論文式により行う」とあります。したがって、**計算問題と思いやすい事例Ⅳも、事例Ⅰ～Ⅲと同様、事例企業に対する分析力や提案力が事例問題を通じて問われていると考えるべきです。**

たとえば、平成24年度の第3問（設問2）において「事業承継において考えられる相手先とその際の留意点」が問われました。200字という字数要求に戸惑った受験生の多くは、いわゆる事業承継の知識を分類して記載したことと思われます。

知識が正確でしっかり分類ができていれば加点されたと思いますが、合格答案に仕上げるには「事例問題である」、との意識をしっかり持つ必要があります。この場合、第3問の大問の問題文を読むと、「後継者のいないオーナー夫妻のD旅館についての具体的説明」が求められているので、やはり与件文に寄り添って解答をすべきです。親族承継は「一般論として」などの注釈を入れ、内部承継は「正社員（従業員）」、外部売却に関しては「周辺旅館」など与件文の名称を使うことで、D旅館についての具体的説明であることを表現しましょう。

また、たとえば平成25年度の第3問は、「植物工場における生産計画から納品までのプロセスで考慮すべきリスクに関連するコストを大きい順に4つ」、90字で問われました。「品質原価」に関する問題でしたが、この知識を持つ受験生は多くなかったと思われます。このような場合もしっかり与件文の言葉を使い、リスクに関連するコストの大きさは製品の完成度が進むにつれて大きくなることを説明できた受験生が高得点を獲得しています。

長文の論述問題は、計算ミスがないので得点上乗せのビッグチャンスです。**得点要素は与件文にあることをしっかり理解して書くことが高得点のポイントです。**このため過去問題で練習をしておきましょう。また、2次筆記試験で出題され、どうしても解答が浮かばないときは「とにかく何か書く」ことに注力し、白紙答案を避けましょう。

# 第4部

# 予想論点攻略！
# Extra 問題と解答・解説

STEP 2 までで、事例Ⅳの合格点突破に向けた応用力が身につきます。ただし、本番の事例Ⅳの問題は、頻出論点からだけでなく、新しい論点が出題されることもあります。

今回、改訂新版の出版にあたり、今後出題が予想される問題を扱うパートを新たに加えました。STEP 2 で身につけた合格点突破の応用力をさらに高めるために、Extra 問題に取り組んで本番での対応力を増やしておきましょう。

☞ 解答・解説は p.214へ

```
Extra        Extra 1   経営分析                        目標解答時間
問題                                                    20分
```

## 【第 1 問】

　中小企業診断士である M は××区の信用金庫 A 支店より、同区内の金属加工業 D 社に関して経営改善計画の作成を前提とした経営分析の実施を依頼された。

　D 社は1979年創業で、現在 1 部上場のゲーム会社 S 社がアーケードゲーム機メーカーとして事業を開始した1980年代以来、下請事業者として S 社との取引を継続している。

　S 社のアーケードゲーム事業は「プリントシール機」がブームとなった後、現在は「クレーンゲーム機」が主力となっている。D 社は S 社より、新機種開発毎に可動部まわりの金属部品を受注している。2020年のコロナ禍により S 社からの受注が大きく減少したため D 社の収益は悪化し、債務超過額が拡大している状況である。

　このようななか、A 支店が主力金融機関として返済条件の見直しの必要性を判断するため、今回の依頼となったわけである。今回の経営診断を実施するにあたり、M は表面上の決算報告書に基づく分析ではなく、経営実態を表す実態貸借対照表を作成後、経営分析を行うこととした。そして A 支店の担当者との打ち合わせの後 D 社を訪問し、経営者より各種データを受け取るとともに、聞き取りを行った結果、以下の情報を得た。

■　売上高の約70％以上が S 社からの受注となっている。見込生産する部品も受注生産する部品もある。長年の取引実績により、D 社の実力が評価され高付加価値の部品を受注できている。

■　家族経営で社長をはじめ全員が現場作業に忙殺されている。受注に山谷があり、繁忙期に自社で対応できないと外注に委託してしまうことも多い。

■　新たに区内の食品機械会社 B 社から高付加価値部品の受注を開拓したが、S 社からの不定期で大量の発注があると手一杯となるため、受注拡大や新規受注先開拓をできていない。

　また、決算書の修正に関して以下の情報を得た。数値については受け取ったデータや確定申告書から裏付けを取っている。

■　長期未払い金は全額経営者の貸付金である。
■　有価証券は S 社の株式を勧められて購入したが、現在の株価は50％減となっている。
■　取引先を確認した結果、数社の回収見込みのない売掛金が1,620千円ある。
■　機種変更前に見込生産した長期部品在庫が8,280千円あり、販売見込みがない。

　経営分析に当たり貸借対照表について上記の修正を行い、実態貸借対照表を作成した。上記株価減、回収見込みのない売掛金、不良在庫、および経営者貸付金については全額を減額修正することとし、経営者貸付金は全額自己資本に組み入れる修正を行うこととした。また、損益計算書について修正の影響はないものとした。

　D 社の X 年度の財務諸表（D 社・同業他社の貸借対照表と損益計算書）は以下のとおりであり、貸借対照表については、修正と実質の欄を追加している。

［単位：千円］

| | 決算 | 修正 | 実質 | 同業他社 | | 決算 | 修正 | 実質 | 同業他社 |
|---|---|---|---|---|---|---|---|---|---|
| 資産の部 | | | | | 負債の部 | | | | |
| 流動資産 | 53,989 | | | 35,231 | 流動負債 | 38,550 | | | 24,406 |
| 　現金・預金 | 8,341 | | | 14,931 | 　仕入債務 | 35,524 | | | 14,546 |
| 　売上債権 | 10,188 | | | 9,528 | 　短期借入金 | 0 | | | 4,000 |
| 　棚卸資産 | 34,537 | | | 9,551 | 　その他 | 3,026 | | | 5,860 |
| 　その他 | 923 | | | 1,221 | 固定負債 | 63,818 | | | 22,160 |
| 固定資産 | 30,139 | | | 31,951 | 　長期借入金 | 35,004 | | | 22,160 |
| 有形固定資産 | 18,070 | | | 29,244 | 　長期未払金 | 28,814 | | | 0 |
| 　土地 | 8,423 | | | 16,995 | 負債合計 | 102,368 | | | 46,566 |
| 　建物 | 46 | | | 6,865 | | | | | |
| 　機械・装置 | 9,601 | | | 5,384 | 純資産の部 | | | | |
| 無形固定資産 | 165 | | | 198 | 資本金 | 10,000 | | | 10,000 |
| 投資等 | 11,904 | | | 2,509 | 　その他 | ▲28,240 | | | 10,616 |
| 　有価証券 | 11,904 | | | 2,509 | 純資産合計 | ▲18,240 | | | 20,616 |
| 資産合計 | 84,128 | | | 67,182 | 負債・純資産合計 | 84,128 | | | 67,182 |

（D社・同業他社　貸借対照表）

［単位：千円］

| | D社 | 同業他社 |
|---|---|---|
| 売上高 | 78,959 | 104,792 |
| 売上原価 | 62,688 | 89,329 |
| 売上総利益 | 16,271 | 15,463 |
| 販売費・一般管理費 | 19,554 | 11,575 |
| 営業利益 | ▲3,283 | 3,888 |
| 営業外利益 | 3,013 | 675 |
| 営業外費用 | 8,066 | 934 |
| 経常利益 | ▲8,336 | 3,629 |
| 法人税等 | 70 | 907 |
| 当期純利益 | ▲8,406 | 2,722 |

（D社・同業他社　損益計算書）

（設問 1 ）

　D 社の X 年度の実態貸借対照表を作成したうえで経営分析を行う。D 社と同業他社を比較して D 社が優れていると考えられる財務指標を 1 つ、D 社の課題を示すと考えられる財務指標を 3 つ取り上げ、それぞれについて、名称を（a）欄に、その値を（b）欄に記入せよ。

　なお、優れていると考えられる指標を①欄に、課題を示すと考えられる指標を②、③、④に記入し、（b）欄の値については、小数点第 3 位を四捨五入し、単位をカッコ内に明記すること。

（解答欄）

|  | (a) | (b) |
|---|---|---|
| ① |  | [　　　] |
| ② |  | [　　　] |
| ③ |  | [　　　] |
| ④ |  | [　　　] |

（設問 2 ）

　財務諸表から読み取れる同業他社と比べての D 社の課題と対応策について、100 字以内で述べよ。

（解答欄）

|  |  |  |  |  |  |  |  |  |  |  |  |  |  |  |  |  |  |  |  |
|---|---|---|---|---|---|---|---|---|---|---|---|---|---|---|---|---|---|---|---|
|  |  |  |  |  |  |  |  |  |  |  |  |  |  |  |  |  |  |  |  |
|  |  |  |  |  |  |  |  |  |  |  |  |  |  |  |  |  |  |  |  |
|  |  |  |  |  |  |  |  |  |  |  |  |  |  |  |  |  |  |  |  |

**攻略のキー** --------------------------------------------------------------

　金融機関目線での経営診断を行うために、実態貸借対照表を作成のうえ経営分析を行う問題です。実態貸借対照表は、経営実態に合わせて貸借対照表の数値を修正して作成します。

　経営情報を調査し、各項目の値を修正します、修正情報は問題文中に提示されたものを使用し、最終的に貸方と借方が同額になるように注意しましょう。

# Column 14

## 事業部制業績評価（ROI と残余利益）

ROI とは投下資本利益率（Rate of return Of Investment）のことで、投下した資本に対する利益額として、

$$\text{ROI} = \frac{利益額}{投下資本} \times 100$$

で表されます。

また、残余利益とは、利益から資本コストを差し引いた後に残る利益として、

残余利益＝利益額－資本コスト額

で表せます。

事業部制の事業部長の業績測定尺度として、ROI を活用する場合、メリット・デメリットがあるため、同時に残余利益も考慮して、判断をする必要があります。

### ● ROI による業績測定のメリットとデメリット

| | メリット | デメリット |
|---|---|---|
| ROIによる業績測定のメリットとデメリット | 割合での比較になるため、事業部の規模の大きさに関係なく事業部の業績測定を行える。 | ROIの増減で判断を行うことになるため、企業全体の利益と事業部の利益との不一致が起こりうる。 |

### ●残余利益による業績測定のメリットとデメリット

| | メリット | デメリット |
|---|---|---|
| 残余利益による業績測定のメリットとデメリット | 業績測定の際に利益額で判断を行うため、企業全体の利益と事業部の利益との不一致が起こらない。 | 利益額で評価を行うため、規模の異なる事業部では利益額が異なるため、比較できない。 |

このように比率を扱う ROI と絶対額を扱う残余利益には、それぞれ、メリットとデメリットがあります。よって、ROI と残余利益それぞれのメリットとデメリットを考慮して、業績測定を行います。

| | Extra 問題 | | Extra 2 | 事業部制業績評価 （ROI と残余利益） |
|---|---|---|---|---|

☞解答・解説は p.220へ

　D社は、創業100年を迎える、農業用種苗と生産資材、および温室などの農業設備の販売を行う老舗企業である。D社の良質な種苗を愛好する農家は多く、堅調な売上を維持しているものの、近年、海外から安価な種苗が流入し、競争環境が激化しつつある。

　厳しい競争環境に打ち勝つため、D社社長は、農業用種苗や生産資材の販売ではない新規事業を検討している。現在D社では、農業用種苗事業部と農業設備事業部の2つの事業部制組織となっている。新規事業は、30,000万円の新規投資を行えば、7,500万円の営業利益が見込まれている。

　D社社長は、農業用種苗事業部と農業設備事業部の両事業部長にそれぞれの事業部での新規事業の実施について意見を求めた。D社全体の資本コストは10％であり、新規事業を開始する前の農業用種苗事業部と農業設備事業部のROIは下表のとおりである。

　なお、利益に対する税率は40％とし、記載の利益はすべて税引前である。ROIは税引後利益で計算されている。端数が生じる場合には％は小数点第2位、万円については小数点第1位で四捨五入することとする。また、新規投資額および利益額は各事業部長が管理可能である。

| | 農業用種苗事業部 | 農業設備事業部 |
|---|---|---|
| 営業利益 | 40,000万円 | 50,000万円 |
| 投下資本 | 100,000万円 | 250,000万円 |
| ROI | 24.0％ | 12.0％ |

（設問1）

　農業用種苗事業部と農業設備事業部が新規事業を行う場合のROIを求めなさい。

| （解答欄） | 農業用種苗事業部の ROI | |
|---|---|---|
| | 農業設備事業部の ROI | |

（設問2）

　D社は、農業用種苗事業部と農業設備事業部の各事業部長の業績測定尺度として、ROI
を活用している。各事業部長の立場からの新規事業案に関する意思決定をそれぞれ解答欄
に60字以内で述べよ。

（解答欄）

農業用種苗事業部長の立場

（設問3）

　新規事業はシナジーを考慮し、農業用種苗事業部で行いたいとD社社長は考えている
ものの、事業部長の業績測定尺度として、ROIを活用しているため、農業用種苗事業部
長は難色を示している。中小企業診断士として、D社社長より新規事業実施の可否に関し
て、D社全体としてのアドバイスを求められている。残余利益の観点も考慮したうえで、
解答欄に100字以内で提案を述べよ。

（解答欄）

**攻略のキー**

　新規事業や新規投資を実施する際、事業部制組織の評価軸としてROIを採用している場
合、各事業部の利害と全社の利害が一致しないことがある。その場合、ROIだけではなく、
残余利益も考慮して判断を行う。

**Extra 問題 解答・解説**

# Extra 1 経営分析

## 解 答

（設問1）

| | | (a) | (b) |
|---|---|---|---|
| ① | | 売上高総利益率 | 20.61 ［％］ |
| ② | | 売上高経常利益率 | −10.56 ［％］ |
| | | （別解）売上高営業利益率 | −4.16 ［％］ |
| ③ | | 総資本回転率 | 1.16 ［回］ |
| | | （別解）棚卸資産回転率 | 3.01 ［回］ |
| ④ | | 自己資本比率 | −7.73 ［％］ |

（設問2）

| | | | | | | | | | | | | | | | | | | | |
|---|---|---|---|---|---|---|---|---|---|---|---|---|---|---|---|---|---|---|---|
| D | 社 | は | 一 | 社 | 依 | 存 | 度 | が | 高 | く | 、 | 受 | 注 | 減 | や | 経 | 営 | 効 | 率 |
| の | 低 | さ | に | よ | る | 赤 | 字 | に | て | 債 | 務 | 超 | 過 | が | 拡 | 大 | し | 危 | 険 |
| 領 | 域 | に | あ | る | 。 | 経 | 営 | 者 | が | 経 | 営 | 管 | 理 | に | 注 | 力 | し | 、 | 経 |
| 営 | 効 | 率 | を | 高 | め | つ | つ | 、 | 高 | 付 | 加 | 価 | 値 | ・ | 稼 | 働 | 平 | 準 | 化 |
| に | つ | な | が | る | 新 | 規 | 顧 | 客 | 開 | 拓 | を | 図 | る | 必 | 要 | が | あ | る | 。 |

## 解 説

　中小企業診断士の実務において、経営改善計画や再生計画の作成など金融機関と密接に連携して仕事を行う機会は多い。診断士試験においても実務を反映した問題は想定・準備すべきものといえる。

　企業の決算書は経営者の意図を反映しているため、金融機関は決算書に一定の考え方に基づき修正を加える必要がある。具体的には、経営の実態をより正確に表す・時価評価を行う等の考え方である。

　実態評価のポイントは、

① 売上債権
② 棚卸資産
③ 固定資産
④ 投資等
⑤ その他

である。

**解き方のポイント**

★「実態貸借対照表」は、診断士資格を獲得後の実務において必ず必要となる概念なので、知識として獲得しておきましょう！

① 売上債権

長期未回収となっている売掛金・受取手形等は通常全額含み損とする。今回、回収見込みのない売掛金1,620千円を減額修正する（\*1）。

② 棚卸資産

長期滞留在庫で販売が見込めない不良在庫は通常全額含み損とする。今回、長期部品在庫8,280千円を減額修正する（\*2）。

③ 固定資産

土地は路線価に、土地・建物は担保評価額に修正する。建物・機械設備等は、償却不足相当分を含み損とする（ただし、事業継続に必要な場合、含み損計上はしない）。

④ 投資等

上場株式・ゴルフ会員権等は、現在評価値×掛け目率（60％程度）に修正する。本問では現在価格の50％に減額修正する（\*3）。

⑤ その他

中小企業の場合、経営者の借入金は、資本金同等の性質のため、自己資本と見なすことが多い。本問では経営者の貸付金である長期未払い金を全額自己資本に組み入れる修正をする（\*4）。

【与件文から読み取れる情報】

● 下請け・一社依存体質：D社は下請けとして約70％以上の売上をS社からの受注に頼る一社依存経営となっている。今回のコロナ禍のように、元請会社の経営状況の影響を大きく受けるリスクがある。

● 繁忙期に自社対応できず外注委託している：下請けとして生産計画が適正に立てられておらず、繁忙期の過負荷となった仕事を場当たり的に外注委託し、費用を増大させている。

● 家族経営で社長をはじめ全員が現場作業に忙殺されている：上記生産計画が立てられていない原因は、社長が現場作業に忙殺され管理体制があいまいになっていることである。

● 長期未払金は全額経営者の貸付金である：中小企業特性として経営者と会社は一体的と見なせるため、経営者借入金は自己資本と見なすことが多い。

● 上場会社のS社株式は時価評価を行う：50％の評価損に関して経営者の見通しの甘さがうかがえる。

● 回収不能の売上債権が1,620千円にのぼる：これは売上債権全体の約16％にのぼり、経営者の債権管理の甘さがうかがえる。

● 長期部品在庫が8,280千円存在する：これは棚卸資産全体の約24％にのぼり、上記同様、経営者の管理不足といえる。

---

解き方のポイント

★実態貸借対照表は、金融機関が企業の真の姿を表すことを目標としています。

　中小企業診断士は決算書に加え、税務申告書、売上台帳などの資料に当たりながら経営者へのヒアリングを行い、事実をとらえていきます。

---

解き方のポイント

★本問においては修正に関わる条件はすべて与件文に記載されているため、丁寧に空欄を埋めていくことで、実態貸借対照表を作成できます。

　資産・負債の各経費を修正していき、借方・貸方の総資産は同額になるよう調整します。

これらを反映した実態貸借対照表を以下に示す。

[単位：千円]

| | 決算 | 修正 | 実質 | 同業他社 | | 決算 | 修正 | 実質 | 同業他社 |
|---|---|---|---|---|---|---|---|---|---|
| 資産の部 | | | | | 負債の部 | | | | |
| 流動資産 | 53,989 | ▲9,900 | 44,089 | 35,231 | 流動負債 | 38,550 | 0 | 38,550 | 24,406 |
| 　現金・預金 | 8,341 | 0 | 8,341 | 14,931 | 　仕入債務 | 35,524 | 0 | 35,524 | 14,546 |
| 　売上債権 | 10,188 | ▲1,620(*1) | 8,568 | 9,528 | 　短期借入金 | 0 | 0 | 0 | 4,000 |
| 　棚卸資産 | 34,537 | ▲8,280(*2) | 26,257 | 9,551 | 　その他 | 3,026 | 0 | 3,026 | 5,860 |
| 　その他 | 923 | 0 | 923 | 1,221 | 固定負債 | 63,818 | ▲28,814 | 35,004 | 22,160 |
| 固定資産 | 30,139 | ▲5,952 | 24,187 | 31,951 | 　長期借入金 | 35,004 | 0 | 35,004 | 22,160 |
| 　有形固定資産 | 18,070 | 0 | 18,070 | 29,244 | 　長期未払金 | 28,814 | ▲28,814(*4) | 0 | 0 |
| 　土地 | 8,423 | 0 | 8,423 | 16,995 | 負債合計 | 102,368 | ▲28,814 | 73,554 | 46,566 |
| 　建物 | 46 | 0 | 46 | 6,865 | | | | | |
| 　機械・装置 | 9,601 | 0 | 9,601 | 5,384 | 純資産の部 | | | | |
| 　無形固定資産 | 165 | 0 | 165 | 198 | 資本金 | 10,000 | 28,814(*4) | 38,814 | 10,000 |
| 　投資等 | 11,904 | ▲5,952 | 5,952 | 2,509 | 　その他 | ▲28,240 | ▲15,852 | ▲44,092 | 10,616 |
| 　有価証券 | 11,904 | ▲5,952(*3) | 5,952 | 2,509 | 純資産合計 | ▲18,240 | 12,962 | ▲5,278 | 20,616 |
| 資産合計 | 84,128 | ▲15,852 | 68,276 | 67,182 | 負債・純資産合計 | 84,128 | ▲15,852 | 68,276 | 67,182 |

【与件文情報を踏まえた定量分析について】

　本問では①与件文を踏まえた分析する財務指標候補の選択、②収益性、効率性、安全性のバランスを考慮した財務指標の選択を行う。

【候補となる指標と根拠の抽出】

　以下、収益性、効率性、安全性についてD社と同業他社の候補となる財務指標候補の計算を行い、与件文より根拠を抽出する。

1．収益性

　各種利益が赤字となっており利益率は候補の指標となるため、一連の利益率について計算を行う。

| | D社 | 同業他社 |
|---|---|---|
| 売上高総利益率 | $\dfrac{16,271}{78,959} \times 100 = 20.61$ ［％］ | $\dfrac{15,463}{104,792} \times 100 = 14.76$ ［％］ |
| 売上高営業利益率 | $\dfrac{-3,283}{78,959} \times 100 = -4.16$ ［％］ | $\dfrac{3,888}{104,792} \times 100 = 3.71$ ［％］ |
| 売上高経常利益率 | $\dfrac{-8,336}{78,959} \times 100 = -10.56$ ［％］ | $\dfrac{3,629}{104,792} \times 100 = 3.46$ ［％］ |

解き方のポイント

★本問題集では、①財務指標全体を網羅的に計算して分析する手法、②与件文の経営分析を行い財務指標を絞り込み計算する方法を紹介しています。本問は②を行います。

確認！

★経営分析に用いる各種財務指標の計算式は、p.225「試験直前パパッとチェック」を参照しましょう。

　同業他社と比較してD社が優れていると考えられる財務指標として、売上高総利益率があげられる。与件文においては、「長年の取引実績により、D社の実力が評価され高付加価値の部品を受注できている」という根拠が記載されている。

　D社の課題を示すと考えられる財務諸表として売上高営業利益率・売上高経常利益率があげられる。与件文においては、「コロナ禍によりS社からの受注が大きく減少したため」として売上高の減少が、「繁忙期に自社で対応できないと外注に委託」として経費の増大に関する根拠が記載されている。

## 2．効率性

　経営効率が低いことを示す与件文記載は多く、効率性も候補の指標となるため、一連の効率性について計算を行う。ここで計算は、実態貸借対照表の数値を用いる。

| | D社 | 同業他社 |
|---|---|---|
| 総資本回転率 | $\dfrac{78,959}{68,276}=1.16$［回］ | $\dfrac{104,792}{67,182}=1.56$［回］ |
| 売上債権回転率 | $\dfrac{78,959}{8,568}=9.22$［回］ | $\dfrac{104,792}{9,528}=11.00$［回］ |
| 棚卸資産回転率 | $\dfrac{78,959}{26,257}=3.01$［回］ | $\dfrac{104,792}{9,551}=10.97$［回］ |
| 有形固定資産回転率 | $\dfrac{78,959}{18,070}=4.37$［回］ | $\dfrac{104,792}{29,244}=3.58$［回］ |

　D社の課題を示すと考えられる財務指標として、総資本回転率があげられる。与件文においては、「数社の回収見込みのない売掛金」「長期部品在庫の存在」等、非効率な経営を示す根拠が記載されている。

　特に棚卸資産回転率は同業他社の10.97回に対して3.01回と大きく数値が小さく（効率が低い）、候補にあげられる。

## 3．安全性

　D社は債務超過である点、安全性も抽出すべき財務指標である。

| | D社 | 同業他社 |
|---|---|---|
| 自己資本比率（負債比率も可） | $\dfrac{-5,278}{68,276}\times100=-7.73$［％］ | $\dfrac{20,616}{67,182}\times100=30.69$［％］ |
| 流動比率 | $\dfrac{44,089}{38,550}\times100=114.37$［％］ | $\dfrac{35,231}{24,406}\times100=144.35$［％］ |
| 当座比率 | $\dfrac{8,341+8,568}{38,550}\times100=43.86$［％］ | $\dfrac{14,931+9,528}{24,406}\times100=100.22$［％］ |

　D社の課題を示すと考えられる財務指標として、自己資本比率があげられる。与件文中においては、「債務超過額が拡大している」という経営の危機状況を示す根拠が記載されている。

　また財務指標からは、短期的な必要資金に対する安全性である当座比率が、同業他社の100.22％に対して43.86％となっており、リスクが大きいことが読み取れる。

【解答とする財務指標・根拠】
◎D社が優れていると考えられる財務指標
　（収益性）
　　・指標：売上高総利益率
　　・根拠：長年の取引実績

◎D社の課題を示すと考えられる財務指標
　（収益性）
　　・指標：売上高経常利益率・売上高営業利益率
　　・根拠：売上減少、外注委託
　（効率性）
　　・指標：総資本回転率
　　・根拠：未回収売上債権、長期部品在庫の存在
　　・指標：棚卸資産回転率
　　・根拠：長期部品在庫の存在
　（安全性）
　　・指標：自己資本比率
　　・根拠：債務超過額の拡大

これらより、
◆D社が優れていると考えられる財務指標として
　　①　売上高総利益率（収益性）

◆D社の課題を示すと考えられる財務指標として
　　②　売上高経常利益率（収益性）
　　　　（別解）売上高営業利益率
　　③　総資本回転率（効率性）
　　　　（別解）棚卸資産回転率
　　④　自己資本比率（安全性）
を解答として選択した（数値、単位は解答欄参照）。

> **解き方のポイント**
> ★財務指標は与件文に根拠となる記載があるものを優先します。
> 　当座比率も同業他社に比べて大きな差があり劣っている財務指標ですが、与件文の記載が薄く、より重要な課題である債務超過の拡大を示す自己資本比率を優先して選択しています。

（設問2）

　問題文は、「財務諸表から読み取れる同業他社と比べてのD社の課題と対応策」である。財務諸表から読み取れる同業他社と比べてのD社の課題については、（設問1）の解答であげた財務指標の根拠をもとに抽出する。

　これらの課題への対応策も含めて100字以内にまとめることが必要である。

　課題と対応の候補を以下に示す。
① （課題）一社依存度の高さ、売上減少、（対応）新規顧客開拓
② （課題）債務超過、（対応）高付加価値化
③ （課題）未回収売上債権・長期部品在庫、（対応）経営管理
④ （課題）外注委託・費用大、（対応）稼働平準化

　これらを取り込み、求められる文字数に収まるよう解答文をまとめる。その際にはより根本的な原因（真因）をとらえる分析を行い、因果関係を明確にした文章に構成することが重要である。

　本問においてD社には、売上債権管理、棚卸資産管理の不足、生産の平準化ができていない、などの問題が表面に現れている。考えられるその真因は、「経営者が多忙、もしくは自覚の不足により経営管理に十分な時間を割けていない」ことである。

　この真因と対応を上位に位置づけ、方向性を示すよう解答文を作成する。

---

**解き方のポイント**

★経営改善計画や再生計画策定に際して、不具合の表層的な要因を突き詰めた結果抽出される真の原因を「窮境要因」と呼びます。

　「なぜ・なぜ・なぜ」を繰り返し、たどり着いた窮境要因に対して対応策を提案することが重要です。

<table>
<tr><td rowspan="4">Extra<br>問題<br>解答・解説</td><td rowspan="4">Extra 2</td><td>事業部制業績評価</td></tr>
<tr><td>（ROIと残余利益）</td></tr>
</table>

## 解 答

（設問1）

| | |
|---|---|
| 農業用種苗事業部のROI | 21.9［％］ |
| 農業設備事業部のROI | 12.3［％］ |

（設問2）

農業用種苗事業部長の立場

| 農 | 業 | 用 | 種 | 苗 | 事 | 業 | 部 | 長 | は | 、 | 新 | 規 | 事 | 業 | の | 実 | 施 | に | よ |
|---|---|---|---|---|---|---|---|---|---|---|---|---|---|---|---|---|---|---|---|
| り | 、 | RO | I | が | 24 | .0 | ％ | か | ら | 21 | .9 | ％ | と | 低 | 下 | す | る | た | め |
| 、 | 新 | 規 | 事 | 業 | 案 | を | 実 | 施 | し | な | い | 。 | | | | | | | | |

農業設備事業部長の立場

| 農 | 業 | 設 | 備 | 事 | 業 | 部 | 長 | は | 、 | 新 | 規 | 事 | 業 | の | 実 | 施 | に | よ | り |
|---|---|---|---|---|---|---|---|---|---|---|---|---|---|---|---|---|---|---|---|
| 、 | RO | I | が | 12 | .0 | ％ | か | ら | 12 | .3 | ％ | と | 増 | 加 | す | る | た | め | 、 |
| 新 | 規 | 事 | 業 | 案 | を | 実 | 施 | す | る | 。 | | | | | | | | | |

（設問3）

| 新 | 規 | 事 | 業 | の | RO | I | が | 15 | .0 | ％ | と | な | り | 、 | D | 社 | 全 | 体 | の |
|---|---|---|---|---|---|---|---|---|---|---|---|---|---|---|---|---|---|---|---|
| 資 | 本 | コ | ス | ト | の | 10 | ％ | を | 上 | 回 | っ | て | い | る | 。 | ま | た | 、 | 残 |
| 余 | 利 | 益 | も | 15 | 00 | 万 | 円 | と | プ | ラ | ス | と | な | る | た | め | 、 | D | 社 |
| 全 | 体 | と | し | て | は | 有 | 利 | な | 新 | 規 | 事 | 業 | で | あ | り | 、 | 実 | 施 | が |
| 望 | ま | し | い | 。 | | | | | | | | | | | | | | | |

## 解 説

　複数の事業部をもつ企業が、新規事業や新規投資を行う際、採用するか否かを考える事業部の業績評価の問題である。

（設問1）
　農業用種苗事業部と農業設備事業部の各事業部の新規事業実施後のROIを求めればよい。与えられている営業利益は税引前営業利益のため、税引後営業利益を求めて、ROIを計算することに注意が必要である。

**解き方のポイント**
★ROIを計算するときは、まずは税引後利益に着目しましょう。

・新規事業
　新規事業税引後営業利益＝7,500×（1−0.4）
　　　　　　　　　　　　　＝4,500［万円］

| 新規事業投資額 | 新規事業税引後営業利益 |
|---|---|
| 30,000［万円］ | 4,500［万円］ |

・農業用種苗事業部
　税引後営業利益 ＝ 40,000 × (1 − 0.4)
　　　　　　　　 ＝ 24,000［万円］

　新規事業後 ROI ＝ $\dfrac{24{,}000 + 4{,}500}{100{,}000 + 30{,}000} \times 100$
　　　　　　　　 ＝ 21.92
　　　　　　　　 ＝ 21.9［％］

> **確認！**
> ★ ROI ＝ $\dfrac{\text{利益額}}{\text{投下資本}} \times 100$

・農業設備事業部
　税引後営業利益 ＝ 50,000 × (1 − 0.4)
　　　　　　　　 ＝ 30,000［万円］

　新規事業後 ROI ＝ $\dfrac{30{,}000 + 4{,}500}{250{,}000 + 30{,}000} \times 100$
　　　　　　　　 ＝ 12.32
　　　　　　　　 ＝ 12.3［％］

　農業用種苗事業部と農業設備事業部および新規事業の税引き後営業利益を求めて、農業用種苗事業部と農業設備事業部の新規事業実施後の ROI を算出すると次のようになる。

|  | 農業用種苗事業部 | 農業設備事業部 |
|---|---|---|
| 新規事業前 ROI | 24.0［％］ | 12.0［％］ |
| 新規事業後 ROI | 21.9［％］ | 12.3［％］ |

（設問2）
　D 社は、農業用種苗事業部と農業設備事業部の各事業部長の業績測定尺度として、ROI を活用しているため、各事業部長の立場からは、農業用種苗事業部と農業設備事業部の新規事業実施前後 ROI の増減により、新規事業案を実施すべきかどうかを判断する。
　（設問1）より、農業用種苗事業部と農業設備事業部の新規事業実施前後 ROI の増減を算出すると次のようになる。

> **解き方のポイント**
> ★各事業部長の業績測定尺度が ROI のため、新規事業実施前後の ROI の増減で新規事業の実施を判断しましょう。

|  | 農業用種苗事業部 | 農業設備事業部 |
|---|---|---|
| 新規事業前 ROI | 24.0［％］ | 12.0［％］ |
| 新規事業後 ROI | 21.9［％］ | 12.3［％］ |
| ROI の増減 | − 2.1［％］ | ＋ 0.3［％］ |

農業用種苗事業部長は、ROIで評価すると新規事業前ROIの24.0％に対し、新規事業後ROIは21.9％と2.1％の低下となるため、新規事業を実施しないと判断する。

一方、農業設備事業部長は、ROIで評価すると新規事業前ROIの12.0％に対し、新規事業後ROIは12.3％と0.3％の増加となるため、新規事業を実施すると判断する。

（設問3）

新規事業はシナジーを考慮し、農業用種苗事業部で行いたいとD社社長は考えているものの、事業部長の業績測定尺度として、ROIを活用しているため、（設問2）の結果より、農業用種苗事業部のROIは低下しているので、農業用種苗事業部長は難色を示す。

ROIは、事業部の規模の大きさに関係なく割合で事業部の業績評価を行えるメリットがあるものの、ROIの増減で判断を行うことになるため、企業全体の利益と事業部の利益との不一致が起こりうるデメリットもある。

このため、これを補うために、残余利益も考慮して判断することになる。残余利益は業績測定の際に利益額で判断を行うため、企業全体の利益と事業部の利益との不一致が起こらないメリットがある。

D社全体の観点で判断することを求められているため、新規事業のみで実施を判断する。

| 新規事業投資額 | 新規事業税引後営業利益 |
| --- | --- |
| 30,000［万円］ | 4,500［万円］ |

・新規事業のROI $= \dfrac{4,500}{30,000} \times 100$

$\qquad\qquad\qquad\quad = 15.00$

$\qquad\qquad\qquad\quad = 15.0\,[\%]$

・新規事業の残余利益＝利益額－資本コスト額

$\qquad\qquad\qquad\quad = 4,500 -$ 投下資本×資本コスト（率）

$\qquad\qquad\qquad\quad = 4,500 - 30,000 \times 0.1$

$\qquad\qquad\qquad\quad = 1,500\,[万円]$

上記より、新規事業のROIが15.0％となり、D社全体の資本コストの10％を上回っている。また、残余利益も1,500万円と、プラスとなるため、D社全体としては有利な新規事業であり、実施が望ましいと判断できる。

---

**解き方のポイント**
★D社全体の観点で判断することを求められているため、新規事業のみで実施を判断します。

**確認！**
★残余利益＝利益額－資本コスト

# 第5部

## 試験直前パパッとチェック！
## ５点アップの
## 事例IVコレだけ公式集

　　STEP 2 で扱った頻出論点のなかでも、特に出題率が高い論点の公式をピックアップしました。試験直前にチェックして５点アップ！

　　通勤や寝る前のスキマ時間にもチェックして、公式がパパっと思い出せるレベルまで覚えましょう。本番の２次筆記試験でも焦らず取り組めますよ。

# 試験直前パパッとチェック！
# ５点アップの事例Ⅳコレだけ公式集

## ■損益分岐点（CVP）分析（DAY 4 〜 DAY 7 参照）

・利益＝売上高－変動費－固定費
　　　＝販売単価×販売数量－１個当たり変動費×販売数量－固定費

・損益分岐点売上高＝$\dfrac{\text{固定費}}{1－\text{変動費率}}$　　※１－変動費率＝限界利益率

・目標利益達成売上高＝$\dfrac{\text{固定費}＋\text{目標利益}}{1－\text{変動費率}}$

・目標売上高利益率 達成売上高＝$\dfrac{\text{固定費}}{\text{限界利益率}－\text{目標売上高利益率}}$

・目標利益達成固定費＝目標売上高×（１－変動費率）－目標利益

・損益分岐点比率［％］＝$\dfrac{\text{損益分岐点売上高}}{\text{実際売上高}}×100$

・安全余裕率［％］＝100－損益分岐点比率

・限界利益＝売上高－変動費

・貢献利益＝売上高－変動費－個別固定費

・営業レバレッジ［倍］＝$\dfrac{\text{限界利益}}{\text{営業利益}}＝\dfrac{\text{売上高}－\text{変動費}}{\text{売上高}－\text{変動費}－\text{固定費}}$

・営業利益の変化率＝売上高の変化率×営業レバレッジ

■**経営分析**（DAY 1 ～ DAY 3 参照）

◎収益性

・売上高総利益率[％] $= \dfrac{売上総利益}{売上高} \times 100$

・売上高営業利益率[％] $= \dfrac{営業利益}{売上高} \times 100$

・売上高経常利益率[％] $= \dfrac{経常利益}{売上高} \times 100$

◎効率性

・売上債権回転率[回] $= \dfrac{売上高}{売上債権}$　　・棚卸資産回転率[回] $= \dfrac{売上高}{棚卸資産}$

・有形固定資産回転率[回] $= \dfrac{売上高}{有形固定資産}$

◎安全性

・流動比率[％] $= \dfrac{流動資産}{流動負債} \times 100$　　・当座比率[％] $= \dfrac{当座資産}{流動負債} \times 100$

・固定長期適合率[％] $= \dfrac{固定資産}{自己資本＋固定負債} \times 100$

・自己資本比率[％] $= \dfrac{自己資本}{総資本} \times 100$　　・負債比率[％] $= \dfrac{負債}{自己資本} \times 100$

◎生産性

・労働生産性[円／人] $= \dfrac{付加価値額}{従業員数}$

・資本投資効率[％] $= \dfrac{付加価値額}{総資本} \times 100$

・設備投資効率[％] $= \dfrac{付加価値額}{有形固定資産} \times 100$

・従業員数が提示されている場合⇒従業員1人当たり売上高 $= \dfrac{売上高}{従業員数}$

・売場面積が提示されている場合⇒売場面積当たり売上高 $= \dfrac{売上高}{売場面積（\mathrm{m}^2）}$

## ■キャッシュフロー計算書 （DAY 16～ DAY 19参照）

・貸借対照表の借方の項目（現金以外）の数値が増加⇒キャッシュの減少

・貸借対照表の貸方の項目の数値が増加⇒キャッシュの増加

◎営業活動キャッシュフロー（代表的な調整項目をピックアップしています。）

| 調整事項 | 調整項目 | 符号 |
|---|---|---|
| 税引前当期純利益 | 税引前当期純利益 | |
| 非資金費用の調整 | 減価償却費 | ＋ |
| | 貸倒引当金の増減額 | ＋（－） |
| 営業外損益の調整 | 営業外収益 | － |
| | 営業外費用 | ＋ |
| 特別損益の調整※ | 特別利益 | － |
| | 特別損失 | ＋ |
| 資産、負債の調整 | 売上債権の増減額 | －（＋） |
| | 棚卸資産の増減額 | －（＋） |
| | 仕入債務の増減額 | ＋（－） |
| 小計 | | |
| 営業外損益の調整 | 利息の支払額 | － |
| | 利息の受取額 | ＋ |
| 特別損益の調整 | 特別利益 | ＋ |
| | 特別損失 | － |
| 法人税等の調整 | 法人税等の支払額 | － |
| 営業活動キャッシュフロー合計 | | |

※有形固定資産の売却損益でない場合、営業活動キャッシュフローの小計以下で調整する。

◎投資活動キャッシュフロー（代表的な調整項目をピックアップしています。）

| 調整事項 | 調整項目 | 符号 |
|---|---|---|
| 固定資産の調整 | 固定資産の購入による支出 | － |
| | 固定資産の売却による収入 | ＋ |
| 有価証券の調整 | 投資有価証券の購入による支出 | － |
| | 投資有価証券の売却による収入 | ＋ |
| 投資活動キャッシュフロー合計 | | |

◎財務活動キャッシュフロー（代表的な調整項目をピックアップしています。）

| 調整事項 | 調整項目 | 符号 |
|---|---|---|
| 借入金の調整 | 短期借入金の返済による支出 | － |
| | 短期借入金の借入による収入 | ＋ |
| | 長期借入金の返済による支出 | － |
| | 長期借入金の借入による収入 | ＋ |
| 配当金の調整 | 配当金の支払額 | － |
| 財務活動キャッシュフロー合計 | | |

## ■標準差異分析 （DAY 10参照）

標準差異分析は、「標準－実際」（右下図で考えると「内側の数値－外側の数値」）で行う。下記は、直接材料費差異の場合。

・直接材料費差異＝価格差異＋数量差異

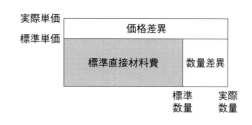

・価格差異＝（標準単価－実際単価）×実際数量
　　　　　　　（内）　　　　（外）

・数量差異＝標準単価×（標準数量－実際数量）
　　　　　　　　　　　　　（内）　　　（外）

## ■投資の経済性分析 （NPV） （DAY 20～ DAY 22参照）

・正味現在価値(NPV)＝将来キャッシュフロー(CF)の現在価値の総和－投資支出

・増分投資問題

　NPV ＝毎年度の増分 CF の現在価値の総和－投資支出の増加分

　※増分 CF ＝増分営業利益×（ 1 －税率）＋増分減価償却費

・取替投資問題

　NPV ＝毎年度の増分 CF の現在価値の総和－投資支出の増加分

　※毎年度の増分 CF ＝新設備稼働時の CF －旧設備稼働時の CF

## ■期待値 （DAY 23～ DAY 26参照）

・期待収益率＝収益率①×発生確率①＋収益率②×発生確率②＋収益率③×発生確率③

　※事象が 3 つの場合。※発生確率①～③の和は 1 となる。

・分散＝{（収益①－期待収益)$^2$×発生確率①}＋{（収益②－期待収益)$^2$×発生確率②}＋
　　　　{（収益③－期待収益)$^2$×発生確率③}

　※事象が 3 つの場合。※発生確率①～③の和は 1 となる。

・標準偏差＝$\sqrt{\text{分散}}$

・共分散＝偏差の積の期待値

・相関係数＝$\dfrac{\text{共分散}}{a\,\text{の標準偏差}\times b\,\text{の標準偏差}}$　　※ $a$、$b$ 2 つの場合

## ■デリバティブ（DAY 27～ DAY 28参照）

◎オプション

・買う権利⇒コール・オプション

・売る権利⇒プット・オプション

・権利行使時期

　満期日限定⇒ヨーロピアンタイプ

　いつでも行使可能⇒アメリカンタイプ

・輸入、輸出企業別オプションの選択方法

　①　輸入企業

　支払いのドルを調達（ドル買い：コール）⇒ドルのコール・オプションを購入

　②　輸出企業

　受け取ったドルを売却し（ドル売り：プット）、円に換える⇒ドルのプット・オプションを購入

・オプションの損益＝オプションの価値－オプション・プレミアム

## ■企業価値（DAY 29～ DAY 30参照）

・企業価値＝株主価値＋負債（有利子負債）

・企業価値＝$\dfrac{フリーキャッシュフロー（フリーCF）}{割引率}$　※ゼロ成長の場合

・企業価値＝$\dfrac{フリーCF}{割引率－成長率}$　※一定成長の場合

・フリーCF ＝営業利益×（1－税率）＋減価償却費－運転資本増減額－投資額

・割引率として加重平均資本コスト（WACC）を用いる場合、

$$WACC = \frac{D}{D+E} \times rD \times (1-t) + \frac{E}{D+E} \times rE$$

（D：負債の価値　E：株主資本の価値　rD：負債コスト　rE：株主資本コスト　t：税率）

# 参考文献

齋藤正章、阿部圭司『ファイナンス入門』（放送大学教材）放送大学教育振興会

大塚宗春、佐藤紘光『ベーシック財務管理』同文舘出版

大塚宗春『意思決定会計講義ノート』税務経理協会

関山春紀・川口紀裕監修、岩間隆寿・霜田亮・香川大輔他著『事例Ⅳ（財務・会計）の全知識＆全ノウハウ』同友館

■著者

**杉山　淳**（すぎやま　じゅん）

中小企業診断士、販売士、PR プランナー、情報セキュリティスペシャリスト、パティシエ。
教育・介護サービス業界にて商品企画・開発、マーケティング、ブランディングなどを専門に行っている。一方、中小企業に特化したローコスト・ハイパフォーマンスのマーケティング、ブランディングの支援やセミナーも行っている。

**宗像　令夫**（むなかた　れお）

中小企業診断士、事業承継士、事業再生士補。
独立し、（株）PQM 総合研究所を立ち上げ、「生産性革新」をキーワードに企業支援を行う一方、lingfu の名で受験生支援を行う。東京都中小企業診断士協会城南支部所属。
「（株）PQM 総合研究所 HP」　http://pqm.tokyo

**石田　美帆**（いしだ　みほ）

中小企業診断士、1 級販売士、PR プランナー、IMASSA 認定マーケティング実務士。
金融機関にて中小企業向け融資等に関わった後、開発途上地域への援助機関に転身し、産業振興や中小企業支援業務に従事。また、経理部門にて決算書作成や海外事務所での経理指導業務も行っている。


■問題校閲

**熊谷　謙志**（くまがい　けんじ）

公認会計士、中小企業診断士。
有限責任監査法人トーマツにて、一部上場製造業、卸売業、小売業等の多様な業種の会計監査・内部統制監査に従事した後、神奈川県中小企業再生支援協議会に統括責任者補佐として出向中に、神奈川県の中小企業を中心に数十件の事業再生支援マネジメント業務に従事。現在は独立し、中小企業の再生支援を中心に活動を行っている。

2023 年 8 月 7 日　第 1 刷発行
2024 年 8 月 25 日　第 4 刷発行

中小企業診断士 2 次試験
【改訂新版】30日完成！　事例Ⅳ合格点突破　計算問題集

ⓒ著　者　　杉　山　　　淳
　　　　　　宗　像　令　夫
　　　　　　石　田　美　帆

　　発行者　　脇　坂　康　弘

発行所　株式
　　　　会社同友館

〒113-0033　東京都文京区本郷 2-29-1
TEL. 03 (3813) 3966
FAX. 03 (3818) 2774
URL　https://www.doyukan.co.jp

乱丁・落丁はお取替えいたします。　　　　　三美印刷／東京美術紙工
ISBN 978-4-496-05664-2　　　　　　　　　　Printed in Japan